# 社会保障のしくみと法

伊藤 周平 著

自治体研究社

# はじめに

　いま、安倍晋三政権は、社会保障改革の名のもと、社会保障費の抑制や削減（以下「社会保障削減」という）を進めている。2016（平成28）年度予算では、防衛費が4年連続で増加し、5兆円の大台を突破、過去最高額となるとともに、社会保障費は、診療報酬の引き下げなどにより、高齢化などにともなう自然増分6700億円（概算要求時）が5000億円に圧縮された（1700億円削減）。さらに、2017年度予算でも、高額療養費の上限の引き上げなどで、社会保障費の自然増部分が1400億円（6400億円→5000億円）削減され、防衛費は、過去最高額を更新、GDP（国内総生産）に占める割合が戦後初の1％突破も目前である。

　安倍政権の社会保障削減の最初のターゲットとされたのが、生活保護制度であり、2013（平成25）年8月より生活保護基準の引き下げが断行された。また、生活保護の申請を厳格化するなどの改正生活保護法が2014（平成26）年7月より施行されている。生活保護基準については、これまで、学資保険の満期払い戻しなど個別の事情の変化に基づく減額決定処分はみられたが（中嶋訴訟についての最判平成16・3・16民集58巻3号647頁参照）、物価下落を理由とした大幅な基準引き下げはこれがはじめてである。

　同じく2013（平成25）年から3年間かけて、老齢・障害・遺族年金について、過去の物価下落の際に特例的に引き下げなかった2.5％分（特例水準）が引き下げられた。母子世帯などに支給される児童扶養手当や障害のある子どもへの手当の特例水準（1.7％）も3年間かけて減額された。2015（平成27）年4月には、物価・賃金上昇率から少子化と高齢化による影響率を差し引いて年金額を改定するマクロ経済スライドが発動され、2.3％の物価上昇に対して、年金額の上昇は0.9％増に抑えら

れた（本来の年金額の2.3％増から前述の特例水準の解消分の0.5％、マクロ経済スライドの調整率0.9％の合計1.4％分が減額された）。

　一方で、社会保障改革の手順・工程表（プログラム）を示した「持続可能な社会保障制度の確立を図るための改革の推進に関する法律」（プログラム法。2013年12月成立）に基づいて、2014（平成26）年6月には、急性期病床を削減し、安上がりの医療・介護提供体制を構築することを目的とした「地域における医療及び介護の総合的な確保を推進するための関係法律の整備等に関する法律」（医療・介護総合確保法）が成立、改正医療法と改正介護保険法が2015（平成27）年4月から施行されている。さらに、同年5月には、2018年度からの国民健康保険の都道府県単位化などを定めた「持続可能な医療保険制度を構築するための国民健康保険法等の一部を改正する法律」（医療保険制度改革法）が成立し、医療・介護分野で給付抑制と負担増の改革が実現をみている[1]。

　社会保障の法律の内容は複雑なうえに多岐にわたるため、国民によく知られないまま、大きな反対にさらされることなく、社会保障削減を目的とする法律が次々と成立、社会保障給付の引き下げが連続して断行されているといえよう。

　一方、参議院選挙直前の2016（平成28）年6月には、安倍首相は、消費税率の10％への引き上げを2019年10月に再延期した。国民の7割以上が反対していた消費税の増税を再延期したことが功を奏し、参議院選では、全国32の1人区すべてで野党統一候補が立ち11選挙区で勝利するなど健闘したものの、比例区や複数区では与党が優勢で、結局、自民党が単独過半数の議席を占め、改憲勢力が憲法改正の発議に必要な3分の2の議席を得るにいたった。

　この間、増え続ける社会保障費を賄うためには消費税の増税しかないと、政府による御用学者やマスコミを動員しての執拗な宣伝が繰り返され、多くの国民が「社会保障財源＝消費税」の呪縛にとらわれてきた

---

1　詳しくは、伊藤・消費税 第3章参照。

(いる)。そして、安倍政権は、消費税増税の再延期を口実に、社会保障削減をさらに加速させている。

　日本国憲法(以下「憲法」という)25条１項は、国民の「健康で文化的な最低限度の生活を営む権利」(いわゆる「生存権」)を明記し、同条２項は「国は、すべての生活部面について、社会福祉、社会保障及び公衆衛生の向上及び増進に努めなければならない」と規定し、国(都道府県や市町村など自治体も含むとされている)の社会福祉・社会保障における責任を明記している。ここで、「健康で文化的な最低限度の生活を営む権利」の主体(権利主体)は国民であり、この権利を保障するのは国・自治体ということになろう。

　安倍政権の社会保障削減は、その意味で、国民の生存権侵害であり、憲法25条違反の政策といえる。安倍政権のもとで相次ぐ社会保障給付の引き下げは、いずれも社会保障制度の「持続可能性」(年金制度改革の場合には、これに「世代間の公平の確保」が加わる)を名目に行われているが、生活保護や年金受給者の生活実態を無視して一律に行われており、その点からも憲法25条に抵触する可能性がある。

　こうした安倍政権の社会保障削減により、貧困や格差が今以上に拡大することは必至である。貧困や格差を拡大させる政策は、それが意図的か否かは別として、結果的に、貧困層の若者の経済的徴兵(生活困窮のために、安定した収入を求めて軍隊に入ること)をうながし、安保関連法、さらには組織犯罪処罰法(いわゆる「共謀罪」法)と並んで日本を戦争のできる国にしていく基盤づくりともいえる。

　社会保障削減と相次ぐ給付引き下げに対して、いま当事者が声をあげはじめている。もともと、日本の人権をめぐる訴訟の中で、さまざまな困難をかかえつつも、朝日訴訟以降、人名つきで、非常に活発に提起されてきたのが、生存権をめぐる裁判であった[2]。まず、生活保護基準の引

---

[2] 同様の指摘に、高田篤「生存権の省察」村上武則・高橋明男・松本和彦編『法治国家の展開と現代的構成』(法律文化社、2007年)135頁参照。

き下げについては、同基準の引き下げを違法とする行政訴訟（生存権裁判といわれる）が、全国で26件提訴され、原告は約865人にのぼり（2016年12月現在）、生活保護史上空前の裁判運動に発展している。年金給付の引き下げについても、全日本年金者組合の組合員を中心に、全国で12万人を超す集団審査請求の運動が展開され、それを受けて、全国42都道府県の原告が39の地方裁判所に年金減額処分の取消訴訟を提起している（2016年9月現在）。同訴訟の原告は4000人を超え、社会保障をめぐる史上最大の集団訴訟に発展している。

　憲法25条違反が疑われる社会保障削減の政策が展開され、そうした政策の転換を求める集団訴訟が、史上最大規模で生じているにもかかわらず、憲法学や社会保障法学の反応は鈍い。もともと、裁判所により広い立法裁量が承認されているもと、社会保障給付の引き下げに対しては、法解釈学としての憲法学も社会保障法学も沈黙を強いられざるをえないとの指摘がある。

　しかし、頻繁な法改正が行われてきた（いる）社会保障法分野において、法学者が法制度の解説に終始するだけでは、生存権の理念に基づく政策規範なり裁判規範を示すという本来の役割を十分果たしえないのではなかろうか。こうした安倍政権の社会保障削減に対峙し、社会保障拡充の対案とその実現の方向性を提言していく作業が求められている。同時に、これらの裁判の理論的支柱となる社会保障の法理論、とくに権利論の再構築が求められている。

　本書では、以上のような問題意識から、社会保障のしくみと法を明らかにするとともに、社会保障と社会保障法理論の課題を展望することを目的としている。具体的には、総論部分として、社会保障の法体系と社会保障の権利について概観する（第1章）。第2章以下は各論であり、

---

3　加藤健次「年金引き下げ違憲訴訟の現状と課題」賃社1667号（2016年）6頁参照。
4　棟居快行「社会保障法学と憲法学―具体と抽象の間で」社会保障法22号（2007年）153頁参照。

生活保護（第2章）、年金（第3章）、社会手当（第4章）、医療保障（第5章）、社会福祉（第6章）、労災保険と雇用保険からなる労働保険（第7章）の順に、それぞれの法制度を考察する。最終章（第8章）では、財源問題を中心に社会保障と社会保障法理論の課題を展望する。

社会保障のしくみと法 ◉ 目次

はじめに　*3*
略語一覧　*15*

## 第1章　社会保障の法体系と社会保障の権利 ……………… *19*
### 第1節　社会保障の概念と法体系　*19*
1　社会保障とは何か―社会保障の生成と発展　*19*
2　社会保障の定義と内容　*20*
3　社会保障の法体系　*22*
4　社会保障の主要4制度と社会保障立法の概要　*23*

### 第2節　社会保障法と憲法　*26*
1　社会保障法と生存権（憲法25条）　*26*
2　憲法学での生存権論の展開と裁量統制の法理　*27*
3　外国人と社会保障　*31*
4　社会保障法と平等原則（憲法14条）　*32*
5　社会保障法と租税法律主義（憲法84条）　*33*
6　社会保障法と憲法13条、29条、89条後段　*35*

### 第3節　社会保障の権利　*38*
1　社会保障の権利の意義と内容　*38*
2　社会保障受給権　*39*
3　申請権と手続的権利　*42*
4　処遇過程の権利　*45*
5　免除権　*46*
6　争訟権　*47*
7　参加権　*49*

## 第2章　公的扶助（生活保護）…………………………… *51*
1　公的扶助制度の沿革と変遷　*51*
2　生活保護の現状　*53*
3　生活保護法の基本原則と保護の要件　*56*
4　保護基準および必要即応の原則と世帯単位の原則　*64*

5　生活保護の種類と方法　*69*
　　6　保護の実施体制と実施過程　*73*
　　7　権利救済と行政争訟　*79*
　　8　生活保護法の課題　*80*

**第3章　年　金** ………………………………………… *83*
　　1　公的年金制度の沿革と年金制度改革　*83*
　　2　公的年金制度の概要　*87*
　　3　公的年金制度の目的と特徴　*90*
　　4　公的年金の適用と年金受給権　*93*
　　5　年金給付　*98*
　　6　年金財政と運用　*103*
　　7　不服申立てと行政訴訟　*107*
　　8　年金法の課題　*108*

**第4章　社会手当** ……………………………………… *111*
　　1　社会手当の意義と沿革　*111*
　　2　児童手当　*114*
　　3　児童扶養手当　*116*
　　4　特別児童扶養手当と特別障害給付金　*119*
　　5　社会手当受給権をめぐる問題　*121*
　　6　社会手当の課題　*123*

**第5章　医療保障** ……………………………………… *125*
　第1節　医療保障法の沿革と体系　*125*
　　1　医療保障法の沿革　*125*
　　2　医療保障の法体系　*128*
　第2節　医療保険のしくみと法　*129*
　　1　医療保険の被保険者と適用　*129*
　　2　保険給付　*131*

3　保険医療機関と診療報酬制度　*135*
　　4　混合診療をめぐる問題　*140*
　第3節　医療保険の財政方式と高齢者医療　*142*
　　1　医療保険の財源と運営方式　*142*
　　2　健康保険の保険料　*143*
　　3　国民健康保険の保険料　*144*
　　4　高齢者医療　*149*
　第4節　医療提供体制に関する法　*153*
　　1　医療提供施設と医療従事者　*153*
　　2　医療施設に関する規制　*154*
　　3　医療・介護総合確保法（医療法改正部分）の内容と問題点　*156*
　第5節　公費負担医療　*159*
　　1　公費負担医療の特徴と種類　*159*
　　2　被爆者援護法　*160*
　　3　予防接種法による医療　*161*
　　4　難病医療法　*161*
　第6節　医療制度改革の展開と医療保障の課題　*162*
　　1　医療制度改革の展開―国民健康保険の都道府県単位化と患者負担の増大　*162*
　　2　医療保障の課題　*166*

# 第6章　社会福祉 …………………………………… *169*

　第1節　社会福祉法制総説　*169*
　　1　社会福祉法制の展開と措置制度　*169*
　　2　社会福祉の給付方式とサービス利用関係　*172*
　　3　社会福祉法　*177*
　　4　社会福祉の実施体制と業務従事者　*180*
　第2節　高齢者福祉と介護保険法　*181*
　　1　高齢者福祉施策の展開　*181*
　　2　介護保険法の概要　*182*

3　生活保護法と老人福祉法による介護保障　*190*
　　　4　介護保険の財政構造と介護保険料　*193*
　　　5　介護保険制度改革の動向とゆくえ　*197*
　　　6　介護保険法と高齢者福祉の課題　*201*
　第3節　児童福祉のしくみと法　*204*
　　　1　児童福祉法の目的と理念　*204*
　　　2　児童福祉法制の展開と少子化対策　*205*
　　　3　子ども・子育て支援新制度　*207*
　　　4　児童福祉法の障害児に対する給付と要保護児童に対する措置　*216*
　　　5　児童虐待防止法　*218*
　　　6　児童福祉の行政組織と児童福祉施設　*219*
　　　7　児童福祉関連の裁判例　*220*
　　　8　児童福祉の課題　*224*
　第4節　障害者福祉のしくみと法　*225*
　　　1　障害者福祉法制の沿革と展開　*225*
　　　2　障害者福祉法制の改革　*227*
　　　3　障害者の定義と障害者手帳制度　*230*
　　　4　障害者総合支援法　*231*
　　　5　身体障害者福祉法、知的障害者福祉法、精神保健福祉法　*236*
　　　6　障害者福祉法制の課題　*237*
　第5節　母子・父子・寡婦福祉のしくみと法　*238*
　　　1　母子・父子・寡婦福祉の沿革—母子福祉法から母子及び父子並びに寡婦福祉法へ　*238*
　　　2　母子・父子家庭等に対する福祉の措置、福祉資金の貸付　*240*
　第6節　利用者の権利保障のしくみと社会福祉法制の課題　*241*
　　　1　成年後見制度と福祉サービス利用援助事業　*241*
　　　2　サービス提供にかかる情報提供、苦情解決　*243*
　　　3　手続的保障　*244*
　　　4　行政上の不服申立てと行政訴訟　*245*
　　　5　債務不履行・不法行為責任、国家賠償責任—介護事故を中心に　*246*

6　社会福祉法制の課題　*253*

第7章　労働保険 …………………………………………… *255*
　　1　労働保険の沿革と概要　*255*
　　2　労働保険の適用関係と労働者性　*259*
　　3　労働保険の保険料　*261*
　　4　業務災害等の認定　*263*
　　5　労災保険の給付と社会復帰促進等事業　*269*
　　6　雇用保険における給付　*275*
　　7　雇用保険2事業と求職者支援制度　*280*
　　8　労働保険の課題　*282*

第8章　社会保障と社会保障法理論の課題 …………… *285*
　第1節　社会保障の課題—財源問題　*285*
　　1　社会保障財源としての消費税　*285*
　　2　税・社会保障による所得再分配の機能不全　*289*
　　3　消費税を社会保障財源とすることの問題点　*291*
　　4　社会保障財源の再構築　*293*
　第2節　社会保障法理論の課題—給付の引き下げと
　　　　　負担増の中の社会保障法理論　*296*
　　1　社会保障法理論における権利論の相対化　*296*
　　2　社会保障給付の引き下げと制度後退禁止原則　*298*
　　3　権利論の可能性　*301*

あとがき　*303*
事項索引　*307*
判例索引　*314*

## 略語一覧

### 1　法令・通達等

医師＝医師法
医療＝医療法
介保＝介護保険法
介保令＝介護保険法施行令
行審＝行政不服審査法
行訴＝行政事件訴訟法
行手＝行政手続法
憲法＝日本国憲法
健保＝健康保険法
厚年＝厚生年金保険法
高齢医療＝高齢者の医療の確保に関する法律
国年＝国民年金保険法
国保＝国民健康保険法
国保則＝国民健康保険法施行規則
国保令＝国民健康保険法施行令
子育て支援＝子ども・子育て支援法
雇保＝雇用保険法
児手＝児童手当法
児手令＝児童手当法施行令
児福＝児童福祉法
児福令＝児童福祉法施行令
児扶手＝児童扶養手当法
児扶手令＝児童扶養手当法施行令
社福＝社会福祉法
社福士＝社会福祉士及び介護福祉士法
障害総合＝障害者の日常生活及び社会生活を総合的に支援するための法律
身障＝身体障害者福祉法
生保＝生活保護法
生保則＝生活保護法施行規則

精神、精神保健福祉法＝精神保健及び精神障害者福祉に関する法律
精福士＝精神保健福祉士法
地自＝地方自治法
知障＝知的障害者福祉法
徴収＝労働保険の保険料の徴収等に関する法律
特児扶手＝特別児童扶養手当等の支給に関する法律
保助看＝保健師助産師看護師法
母福＝母子及び父子並びに寡婦福祉法
労基、労基法＝労働基準法
労基則＝労働基準法施行規則
労災、労災保険法＝労働者災害補償保険法
労災則＝労働者災害補償保険法施行規則
老福＝老人福祉法
基発＝厚生労働省労働基準局長通達
保発＝厚生労働省保険局長通知

## 2 文 献

伊藤・権利
　＝伊藤周平『権利・市場・社会保障—生存権の危機から再構築へ』青木書店、2007年
伊藤・介護保険法
　＝伊藤周平『介護保険法と権利保障』法律文化社、2008年
伊藤・子ども・子育て支援法
　＝伊藤周平『子ども・子育て支援法と社会保障・税一体改革』山吹書店、2012年
伊藤・社会保障改革
　＝伊藤周平『社会保障改革のゆくえを読む—生活保護、保育、医療、介護、年金、障害者福祉』自治体研究社、2015年
伊藤・消費税
　＝伊藤周平『消費税が社会保障を破壊する』角川新書、2016年
碓井
　＝碓井光明『社会保障財政法精義』信山社、2009年

略語一覧

加藤
　＝加藤智章『社会保険核論』旬報社、2016年
加藤ほか
　＝加藤智章・菊池馨実・倉田聡・前田雅子『社会保障法〔第6版〕』有斐閣、2015年
河野ほか
　＝河野正輝・江口隆裕編『レクチャー社会保障法〔第2版〕』法律文化社、2015年
菊池
　＝菊池馨実『社会保障法』有斐閣、2014年
塩野・行政法Ⅰ
　＝塩野宏『行政法Ⅰ―行政法総論〔第6版〕』（有斐閣、2015年）
塩野・行政法Ⅱ
　＝塩野宏『行政法Ⅱ―行政救済法〔第5版補訂版〕』有斐閣、2013年
西村・社会保障法
　＝西村健一郎『社会保障法』有斐閣、2003年
西村・入門
　＝西村健一郎『社会保障法入門〔第3版〕』有斐閣、2017年
原田
　＝原田大樹『例解・行政法』東京大学出版会、2013年
堀・総論
　＝堀勝洋『社会保障法総論〔第2版〕』東京大学出版会、2004年
堀・年金保険法
　＝堀勝洋『年金保険法〔第4版〕』法律文化社、2017年
新講座2
　＝日本社会保障法学会編『新講座・社会保障法2／地域生活を支える社会福祉』法律文化社、2012年
新講座3
　＝日本社会保障法学会編『新講座・社会保障法3／ナショナルミニマムの再構築』法律文化社、2012年

3 判例

［判決・決定］
最大判＝最高裁判所大法廷判決
最判＝最高裁判所判決
大阪高判＝大阪高等裁判所判決
大阪地判＝大阪地方裁判所判決
さいたま地決＝さいたま地方裁判所決定
広島高岡山支判＝広島高等裁判所岡山支部判決
福岡地小倉支判＝福岡地方裁判所小倉支部判決

［判例集・判例収録誌］
民（刑事）集＝最高裁判所民事（刑事）判例集
行集＝行政事件裁判例集
訴月＝訴務月報
判時＝判例時報
判タ＝判例タイムズ
労判＝労働判例
判例自治＝判例地方自治
金判＝金融・商事判例
賃社＝賃金と社会保障
保情＝月刊保育情報

＊ なお、本書では、年代については、基本的に西暦表記とし、日本に関する年代には元号を付記し、判例については、元号表記とした。

# 第1章　社会保障の法体系と社会保障の権利

## 第1節　社会保障の概念と法体系

### 1　社会保障とは何か──社会保障の生成と発展

　「社会保障」と呼ばれる法制度は、救貧法と労働者共済制度を沿革として、20世紀に入り、2度の世界大戦を経て、先進諸国を中心に本格的な確立をみた。救貧法が国家責任による公的扶助に、労働者共済は国家に取り込まれ強制加入の社会保険制度に、それぞれ発展していった。とくに、1930年代の大恐慌がもたらした大規模な失業と深刻な生活の危機により、失業保険が機能不全に陥ることで、失業扶助の創設など、保険と扶助の交錯現象が生じ[1]、同時に、第2次世界大戦という総力戦を遂行するため、社会を統合・安定させる装置、戦費調達の手段（年金保険料など）としての役割を果たすべく国民的規模の生活保障制度が確立していった[2]。

　社会保障の名を付した最初の立法は、1935年に、アメリカで当時のニューディル政策の一環として成立した「社会保障法（Social Security Act）」であり、日本語の「社会保障」はその訳である。その後、1942年にILO（国際労働機関）事務局が出版した『社会保障への途（Approaches to Social Security）』という小冊子は、社会保険と公的扶助の統合としての社会保障を示唆していた。そして、同年、イギリスで「ベヴァリッジ報告」（正式名称は「Beveridge Report─Social Insurance and Allied Services」）が出される。同報告は、これまで存在

---
1　保険と扶助の交錯現象については、伊藤・権利88-89頁参照。
2　同様の指摘に、原田231頁参照。

した社会保険およびその関連諸制度の抜本的な改革により、国が国民生活のナショナル・ミニマムを統一的・包括的に保障することを提唱し、社会保険と公的扶助を組み合わせた総合的な社会保障計画を構想した。この提案を基礎として、第2次世界大戦後、イギリスでは、1946年の国民保健サービス法、1948年の国民扶助法など一連の社会保障立法が成立、他の西欧諸国にも拡大し、国家レベルで社会保障制度を整備した「福祉国家（Welfare State）」と呼ばれる国家体制が確立していった。

社会保障の概念の定着がみられるのもこの時期で、まず、国連の世界人権宣言（1948年）において、社会保障を受ける権利や十分な生活水準を保持する権利などが明記されるにいたった（22条、25条）。また、ILOが1952年に採択した「社会保障の最低基準に関する条約」（102号条約）は、当時の自由主義諸国の社会保障の最大公約数的な基準を設定した（日本は、1976年に批准）。

世界人権宣言は、加盟国に対する法的拘束力はなかったが、日本が1979年に批准した国際人権A規約（経済的、社会的及び文化的権利に関する国際規約。以下「社会権規約」という）は、9条において「この規約の締結国は、社会保険その他の社会保障についてのすべての者の権利を認める」と、社会保障の権利を明確に規定した。

## 2　社会保障の定義と内容

もっとも、社会保障とは何かに関して各国で共通の理解があるわけではなく、国ごとに、その社会的・文化的・政治的背景に応じて、社会保障の捉え方には相違がみられる。たとえば、アメリカの社会保障法は、年金保険と公的扶助をさすものであったし（アメリカは、いまだに連邦レベルでの公的医療保険を持たない）、イギリスでは、社会保障は、主に所得保障制度（年金、家族手当、公的扶助など）を、フランスでは、社会保険と家族給付をさす概念として用いられる。

これに対して、日本では、1946（昭和21）年に制定された日本国憲法（以下、本書では「憲法」と略す）25条1項において、国民の「健康で文化的な最低限度の生活を営む権利」を明記し、同条2項で「国は、

すべての生活部面について、社会福祉、社会保障及び公衆衛生の向上及び増進に努めなければならない」と、国（都道府県や市町村など自治体も含むとされている）の社会福祉・社会保障等の向上増進義務を規定し、ここに「社会保障」という言葉がはじめて登場する。憲法では「社会保障」の明確な定義はなされていないが、憲法25条の規定を踏まえると、社会保障とは、失業しても、高齢や病気になっても、障害を負っていても、どのような状態にあっても、すべての国民に、国や自治体が「健康で文化的な最低限度の生活」を権利として保障する制度と定義できる。

ここで保障されるべき「健康で文化的な最低限度の生活」とは、生存ぎりぎりの「最低限度の生活」ではなく、文字通り「健康で文化的な」ものでなければならないと解される。そして、「健康で文化的な最低限度の生活を営む権利」の主体は国民であり、保障義務を有するのは国・自治体ということになろう。

もっとも、憲法25条の規定では、「社会保障」は「社会福祉」や「公衆衛生」と並列して掲げられており、その定義がなされているわけではなく、その具体的内容も明らかでない。この「社会保障」の具体的内容を明確にしたのは、1950（昭和25）年の社会保障制度審議会の勧告（以下「50年勧告」という）であり、そこでの分類が、その後の通説的見解となる。「50年勧告」は、社会保障制度を「疾病、負傷、分娩、廃疾、死亡、老齢、失業、多子その他困窮の原因に対し、保険的方法又は直接公の負担において経済保障の途を講じ、生活困窮に陥った者に対しては、国家扶助によって最低限度の生活を保障するとともに、公衆衛生及び社会福祉の向上を図り、もってすべての国民が文化的社会の成員たるに値する生活を営むことができるようにすること」と定義し、社会保障の具体的内容として、社会保険、国家扶助（公的扶助）、公衆衛生、社会福祉を挙げている。これに広い意味で、恩給と戦争犠牲者援護を加えることもある。ここでは、社会保障が社会福祉・公衆衛生の上位概念であり、それらを包摂する広い意味で使われている。

その後、1960年代の高度経済成長を経て、日本でも、社会保障制度の発展に伴い、社会保障分野に関する法律が多数制定されてきた。そし

て、これら社会保障制度に関する給付や費用負担などを規定した法律を「社会保障法」と総称し、統一的な法理と基本原則に貫かれた法領域として独立の研究対象とされるようになり、社会保障法学が独立の研究領域として確立していった。社会保障法学では、憲法25条の規定が、社会保障法の制定根拠であり、社会保障法の解釈指針であるとの見解が通説的見解となっている（本章第2節参照）。

## 3　社会保障の法体系

この社会保障法学においては、社会保障法の体系をどのように捉えるかについて、基本的に2つの見解があるとされる。1つは、制度論的体系論と呼ばれるもので、社会保障の現実の制度に即したその体系を捉える考え方で、もう1つは、制度とは別の座標軸を設定して、その体系を捉える考え方である[3]。前者の典型が、前述の「50年勧告」の体系論であり、後者の典型が、要保障事故別体系論と呼ばれる体系論である。この体系論は、要保障事由の保障すべきニーズの内容とこれに対応する保障給付の内容から体系化を試み、①所得保障給付の法体系と②生活障害給付の法体系に区分する[4]。

本書では、社会保障を構成する社会保険、公的扶助などの制度は、それぞれ給付、財政方式などが細かく法律によって規定され、各制度がそれぞれ完結性を有していること、制度相互間にも一定の整合性があることなどから、社会保険、公的扶助などの制度をベースにして社会保障の法体系を捉える（制度的体系論の立場）。同時に、前述のように、社会保障を何らかの支援を必要とする人の権利保障のしくみと定義することから、個別の権利保障のための給付（支援）のしくみを有している制度と捉える。そのため、憲法25条にも明記され、「50年勧告」にも含まれている「公衆衛生」については、個別の権利保障のための給付のしくみとはいいがたいことから、ここでは、社会保障の対象からは除外し、社会保障を側面から支える諸施策として捉えることとする。

---

3　西村・入門 13頁参照。
4　荒木誠之『社会保障の法的構造』（有斐閣、1983年）3頁以下参照。

第 1 章 社会保障の法体系と社会保障の権利

図表 1　日本の社会保障の法体系（主要 4 制度）

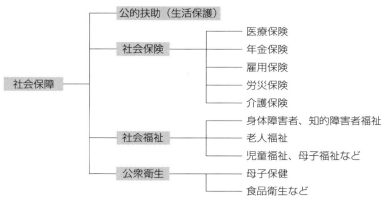

出所：筆者作成

　以上の体系論からすると、社会保障の法体系は、被保険者の拠出を前提とする社会保険、拠出を前提としないが、資産調査を必要とする公的扶助（日本では生活保護）、個別的な対人サービスを中心とする社会福祉、そして、無拠出の定型的な金銭給付である社会手当の 4 つの主要制度に区分できる[5]（図表1）。以下、4 つの主要制度を概観する。

## 4　社会保障の主要 4 制度と社会保障立法の概要

### (1) 社会保険

　社会保険の定義については、判例は、端的に「個人の経済的損害を加入者相互において分担する」しくみとしている（最大判昭和 33・2・12 民集 12 巻 2 号 190 頁）。学説では、「加入者（被保険者）全体が保険料を負担することによって、個人の自助努力では対応の難しいリスクを加入者全体に分散し、個々の加入者の保険料負担の軽減と給付水準の向上を可能とするシステム[6]」とか、「社会保障制度のうち（保険の概観を備

---

　5　このほかの社会保障の法体系としては、制度の機能（目的）による分類がある。典型的には、公的扶助（生活保護）と年金を合わせて、所得保障とし医療保険と医療サービスを合わせて医療保障、その他の対人サービスを社会福祉として分類する方式がある。

23

え、かつ）給付と負担の間に対価性が存在するような制度設計が行われているもの」などの定義がみられる。さしあたり、ここでは、学説の共通項的な定義として、社会保険を、加入者の拠出（保険料負担）を前提に、保険事故が生じた場合に、必要な給付を行うしくみと定義しておく。

社会保険においては、たとえば病気などになる確率の高い者だけが保険に加入すること（「逆選択」といわれる）を防止し、リスク（危険）の分散をはかるため、強制加入のしくみが採用されている。国民健康保険の強制加入のしくみが、憲法19条（思想・良心の自由）および29条（財産権の保障）に違反するかが争われた事例では、最高裁は、強制加入を「公共の福祉に合致する目的のために必要かつ合理的な範囲にとどまる措置」とし、憲法違反に当たらないと判示している（前記最判昭和33・2・12）。

強制加入の結果として、保険料負担が困難な者も加入者となるため、社会保険には保険料の減免制度が存在し、保険料も応能負担が原則となっている。また、健康保険の被扶養者や国民年金の第3号被保険者のように、保険料負担をせずに、給付が受けられる場合がある。社会保険は、拠出（保険料負担）を前提とする保険方式をとりながらも、拠出がない給付が存在する点に最大の特徴を有している（第3章3参照）。その意味で、社会保険は、保険に特有の機能であるリスク分散とともに、所得再分配という2つの機能をもつといえる。この点が、私保険とは区別される「社会保険」といわれるゆえんである。

社会保険に加入し、保険料を負担（拠出）し、保険事故が発生して法定の受給要件を充足した場合に、保険給付を受けることができる（保険給付請求権を取得する）者を被保険者といい、保険料を徴収し、適用や給付など保険事業を行うものを保険者という。社会保険の保険者は政府や公的機関である点が、保険会社が運営する私保険との相違である。ま

---

6 　加藤 3頁、および岩村正彦『社会保障法Ⅰ』（弘文堂、2001年）43頁参照。

7 　新田秀樹「介護保険の『保険性』」菊池馨実編『社会保険の法原理』（法律文化社、2012年）182頁。

8 　倉田聡『社会保険の構造分析―社会保障における「連帯」のかたち』（北海道大学出版会、2009年）326頁参照。

た、保険給付には、年金給付のような現金給付のほかに、医療保険の療養の給付のような現物給付もある。

日本の社会保険は、老齢、障害、疾病、失業、業務・通勤災害、要介護などを保険事故として、①年金保険、②医療保険、③失業（雇用）保険、④労災保険、⑤介護保険の５つの社会保険がある。①の法律として厚生年金保険法と国民年金法などが、②の法律として健康保険法、国民健康保険法、高齢者の医療の確保に関する法律（高齢者医療確保法）などが、③の法律として雇用保険法などが、④の法律として労働者災害補償保険法（労災保険法）などが、⑤の法律として介護保険法がそれぞれ存在する（①については第３章、②については第５章、③④については第７章、⑤については第６章をそれぞれ参照）。

### (2) 公的扶助

公的扶助は、健康で文化的な最低限度の生活を営むことができない生活困窮者に対して、国がその責任において、その生活を保障する扶助制度である。日本では、生活保護法に基づいて実施されているため、公的扶助は生活保護と同義で用いられている（第２章１参照）。

公的扶助の財源は、税金によって賄われ、受給権者には拠出義務はない。ただし、資産・能力の活用が受給要件とされているため、それを確認するため、資産調査（ミーンズテスト）が実施される。そして、その調査に基づいて、生活保護基準に照らして最低生活を維持するに足らない部分について、補足的に保護費等が支給される（補足性原則）。

### (3) 社会福祉

社会福祉は、障害や老齢などの原因により、何らかの社会的支援が必要な人に対して、施設への入所や居宅での介護などのサービスを提供するしくみである。

日本では、社会福祉は、対象者ごとに高齢者福祉、児童福祉、障害者福祉、母子福祉などの領域に分類され、社会福祉に関する法律も、これらの領域に対応して、児童福祉法、老人福祉法、身体障害者福祉法、知

的障害者福祉法、母子及び父子並びに寡婦福祉法と、対象者ごとに分かれて制定されている。この5法と生活保護法と合わせて「福祉六法」と呼ぶことがある。また、介護保険法は、高齢者介護を社会保険方式で実施している点に特徴があるが、本書では高齢者福祉とともに社会福祉の領域で扱う（第6章第2節参照）。

#### (4) 社会手当

社会手当は、受給に際して、社会保険のような保険料負担（拠出）を前提とせず、法定の要件に該当することのみを条件として支給される、いわゆる無拠出の現金給付である。公的扶助（生活保護）のような厳格な資産調査も課されない点に特徴がある。ただし、支給の要件として所得制限や年齢制限が課せられることがある。

日本では、社会手当の法として、児童手当法、児童扶養手当法、特別児童扶養手当法などの法律がある（第4章1参照）。従前の国民年金制度における無拠出の福祉年金（老齢福祉年金、障害福祉年金など）および現行の20歳前障害者に対する障害基礎年金の支給も、この社会手当の範疇に属するといえる。

## 第2節　社会保障法と憲法

### 1　社会保障法と生存権（憲法25条）

前述したように、憲法25条1項に規定する生存権の理念が、社会保障法の制定根拠であり、社会保障法の解釈指針、さらには、社会保障政策の規範的指針である（本章第1節参照）。

憲法史的にみるならば、憲法25条1項に規定する生存権は、20世紀的な社会権として位置づけられる。こうした意味での生存権が最初に実定法化されたのは、ドイツのワイマール憲法（1919年）においてである。ただし、そこでは「所有権は義務を伴う」との規定にとどまり、明確に「健康で文化的な最低限度の生活を営む権利」を規定したのは、日本国

憲法（1947年公布）が初めてといえる。

第2次世界大戦後、生存権の理念は社会保障給付を受ける権利として実定法化されていく。まず、国連の世界人権宣言（1948年）において社会保障を受ける権利が規定され（25条）、前述の社会権規約9条において、社会保障の権利が明確に規定された。社会権規約は国際条約であり、国内法に優越し、それに抵触する国内法は改変が求められる。近年では、同規約の制度後退禁止の内容を認定し、国内法に適用されるとした判決（大阪高判平成27・12・25賃社1663＝1664号10頁）も出されている。

## 2 憲法学での生存権論の展開と裁量統制の法理

### (1) 生存権の法的性格

一方、第2次世界大戦後の憲法学では、憲法25条の規定する生存権の法的性格と裁判規範性をめぐり、プログラム規定説、抽象的権利説、具体的権利説の3説が唱えられてきた。

このうちプログラム規定説は、憲法25条は、国に対し政治的、道義的義務を課したにとどまり、国民に裁判上救済を受ける具体的な権利を付与したものでないとする説で、初期の学説や最高裁の立場であった（最大判昭和23・9・29刑集2巻10号1235頁—食糧管理法違反事件）。これに対して、抽象的権利説と具体的権利説は法的権利説と総称され、それぞれ生存権の法的権利性と裁判規範性を認めるが、抽象的権利説は、生存権を具体化する法律がある場合には、その裁判規範性が充足され、当該法律に基づく訴訟において憲法25条を援用できるとし、具体的権利説は、憲法25条は、その規範内容の保障を請求できる具体的な権利を個々の国民に認めており、生存権規定を具体化する立法がなくても、立法の不作為の違憲確認訴訟が提起できるとする。

今日の学説には、プログラム規定説は見当たらず、生存権の裁判規範

---

9 松山秀樹「社会権規約で規定する『制度後退禁止』を認定した兵庫県生存権裁判大阪高裁判決」賃社1663＝1664号（2016年）6頁参照。
10 法的権利説を含めた生存権論の展開については、伊藤・権利179頁以下参照。

性を認め、抽象的権利説を通説とし、具体的権利説を少数説とする分布をなしているとされる。[11]最高裁も、生存権規定を「すべての国民が健康で文化的な最低限度の生活を営み得るように国政を運営すべきことを国の責務として宣言したにとどまり、直接個々の国民に対して具体的権利を付与したものではない」としつつも、憲法の生存権規定の趣旨を実現する立法がなされれば、具体的権利が付与されるとの見解を示し（最大判昭和42・5・24民集21巻5号1043頁——朝日訴訟最高裁判決）、純然たるプログラム規定説の立場とはいえない。

### (2) 生存権の具体的内容

つぎに「健康で文化的な最低限度の生活」の具体的内容を確定できるかについても争いがあり、学説では、①その生活水準は、特定の国家の、特定の時期においては、客観的に存在しうるもので、科学的に算定することが可能とする説（絶対的確定説）と、②何が最低限度の生活水準であるかは、特定の時代の特定の社会において、ある程度客観的に確定できるとする説がある。[12]

判例は、前記の朝日訴訟最高裁判決が「健康で文化的な最低限度の生活なるものは、抽象的な相対的概念であり、その具体的な内容は、文化の発達、国民経済の進展に伴って向上するのはもとより、多数の不確定的要素を綜合考慮してはじめて決定できるもの」とし、具体的な「健康で文化的な最低限度の生活」の水準については憲法から読み取ることはできないとの立場に立っている（相対的確定説）。

判例の立場に立てば、憲法25条1項にいう「健康で文化的な最低限度の生活」水準の確定には、高度の専門的判断が必要とされ、広い立法・行政裁量が認められることとなる。これに対して、絶対的確定説の立場に立てば、「健康で文化的な最低限度の生活」水準は客観的に確定

---

11 棟居快行「生存権の具体的権利性」長谷部恭男『リーディングス・現代の憲法』（日本評論社、1995年）167頁参照。

12 芦部信喜（高橋和之補訂）『憲法〔第6版〕』（岩波書店、2015年）270頁、および佐藤幸治『憲法〔第3版〕』（青林書院、1995年）623頁参照。

されるため、立法裁量等の余地はなく、それを下回る立法や処分は違憲無効とされることとなろう。

### (3) 違憲審査基準をめぐる理論状況

違憲審査基準については、堀木訴訟の控訴審判決（大阪高判昭和50・11・10行集26巻10＝11号1268頁）が、憲法25条1項は公的扶助（生活保護）である救貧施策、同条2項はその他の社会保障施策など防貧施策を定めたものとし、後者については司法審査が及ばないとする憲法25条1項・2項分離論（以下「分離論」という）を展開した。しかし、学説では、分離論の当否には争いがあり、同判決については、1項に関わる生活保護以外の社会保障施策に対する司法審査の可能性を遮断するものとして批判が多い。

ただし、分離論は、少なくとも憲法25条1項の「最低限度の生活」保障にかかわる法律については、厳格な違憲審査基準の適用の可能性を示唆しており、それを受けて、たとえば、外国籍保持者に対する障害福祉年金の支給の可否が争われた塩見訴訟第1審判決（大阪地判昭和55・10・29行集31巻10号2274頁）では、憲法25条1項の「健康で文化的な最低限度の生活」には「絶対性のある基準」があり、厳格な審査をすべき可能性を示唆し、2項に基づく防貧施策に関する立法裁量の当否も、1項的な救貧施策と関連づけて立法されている場合は、その限度で厳格な審査に服するとした。学説でも、憲法25条1項にいう「最低限度の生活」に関しては、憲法に基づき直接請求する権利（緊急的生存権）が生じるとする説も主張されるようになった。[13]

しかし、その後、堀木訴訟最高裁判決（最大判昭和57・7・7民集36巻7号1235頁）は、「憲法25条の規定の趣旨にこたえて具体的にどのような立法措置を講ずるかの選択決定は、立法府の広い裁量にゆだねられており、それが著しく合理性を欠き明らかに裁量の逸脱・濫用と見ざるをえないような場合を除き、裁判所が司法判断するに適しない事柄で

---

13 籾井常喜『社会保障法』（総合労働研究所、1972年）83頁参照。

ある」とし、憲法25条の具体化にあたり立法府の広い裁量を認め、その「裁量の逸脱・濫用」があった場合にのみ司法審査が及ぶとする「広い立法裁量論」を採用した。この堀木訴訟最高裁判決の影響力は絶大で、老齢福祉年金の併給制限を争った岡田訴訟判決（最判昭和57・12・17訴月29巻6号1074頁）や塩見訴訟上告審判決（最判平成元・3・2判時1363号68頁）など、その後の憲法25条をめぐる生存権訴訟の最高裁判決には必ず引用されて、憲法25条違反の主張を排斥する、きわめて強力な法理として確立していく。

なお、近年の学説では、分離論とはやや異なる立場から、憲法25条1項の「最低限度の生活」の保障については、厳格な司法審査が及び、それを上回る水準の生活保障については、同条2項の射程範囲とし、広い立法裁量を認める「審査基準の二分論」が有力となっている[14]。

### (4) 裁量統制の法理の展開

立法・行政裁量の統制方法については、朝日訴訟第1審判決（東京地判昭35・10・19行集11巻10号2921頁）が、最低限度の生活水準を判定するについて「その時々の国の予算の配分によって左右されるべきものではない」として、国の予算・財政事情による抗弁を排斥する裁量統制の方法を採用したが、最高裁は、前述のように、裁量権の逸脱濫用型審査（行訴30条に法定化）をとり、広い立法・行政裁量を認め、国の予算配分の事情も、生存権基準設定にあたっての考慮要素に当たるとしている。

朝日訴訟では、生活保護基準の引き上げが問題となったが、現在では、生活保護の老齢加算の廃止や生活扶助費（生活保護基準）の引き下げが行われ、その違憲性を争う訴訟が提起されている（第2章4参照）。給付の引き下げという新たな局面をむかえて、憲法学説でも、生活保護を具体化するうえで立法・行政裁量を認めつつも、「ひとたび裁量が行使され、給付のしくみや給付水準が具体的に確定した後には、正当な事由

---

14 詳しくは、堀・総論139-141頁参照。

がない限り、いったん到達した水準からの後退は禁止される[15]」という「制度後退禁止原則」の法理が注目されるようになってきた。

そのほかの裁量統制の法理としては、中間型の実体法的審査として、優越的法益侵害、目的や考慮要素に着目した裁量審査があるが、これらについては省略する。

## 3 外国人と社会保障

ところで、憲法25条1項は、生存権の権利主体を「すべて国民」としており、日本国籍をもたない外国人が、憲法25条の保障が及ぶかが問題となる。

戦後草創期の日本の社会保障各法令には、少なからず社会保障の適用を「国民」に限定する、いわゆる「国籍要件」が存在していた。しかし、1981（昭和56）年の「難民の地位に関する条約」の批准とともに、社会保障各法令の国籍要件は「難民の地位に関する条約等への加入に伴う出入国管理令その他関係法律の整備に関する法律」（昭和56年法律86号）により、同条約が発効された以降、随時撤廃された。ただし、生活保護法は今なお日本国民のみに適用されるとされている。

外国人の基本的人権の保障については、マクリーン事件判決（最大判昭和53・10・4民集32巻7号1223頁）が、性質説を採用しており、これに基づいて、社会権の適用についても、従来は否定説が伝統的見解であった。しかし、現在の通説は、法律において外国人に社会権の保障を及ぼすことは、憲法上なんら問題はなく、とりわけ、日本に定住する在日韓国・朝鮮人および中国人については、できる限り、日本国民と同じ扱いとすることが憲法の趣旨に合致するとする[16]。

問題となるのは、不法在留外国人の生存権保障であるが、緊急に治療を要する場合も含め、保護の対象ではないとするのが判例（最判平成13・9・25判時1768号47頁）だが、疑問が残る（この問題については、第2章3参照）。

---

15　小山剛「生存権の『制度後退禁止』？」慶應法学19号（2011年）98頁。
16　芦部・前掲注(12)94頁参照。

## 4 社会保障法と平等原則（憲法14条）

「法の下の平等」を定める憲法14条1項も、社会保障の給付に密接に関わっている。

同条項の解釈をめぐっては、法適用の平等のみならず不平等な取り扱いを内容とする法の定立をも禁止する趣旨であり、平等原則は立法者をも拘束するという立法者拘束説が通説・判例であるが、学説の多くは、恣意的な差別は許されないが、法上取り扱いに差異が設けられている事項と事実的・実質的な差異との関係が、社会通念からみて合理的であるかぎり（合理的差別）、平等原則違反の問題は生じないと解している。[17]

判例も、前記堀木訴訟最高裁判決が「憲法25条の規定の要請にこたえて制定された法令において、受給者の範囲、支給要件、支給金額等につきなんら合理的理由のない不当な差別的取扱をした」場合には憲法14条違反の問題を生じうるとし、学説と同様の立場を示すとともに、合理性の判断基準については、憲法25条と同様に、広い立法裁量を許容している。生存権違反をめぐる裁判において、憲法25条違反をストレートに訴えても、広い立法裁量に阻まれるため、憲法14条違反を持ち出す手法が考えられたが（堀木訴訟もそうした側面がある）、14条の合理性の判断基準においても、判例は広い立法裁量を認めているため、結局、社会保障立法における憲法14条違反の主張も、広い立法裁量に阻まれる結果となっている。[18] 法の下の平等という憲法14条の規範に基づき、立法府の裁量権行使の過程に着目する「裁量過程統制型」審査を主張する学説もあるが、[19] 裁判例では、社会保障法の規定が憲法14条に違反するとした判決は、下級審にわずかにみられるにとどまる。

社会保障で平等原則違反が問題となった事例としては、国民年金法の国籍要件の規定が平等原則違反として争われた前記塩見訴訟がある。ま

---

17　芦部・前掲注(12)130頁参照。
18　葛西まゆこ『生存権の規範的意義』（成文堂、2011年）67頁も、憲法25条が関連する事案においては、憲法14条における合理性の基準は、現在の判例理論が前提とする広範な立法裁量論に、ほぼ吸収されるということが示されることとなったと指摘している。
19　小山剛『「憲法上の権利」の作法〔第3版〕』（尚学社、2016年）115頁以下参照。

た、年金・手当の併給調整規定が平等原則違反として争われた事例として、児童扶養手当と障害福祉年金の併給調整が争われた前記堀木訴訟、老齢福祉年金と普通恩給の併給調整が争われた宮訴訟（東京高判昭和56・4・22行集32巻4号593頁）などがある。さらに、国民年金法の老齢福祉年金を夫婦が受給する場合、その額を一部支給停止にする規定が憲法14条1項に違反するかが争われた事例として牧野訴訟がある。同訴訟の第1審判決（東京地判昭和43・7・15行集19巻7号1196頁）は、夫婦受給制限規定は、憲法13条及び14条に違反して無効であるとした。国は控訴したが、法律改正により同規定が削除されたこともあり、和解により訴訟は終結している。

　そのほか、婚姻によらないで懐胎した児童を父が認知した場合に、児童扶養手当の支給を認めない施行令の違憲性（憲法14条違反）が争われた裁判で、第1審判決（奈良地判平成6・9・28訴月41巻10号2620頁）は、憲法14条違反を認めたが、最高裁は、憲法14条違反には触れず、児童扶養手当法の委任の範囲を逸脱したものとして、施行令を違法とした事案がある（最判平成14・1・31民集56巻1号246頁。第4章3参照）。

　なお、外国人被爆者が来日し、被爆者援護法1条の被爆者たる地位を取得し、かつ、同法27条に定める健康管理手当の支給認定を受けたとしても、その後出国したことにより被爆者たる地位を失うという通知が、憲法14条1項に反するおそれがあるとし、原告について被爆者としての地位を確認するとともに、健康管理手当分の支給を命じた事例（大阪地判平成12・6・1判タ1084号85頁）および違法な通知の発出に対して、担当者の行為は公務員の職務上の注意義務違反に該当するとして、国家賠償法1条1項の賠償責任を認めた事例（最判平成19・11・1民集61巻8号2733頁）がある。

## 5　社会保障法と租税法律主義（憲法84条）

　憲法84条は「あらたに租税を課し、又は現行の租税を変更するには、法律又は法律の定める条件によることを必要とする」と規定し、いわゆ

る租税法律主義を定めている。その趣旨は、公権力による恣意的な課税を防止し、国民の代表である議会を通じた民主的コントロールを及ぼすことにある。このことから、租税法律主義の内容として、課税要件および賦課・徴収の手続は国民代表議会の定める法律によって規定されなければならないという原則（課税要件法定主義）と法律によって課税要件および租税の賦課・徴収の手続に関する定めをする場合、その定めはできる限り一義的かつ明確でなければならないという原則（課税要件明確主義）とが導き出せるとされる。[20]

　社会保障法との関連では、社会保険の各法が規定する社会保険料が同条にいう「租税」に該当するかが問題となる。税法学では、租税の特徴として、①公益性、②権力性もしくは強制性、③非対価性が挙げられている。[21]憲法学の通説は、強制性に着目して、特定の給付に対する反対給付であっても、一方的・権力的に徴収される金銭には、憲法84条が適用されるとしているものの、憲法84条の適用を限定する見解も有力である。[22]なお、国民健康保険料や介護保険料など社会保険料の賦課は、条例に基づくものも多いが、地方公共団体の地方税の賦課徴収についても、住民の代表である地方議会の制定した条例に基づき地方税を賦課徴収すべきという、地方税条例主義が適用されることに異論はない。

　国民健康保険料への租税法律主義の適用が争われた事案で、最高裁判決（最大判平成18・3・1民集60巻2号587頁）は、国民健康保険料は租税には該当せず、租税法律主義は直接適用されないとしつつも、一方で、賦課徴収の強制の度合いにおいては租税に類似する性質を有するから、憲法84条の趣旨は及ぶとした（いわゆる「趣旨適用」）。学説でも、最高裁判決を支持する説が有力である。もっとも、国民健康保険料は保険税の形式で賦課徴収されることもあり、実質的には対価性のある保険料であるのに、この場合は地方税として、憲法84条が直接適用されることになるなど、最高裁判決には問題も多い（詳しくは、第5章第3節

---

20　金子宏『租税法〔第22版〕』（弘文堂、2017年）76頁、79頁参照。
21　金子・前掲注(20)8-11頁参照。
22　佐藤・前掲注(12)180頁参照。

## 6　社会保障法と憲法13条、29条、89条後段

### (1) 憲法13条

　憲法13条は「すべて国民は個人として尊重される。生命、自由及び幸福追求に対する国民の権利については、公共の福祉に反しない限り、立法その他の国政の上で最大の尊重を必要とする」と規定している。この規定は、国民の幸福追求の活動を妨げてはならないという自由権的側面とともに、国家が国民の幸福実現のために積極的な施策を推進すべきという社会権的な側面を有している。社会保障法は、国民の「健康で文化的な最低限度の生活」（憲法25条1項）を保障すること、つまりは人間の尊厳を保つにふさわしい生活を保障し、国民の福祉の向上を図ることを目的としており、その意味で、憲法13条の規定も、憲法25条の規定と並んで、社会保障法の制定根拠となりうる[23]。

　問題は、本条が裁判規範となりうるかであるが、学説の多くは、憲法13条が、個別の基本権規定によってカバーされない権利（たとえば、プライバシーの権利）の根拠規定となりうるとし、その裁判規範性を認めている（補充的保障説）。たとえば、医療施設や社会福祉施設において、入所者のプライバシー侵害に当たるような管理を行った場合には、憲法13条違反を問いうる。裁判例でも、らい予防法によるハンセン病患者の隔離規定が憲法13条に反するとし損害賠償請求を認めた事例がある（熊本地判平成13・5・11判時1748号30頁）。

　社会権的側面については、社会保障の立法やそれに基づく処分が、人間の尊厳にふさわしい生活を保障するものでない場合には、憲法13条違反を問うことができると解されるが、憲法25条と同様に広い立法裁量が認められるため、現実に認められることは難しいと考えられる。老人福祉法の養護老人ホームが個室でないために、プライバシーが保たれず、健康で文化的な最低限度の生活を営みえないとして、入所者が、憲

---

[23] 同様の指摘に、堀・総論125頁参照。

法13条および25条に基づいて、個室入所を求めた訴訟では、裁判所は、原告の個室への入所を求める具体的権利はないとして請求を棄却している（最判平成5・7・19判例集未登載）。

### (2) 憲法29条

　憲法29条1項は、財産権の保障を規定している。しかし、その保障は絶対的なものではなく、同条2項は、財産権の内容は「公共の福祉」による制約を受けること、3項は「正当な補償」の下にこれを公共のために用いることができることを規定している。本条の保障の対象となる財産権は、財産的価値を有するすべての権利と解するのが通説であり[24]、公法上の権利である社会保障法上の権利も、本条の保障の対象となると解される。

　そこで、年金給付など社会保障給付の水準の引き下げが、財産権の侵害に該当しないかが問題となる。とくに、裁定により受給権が確定した公的年金（既裁定年金）の受給権については、保険料拠出に基づくものでもあり、財産権保障の要請が他の社会保障給付よりは強く作用し、その引き下げは財産権侵害に該当するのではないかという問題が生じる。

　最高裁判決（昭和53・7・12民集32巻5号946頁）は「法律でいったん定められた財産権の内容を事後の法律で変更しても、それが公共の福祉に適合するようにされたものである限り、これをもって違憲の立法ということができない」とした上で、その変更の合憲性の判断基準として、①いったん定められた法律に基づく財産権の性質、②その内容を変更する程度、③これを変更することによって保護される公益の性質などを総合的に勘案し、その変更が当該財産権に対する合理的な制約として容認されるべきであるかどうかによって判断すべきとしている。

　既裁定年金の引き下げは、拠出制であることから制度に対する信頼保護原則も考慮する必要があること（最高裁の①の判断基準）、給付の引下げが年金受給者の老後の生活に直接かつ重大な影響を与えるものであ

---

24　佐藤・前掲注(12)565頁参照。

ること、受給者によっては生活保護基準を割り込む引き下げになること（同じく②の判断基準）、年金財政は経済状況等に大きく左右され、既裁定年金の引き下げによる年金財政の影響はきわめて限定的であること（③の判断基準）などから、憲法29条に違反する余地がある。また、正当な補償を定める憲法29条3項の趣旨から、何ら例外（たとえば、生活保護基準以下の年金受給者は減額対象から除くなどの措置）を設けることなく、一律に既裁定年金の引き下げを行うことも同条違反の疑いがある（第3章8参照）[25]。

### (3) 憲法89条後段

　憲法89条後段は、公金その他の公の財産は「公の支配に属しない慈善、教育、若しくは博愛の事業に対し、これを支出し、又はその利用に供してはならない」と規定する。本条前段は「宗教上の組織若しくは団体」への公金の支出を禁止することによって、政教分離の原則を財政面から保障することを目的とするが、後段の趣旨・目的については、大別して、①私的な事業への不当な公権力の支配が及ぶことを防止するための規定と解する立場（自主性確保説）と、②公財産の濫費を防止し、慈善事業等の営利的傾向ないし公権力に対する依存性を排除するための規定と解する立場（公費濫用防止説）がある。①の立場は、「公の支配に属する」を厳格かつ狭義に解し、監督官庁が事業の自主性が失われる程度に達しない権限を有するだけでは、その事業に対する助成は違憲の疑いがあることになる。これに対して、②の立場は、「公の支配に属する」を緩やか、かつ広義に解するので、業務や会計の状況に関し報告を徴したり、予算について必要な変更をすべき旨を勧告する程度の監督権をもっていれば、助成は合憲となる[26]。

　憲法89条後段の趣旨については、②の立場が妥当であり、多数説でもある。そして、同条の反対解釈として、「公の支配」に属する慈善・

---

25　詳しい検討については、伊藤周平「既裁定年金の引き下げと生存権保障」賃社1667号（2016年）29-30頁参照。
26　芦部・前掲注(12)365-366頁参照。

博愛の事業に対する助成は可能と解されている。

　社会福祉事業は、この規定にいう慈善・博愛の事業に該当するが、社会福祉法は、社会福祉事業を行うことを目的とする特別の組織として、社会福祉法人を設け、かなり厳格な公的規制（業務監査、措置命令、解散命令など）を及ぼしている。このことから、社会福祉法人は「公の支配」に属すると解し、同法人に補助金の支出等の助成ができることが規定され（社福58条）、憲法89条後段違反の問題をクリアーしている。

## 第3節　社会保障の権利

### 1　社会保障の権利の意義と内容

　憲法25条1項に規定されている生存権は、個々の社会保障立法に基づいて行われる社会保障の給付の実施により、社会保障給付を受ける権利として具体化することとなる。憲法学の通説である抽象的権利説に立てば、個々の法律により社会保障の権利として具体化された権利（抽象的権利から具体的権利に化している）は、それが侵害された場合に、裁判所に救済を求めることができる法的権利と解することができる。

　社会保障の権利の中核は、社会保障の給付を受ける権利（受給権）であるが、それにとどまらず、給付を求める申請権、申請からはじまる一連の給付手続の過程が本来の権利保障の目的に沿って適正に進められることを求める手続的権利、サービス給付の過程における自由の尊重など処遇過程の権利、制度運営への参加の権利、権利侵害があった場合に法的に権利の救済を求めることができる争訟権（不服申立ての権利と訴訟の権利）などが含まれる複合的な権利といえる。

　ここでは、社会保障の権利として、具体的に、①社会保障給付の受給

---

27　社会福祉法令研究会編『社会福祉法の解説』（中央法規、2001年）213頁参照。
28　小川政亮『権利としての社会保障』（勁草書房、1964年）122頁以下は、こうした自らの権利実現のための手続的権利や争訟権などを「自己貫徹的権利」と呼んでいる。その先見性を指摘するものに、井上英夫「人権としての社会保障と小川権利論」法律時報79巻4号（2007年）73頁参照。

権(以下「社会保障受給権」という)、②給付を求める申請権、③手続的権利、④処遇過程の権利、⑤利用者負担や保険料負担などの費用負担の減免を求める権利(免除権)、⑥権利侵害があった場合の救済を求める権利(争訟権)、⑦社会保障の制度・運営への参加の権利に分類して検討する。

## 2　社会保障受給権

### (1)　社会保障受給権の法的性格

　社会保障受給権は、社会保障の権利の中核をなす実体的権利といえるが、その法的性格は、社会保障の給付ごとに異なっている。

　労働保険(労災保険と雇用保険)や年金保険では、法定の受給要件を満たしても、受給権は抽象的なものにとどまり、保険者である政府の決定(裁定)をまって、具体的請求権が発生するとの考え方がとられている。この場合の決定は、行政処分(確認行為)と解されており、不服がある場合には、当該処分の取消訴訟等を提起することとなる。典型的には、年金給付など現金(金銭)給付を受給する場合に該当する。

　これに対して、医療保険の場合は、主たる給付である「療養の給付」(健保63条1項、国保36条1項)は現物給付であることから、保険医療機関への被保険者証の提示によりなされ、基本的には、行政庁などによる給付決定などの行為は必要とされない。ただし、介護保険の場合は、保険者の要支援・要介護認定(行政処分)を前提として、指定事業者・施設が要介護者・要支援者との契約と介護サービス計画に基づいて介護サービスを提供する。これは、介護保険の給付が現金給付であることに基づく(第6章第2節参照)。

　児童手当や児童扶養手当などの社会手当の受給の場合も、年金保険などと同様、市町村長(児手7条1項)や都道府県知事(児扶手6条1項)の認定が必要となる。学説では、この認定(行政処分)は、年金裁定と同様に、確認行為と解する見解もあるが、行政解釈では形成的行為[29]

---

29　たとえば、西村・社会保障法57頁参照。

(設権行為)とされている(第4章5参照)。

生活保護の場合は、法の規定に基づき生活保護を受ける権利が法的権利であることは、朝日訴訟判決(最大判昭和42・5・24民集21巻5号1043頁)で最高裁も認めている。ただし、その具体的な受給権は、保護実施機関の保護決定をまって申請時に遡及して発生し、この決定は形成的行為(設権行為)としての性格を有すると解されている(第2章7参照)。

社会福祉法制の分野では、サービス提供に係る行政庁への権限付与の規定(「できる」規定)となっているものが少なくない(老福10条の4など)。この規定を根拠にして、利用者の福祉サービス受給権を観念することは難しい。一方で、義務付け規定(「しなければならない」という規定)の場合には、従来の措置制度の下でも、学説の多くは、一定の行政裁量を伴わざるを得ないことは認めつつ、申請権(たとえば、保育所や特別養護老人ホームの入所申込みなど)や給付を受ける権利を肯定してきた。しかし、行政解釈や一部の裁判例(東京高判平成4・11・30判例集未登載)は、義務付け規定の形であっても、給付を受ける利益の法的権利性を否定し、単なる反射的利益に過ぎないという立場であった。

高齢者福祉分野では、介護保険制度の導入(2000年)による措置制度から契約制度への転換が、利用者の福祉サービス受給権(選択権)を認めるものとの積極的な評価がなされた。しかし、法的には、要介護・要支援認定を経て、要介護度に応じた介護サービス費の支給を受ける権利が生じるにとどまる。[30]

### (2) 受給権の保護と受給権の消滅

社会保障給付は、受給者(被保障者)の生活保障を目的とするため、適法に受けた給付が、完全かつ確実に受給者に帰属するように、受給権保護規定が置かれている。具体的には、①受給権の譲渡、担保提供の禁止および受給権・支給金品の差押禁止(生保58条・59条、国年24条、

---

[30] 同様の指摘に、加藤ほか52頁(菊池馨実執筆)参照。

健保61条、労災12条の5第2項、雇保11条、介保25条、障害総合13条、児手15条、児扶手24条、児福57条の5第2項など）、②租税その他公課禁止（生保57条、国年25条、健保62条、労災12条の6、雇保12条、介保26条、障害総合14条、児手16条、児扶手25条、児福57条の5第1項など）などがある。

　社会保障給付の受給権は、受給権者本人が死亡したとき、時効が成立したとき、支給要件に該当しなくなったとき、失権事由に該当したときなどに消滅する。

　受給権者の死亡の場合、受給権は相続財産性が認められないという意味で、一身専属の権利といえる（民法896条ただし書）。判例でも、生活保護受給権の相続財産性が否定され（前記朝日訴訟最高裁判決）、年金についても、未支給年金（国年19条、厚年37条）の相続財産性が否定されている（最判平成7・11・7民集49巻9号2829号）。ただし、受給権者が死亡した場合に、受給権者が支給を受けることができたはずの給付で支給しないままになっている給付については、いわゆる未支給の給付として、一定の親族に支給する形で処理がなされることがある（労災11条、雇保10条の3第1項）。未支給の給付については、相続とは異なるルールが採用されている（前記最判平成7・11・7。第3章4参照）。

### (3) 給付制限と併給制限

　一方で、社会保障受給権には、いくつかの給付制限事由が規定されている。

　第1に、給付を受けるべき者に違法行為などがある場合、制裁措置として給付制限が行われる。保険事故が故意の犯罪行為、故意または重大な過失による場合、不正受給の場合、療養上の指示・受診命令不服従などの場合などである（介保64条など）。

　第2に、社会保険等の給付の受給権が同一人に重複して発生する場合、一方を支給し、他方の全部または一部の給付が支給停止または不支給とする併給制限（併給調整）が行われる（国年20条、厚年38条など）。同一人に2つ以上の給付事由が発生する場合、それによって通常所得の

喪失が倍加されるわけではないとの理由による。[31]併給制限については、とくに公的年金制度において規定があるが、公的年金が支給される場合には、児童扶養手当が支給されないなどの併給制限もある（児扶手4条2項2号）。この併給制限条項には合理性があり、遺族厚生年金受給者について児童扶養手当の受給資格の喪失を適法とした裁判例がある（金沢地判平成23・4・22賃社1560号55頁）。

第3に、一定額以上の所得がある場合に、減額、支給停止または不支給とする所得制限がある。所得制限には、いったん受給権を発生させた上で支給停止する場合もあるが（国年36条の3）、大半は、受給権そのものを発生させないものである（児手5条1項など）。

第4に、第3者の加害行為による負傷・障害・死亡の場合、被害者側が社会保険の給付より先に加害者から損害賠償を受けると、その賠償額の限度で、保険者が同一事由に基づく保険給付を行う責任を免れる給付免責がある（国年22条2項など）。

なお、社会保険の保険料滞納は、年金保険については、受給資格や受給額に反映されるにとどまるが、医療保険・介護保険については、保険給付の全部または一部の一時差止め（国保63条の2第1項・2項、介保67条1項・2項）、被保険者証の返還と資格証明書発行による償還払い化（国保9条3項以下）などの制裁措置がある。しかし、これらの給付制限（制裁措置）は、必要な人が医療や介護を受けられない事態を招く可能性が高く、最小限のものにとどめられるべきであろう（第6章第2節参照）。

## 3　申請権と手続的権利

### (1) 申請権の保障

社会保障の給付は、本人・家族等による申請→給付決定→法に定める給付（現物給付もしくは現金給付の支給）という一連の手続きを経て、なされる場合が多い。要保障者等の申請を前提とした申請主義である。

---

31　西村・入門314頁参照。

それゆえ、申請から給付に至る手続過程の全般にわたり、適正な手続であることが要請される。申請権と手続的権利の保障の問題である。

社会保障法の領域では、給付や負担を義務付ける権利義務関係の多くが行政処分などを通じて形成される。こうした行政処分などの共通の基本的手続を定めているのが行政手続法（平成5年法律88号）である。同法は、行政運営における公正の確保と透明性の向上を図り、国民の権利利益の保護に資することを目的としている（行手1条1項）。

社会保障給付の多くは、前述のように、申請を前提とする申請主義を採用しており、申請は法令に基づいて行われる。行政庁は、当該申請に対して遅滞なく当該申請の審査を開始しなくてはならず（行手7条）、行政手続法のもとでは、行政庁による受理拒否はもはや観念しえないとするのが裁判例である（神戸地判平成12・7・11訴月48巻8号1946頁）。通説でも、行政手続法7条は、いわゆる受理という観念を採用していない[32]。少なくとも、受理は、行政手続法上は法的意味をもたないとされる[33]。そして、申請権とは、申請者みずからの申請にかかる案件が適正の処理されることを要求する権利であり、申請それ自体が、そのような意味での権利行使として位置づけられる[34]。それゆえ、たとえば、生活保護受給者を増加させないようにするため、従来みられた生活保護申請書を渡さなかったり、申請書を受け取らなかったりする生活保護行政の実務（水際作戦）は、明らかに行政手続法違反であり、申請権の侵害となる（第2章3参照）。

### (2) 手続的権利の保障

申請に対する処分については、審査基準の定立（行手5条）、申請拒否処分の理由提示義務（同8条）などが規定され、不利益処分については、処分基準の定立（同12条）、聴聞および弁明の機会の付与（同13条）、理由提示義務（同14条）などが規定され、申請者等の手続的権利

---

32 宇賀克也『行政手続三法の解説〔第2次改訂版〕』（学陽書房、2016年）97頁参照。
33 塩野・行政法Ⅰ 320頁参照。
34 小早川光郎『行政法講義・下Ⅰ』（弘文堂、2002年）41頁参照。

が保障されている。これらの手続違反が裁判上争われた事例がいくつかある（通所リハビリ事業者の指定の取消処分が、行政手続法14条1項の要求する理由提示要件を欠くとして違法とされた事例として、名古屋高判平成25・4・26判例自治374号43頁）。

　もっとも、生活保護法上の保護処分や社会福祉各法上の措置など、行政手続法の意見陳述のための手続を適用除外としているものがあり（生保29条の2、児福33条の5、身障19条など）、それに代わる弁明の機会の付与（生保62条4項）、理由説明・意見聴取（児福33条の4、身障18条の3など）といった手続が規定されている。個別のソーシャルワークを尊重する趣旨だが、これらの手続で十分な保障がなされているか疑問との指摘がある。ただし、保育の実施の解除については、従来は行政手続法の意見陳述のための手続は適用除外とされていたが、2012（平成24）年の児童福祉法改正によって、同法33条の4と33条の5の規定にあった「保育の実施の解除」の文言が削除されたため、保育の実施の解除（保育所の退園処分）については行政手続法所要の聴聞手続を経ることが必要となった。保護者の育児休業の取得を理由とした保育所退園処分が聴聞手続を経ていない違法の余地がある処分として、執行停止が認められた事例がある（さいたま地決平成27・9・29賃社1648号57頁、同平成27・12・17賃社1656号45頁）。

　一方で、日本の社会保障の法制度や給付要件は、きわめて複雑で、制度内容も十分に周知されているとはいいがたい。それゆえ、給付主体（保険者や行政機関など）の側には、要保障者が申請の判断ができるだけの情報を提供（説明、広報、助言など）する広報義務があるといえる。ドイツでは、1976年に施行された社会法典第1編13条から15条にかけて、給付主体の広報義務や説明義務、さらには受給者の側の説明を求める権利が社会保障給付の原則として立法化されている。日本でも、こう

---

35　前田雅子「社会保障における行政手続の現状と課題」ジュリスト1304号（2006年）21頁参照。
36　これらの執行停止決定については、伊藤周平「『育休退園』と子どもの権利保障―所沢市育休退園処分の執行停止決定を受けて」賃社1648号（2015年）44頁以下参照。

第1章　社会保障の法体系と社会保障の権利

した権利規定の立法化が望まれる。

## 4　処遇過程の権利

　さらに、社会保障の給付過程、とくに福祉サービスの提供（処遇）過程において、受給権者（利用者）のプライバシーの尊重、危害・苦役・収奪からの保護、自己決定の権利など、憲法13条の趣旨に基づき、個人の尊厳にふさわしい処遇を受ける権利がある。

　福祉サービスの利用者は、権利主体でありながらも、現実は、介護が必要であったり、施設に入所していたりすることで、一般の市民に比べて権利の行使が制約されやすい。その制約を緩和、除去して、実質的に自由権の回復を図るためには、それにふさわしい適切な処遇の確保・保障が必要とされる。

　イギリスなどでは、これらの権利を保障するために、施設入所者等の権利に関する規則が制定されている。日本でも、個別の法令において、必要最小限度の指導・指示および被保護者の自由の尊重（生保27条）、強制入所の禁止（同30条2項）、親権者または後見人の意に反する入所措置等の禁止（児福27条4項）、児童保護のための禁止行為（児福34条）、介護過程における身体拘束等の禁止（指定介護老人福祉施設の人員、設備及び運営に関する基準11条）などが定められている。虐待の早期発見や防止に関しても、児童虐待の防止等に関する法律（児童虐待防止法。平成12年法律82号）のほか、高齢者虐待の防止、高齢者の養護者に対する支援等に関する法律（高齢者虐待防止法。平成17年法律124号）、障害者虐待の防止、障害者の養護者に対する支援等に関する法律（障害者虐待防止法。平成23年法律67号）がそれぞれ制定されている。

　しかし、子どもや高齢者、障害者の自由権やプライバシーの保護など処遇過程の権利を体系的に明文化した規定はなく、現場では人手不足などで適切な処遇そのものができないなど、処遇過程における権利の保障は不十分なままにとどまっており、今後の課題である。

## 5　免除権

　社会保障の適正な運営を確保するため、社会保障各法では、費用負担の義務が課されている。社会保険方式では、被保険者などに保険料負担義務が課される。被用者を対象とする社会保険では、被保険者本人およびその事業主に課され（厚年82条1項、健保161条1項など）、自営業者などを対象とする社会保険では、被保険者本人（もしくは世帯主）に課せられる（国保79条1項）。しかし、前述のように、強制加入制度を採用している社会保険では、保険料負担が困難な者も加入者となるため、所得がないときには保険料負担義務などを免除される権利（免除権）が認められる必要がある。給付の際の自己負担や利用者負担も同様である。

　社会保障法における負担形式は、受給者の所得などを基準に費用負担を決定する応能負担の方式と、受給者が得る財・サービスの量を基準に負担額を決定する応益負担の方式がある。現行憲法では、法原則として、応能負担原則が抽出されるとされ、とくに憲法25条を基本理念とする社会保障法では、当然、応能負担が基本となる。社会保険では、健康保険や厚生年金保険などの被用者保険の保険料は、標準報酬に応じた定率の負担となっているが、国民健康保険料や介護保険料の場合は、所得がなくても賦課される応益負担の部分が存在する。また、医療保険の一部負担金や介護保険の利用者負担も、定率負担（応益負担）が原則となっている（健保74条）。社会保険方式による給付の際に、応益負担が選択されていることが多いのは、保険給付の総量を抑制する手段として利用者負担が用いられていることに起因するとの指摘がある。近年では、まさに医療・介護の給付費抑制のために、とくに高齢者について、応益負担の負担割合が1割から2割、3割に引き上げられる傾向にある。しかし、要保障者が医療受診や介護を受けることを躊躇させるような負担増、さらには健康で文化的な最低限度の生活を営むことを脅かすような負担増は、免除権の侵害であり、憲法25条違反となると考えられる（第5

---

37　北野弘久・黒川功補訂『税法学原論〔第7版〕』（勁草書房、2016年）112頁参照。
38　原田　238頁参照。

章第1節参照、第6章第2節参照)。

　一方、保育料など福祉サービスの利用者負担は、応能負担が原則となっているものの、国の費用負担基準は、従来の措置制度のときの「全額徴収原則」が踏襲されている。「全額徴収原則」とは、利用者(保育料の場合は保護者)が福祉提供(保育)にかかる費用を全額負担することを標準にして、負担能力に応じて、その額を段階的に減らしていく方式をいう。最高裁も、保育料負担の原則について、全額徴収原則をとっていることを認めている(平成2・9・6保情165号34頁)。しかし、保育所における保育など福祉の給付は、憲法25条の生存権、児童福祉法の基本理念(1条2項)や公的責任原則(2条)などを基礎とするもので、福祉にかかる費用については、公的責任のもと、公費で全額負担するのが原則であり、利用者負担を課すべきではないと考える(保育料の無償化につき、第6章第3節参照)。少なくとも、福祉サービスの利用を制約しない程度の低額な負担であることが、憲法および社会福祉各法の規範的要請といえる。

## 6　争訟権

　以上のような社会保障受給権や手続的権利などが現実に保障されるためには、その権利侵害があった場合に、救済を求めて不服を申立て、訴訟を提起することができる権利、すなわち争訟権が保障されていなければならない。社会保障給付の多くは、行政機関(行政庁)の行政処分(決定)を通じて支給されることが多いので、権利侵害があった場合の救済も、行政不服申立てや行政訴訟の形態をとり、行政上の争訟権の保障が課題となる。

　行政上の不服申立ての一般法としては、行政不服審査法がある。同法は、2014(平成26)年に大幅に改正され(平成26年法律68号。2016年4月施行)、従来の異議申立ては廃止されて審査請求に一本化された

---

39　「全額徴収原則」の問題については、伊藤周平「子ども・子育て支援新制度のもとでの施設・事業、保護者負担と子ども・保護者の権利(上)」賃社1655号(2016年)16頁参照。

（行審 2 条）。また、公正な審理の実現のため、審理員という職が新設され（同 9 条 2 項 1 号）、弁明書提出が義務化され（同 29 条 2 項）、審理の迅速化のため、標準審理期間が新設される（同 16 条）などの改正が行われた。

　社会保険と労働保険については、給付に関する紛争を簡易・迅速に処理するため、法律により不服申立てのための第三者的機関が設けられている。健康保険、厚生年金保険、国民年金などに関する審査請求については、各地方社会保険事務所に置かれている社会保険審査官が、再審査請求については厚生労働大臣所管の下に置かれている社会保険審査会が取り扱っている。国民健康保険の不服申立ての審査は、都道府県ごとに設置された国民健康保険審査会が行う（国保 92 条）。労働保険では、審査請求については、各都道府県労働局に置かれる労働保険審査官・雇用保険審査官が、再審査請求については、厚生労働大臣所管の下に置かれている労働保険審査会が取り扱っている。

　最終的な権利救済の手段としては、国・地方公共団体などを被告として裁判所へ行政訴訟を提起することとなる。裁判を受ける権利については、憲法上も認められている（憲法 32 条）。行政訴訟の一般法として、行政事件訴訟法（昭和 37 年法律 137 号）があり、社会保障関係の紛争については、不支給決定などの処分の取消しを求める訴訟が中心となる（行訴 3 条 2 項）。2004（平成 16）年の行政事件訴訟法の改正により、義務付け訴訟および仮の義務付けが法定され（行訴 3 条 6 項）、社会保障給付の申請（支給）拒否処分を争う場合には、拒否処分の取消訴訟とともに給付決定の義務付け訴訟（同 37 条の 3）を提起し、仮の義務付け（同 37 条の 5）も申立てることが可能となり、とくに、生活保護分野で有効な救済手段となっている（第 2 章 7 参照）。もっとも、社会保障各法では、行政訴訟の前に不服申立てを経ること、すなわち、審査請求前置が採用されているものが多い（国年 101 条の 2、国保 103 条など）。しかし、不服申立前置については、その合理性に疑問がもたれ、前述の行政不服審査法の改正により、大幅に見直されて、年金保険や労働保険にみられた二重前置は廃止された（第 3 章 7 参照）。

社会保障給付の受給者は、多くの場合、老齢であったり、疾病を抱えていたりで、費用と労力のかかる行政訴訟に訴えることには困難を伴う。しかも、ドイツのように社会裁判所を持たない日本では、裁判官自身が、行政官に比べて社会保障の専門知識を持ち合わせておらず、行政訴訟の原告勝訴の確率はきわめて低い。また、社会保障の要件や内容も複雑であり、提訴など争訟権の行使には弁護士など専門家の支援が不可欠となる。前述の年金裁判などは原告・弁護団の広がりがみられ、支援団体が結成されつつあるが、専門家の支援を得るため、当事者に対する公的な財政支援の制度化などが今後の課題といえよう。

## 7　参加権

以上の事後的な救済だけでなく、社会保障の給付主体による恣意的な裁量行使を事前に抑制するためには、手続的保障に加えて、社会保障の管理・運営への受給者など当事者の参加の権利が保障される必要がある。しかし、日本では、社会保険はともかく、公的扶助（生活保護）や社会福祉の領域では、当事者の管理・運営への参加の権利はまったく認められていないといっても過言ではない。

社会保険では、たとえば、健康保険組合の代議員・理事の被保険者からの選出（健保21条2項）、国民健康保険審査会への被保険者代表の参加（国保93条）などが法定化されている。介護保険法にも、市町村介護保険事業計画の策定への被保険者の意見反映（介保117条9項）や介護保険審査会への被保険者代表の参加（介保185条）の規定があるものの、被保険者が参加する計画策定委員会の多くが、事務局案をそのまま追認する機関と化しているなど、実質的には、参加の権利は形骸化している（第6章第2節参照）。

生活保護法や社会福祉各法には、受給者や利用者の管理・運営への参加を制度化した規定はない。生活保護法には、保護基準の改定に際して、意見を聴く諮問機関の定めすらない。生活保護受給者や福祉サービス利

---

40　審査請求前置の見直しの背景、経緯について詳しくは、宇賀克也『解説・行政不服審査法関連三法』（弘文堂、2015年）216頁以下参照。

用者の運営への参加（の権利）を法定化していくことが、今後の課題といえる。

# 第2章　公的扶助（生活保護）

## 1　公的扶助制度の沿革と変遷

### (1)　戦前の公的扶助制度

　第1章でみたように、公的扶助は、生活困窮のため最低生活を維持できない者に対して、国家が、その不足分に応じて、事前の拠出を条件とせず、一般財源である公費から給付を行うものであり、日本では生活保護がこれにあたる。

　国家による公的扶助制度は、イギリスではエリザベス1世統治下の1601年の救貧法にその淵源を求めることができる。日本では、1874（明治7）年の恤救規則（当時は太政官制をとっていたため、規則が現在の法律に該当）がそのはじまりである。しかし、同規則は、労働能力のある者を対象から除外する制限扶助主義をとっており、その対象は、原則として、障害や疾病、70歳以上で重病または老衰により就業できない単身者、13歳以下で身寄りのない者に限定されていた。公的扶助としてはとてもいえないような、極めて不十分な同規則は、実に半世紀以上続いた。

　これに対して、1929（昭和4）年に成立した救護法は、対象者を大幅に拡大したうえ、救護の種類を列挙し、救護機関には市町村を当て、また救護費の2分の1以内を国庫が補助するなど、規定上は、恤救規則よりも格段に整備された。しかし、救護を受ける権利は否定されており、受給者が性行著しく不良、または著しく怠惰であるときは給付を打ち切ることが認められていた。また、救護を受けた者には選挙権がなくなるなどの欠格条項が置かれていた。

年表1　公的扶助（生活保護）法制の沿革と生活保護制度改革

| 1929（昭和4）年 | 救護法－国の救護義務を明記するも、欠格条項（救護法の給付を受けると選挙権がなくなるなど）あり |
|---|---|
| 1946（昭和21）年 | GHQ覚書「公的扶助」－無差別平等原則、公的責任原則、必要充足原則の3原則。生活保護法（旧法）の制定 |
| 1947（昭和22）年 | 日本国憲法公布 |
| 1950（昭和25）年 | 改正生活保護法（現行法） |
| 1954～1957年ごろ | 第1次「適正化」期－医療扶助を中心にした適正化、朝日訴訟 |
| 1964～1967年ごろ | 第2次「適正化」期－稼働能力要件を中心とした適正化 |
| 1981～1990年ごろ | 第3次「適正化」期－「123号通知」をもとに水際作戦の展開 |
| 2000（平成12）年 | 介護保険法施行により介護扶助を創設 |
| 2003（平成15）年 | 「生活保護制度の在り方に関する専門委員会」の設置 |
| 2005（平成17）年 | 生活保護の実施要綱の改定－高校就学費用を生業扶助に導入 |
| 2006（平成18）年 | 生活保護の老齢加算の廃止（3月末） |
| 2007（平成19）年 | 生活保護の母子加算の一部廃止（子どもが16歳以上の場合）高齢者世帯へのリバースモーゲージ制度の導入 |
| 2009（平成21）年 | 生活保護の母子加算の全廃（3月末）。民主党政権の成立により復活（12月） |
| 2013（平成25）年 | 生活保護基準の大幅引き下げを断行。改正生活保護法の成立 |
| 2014（平成26）年 | 改正生活保護法の施行 |
| 2015（平成27）年 | 生活困窮者自立支援法の施行。住宅扶助・冬季加算の削減 |

出所：各種資料より筆者作成。

### (2) 生活保護法の制定と展開

　第2次世界大戦後、日本を占領下においた連合国最高司令官総司令部（GHQ）の対日政策は、日本の非軍事化と民主化にあった。後者の一環としてのGHQの対日福祉政策の基本は、戦前の社会事業（当時は、まだ社会保障という言葉は使われていない。第1章参照）の恩恵的・慈善的性格の払拭に置かれた。GHQは、1946（昭和21）年2月に、日本政府に示した「社会救済（公的扶助）」覚書において、公的扶助における①無差別平等原則、②公的（国家）責任の原則、③必要充足の原則（扶助費の総額に制限を設けないこと）を示した。[1]

　この原則にもとづき、同年9月、旧生活保護法が制定された。しかし、

第2章　公的扶助（生活保護）

同法は保護請求権が否定されていたうえに、就労能力があるにもかかわらず、勤労の意欲のない者や「素行不良な者」を保護の対象外とする欠格条項（同2条）が設けられるなどの問題があったため、1949（昭和24）年の社会保障制度審議会の勧告「生活保護制度の改善強化に関する件」を受け、翌年、全面改正され、現行の生活保護法が制定された。その後、受給者数の増大を背景に、2013（平成25）年12月に、就労による自立の促進、不正受給対策の強化、医療扶助の適正化を主な目的とする改正生活保護法が成立し（以下「2013年改正法」という）、翌年から施行されている（以上につき年表1参照）。

## 2　生活保護の現状

　1995（平成7）年に、日経連（現在の経団連）が「新しい『日本的経営』」を発表し、正社員を減らし、非正規労働者に代替していくことを提唱して以降、財界・経営者団体の経営戦略に沿った形で、1990年代後半から2000年代前半にかけて、労働者派遣法の改正など労働法制の規制緩和が進められ、低賃金で不安定な就労形態の非正規労働者が急増した。

　期間の定めのない労働契約で直接雇用されているフルタイムの正規労働者（正社員）でない労働者は、通常、非正規労働者といわれる。①期間の定めがある有期契約による労働者（契約社員など）、②フルタイムではないパートタイム労働者（アルバイトも含む）、③企業に直接雇用されていない派遣労働者などが、典型的な非正規労働者である。その数は、2012万人に達し、全労働者の約4割を占め、女性では就業者の半分以上（53.3％）、若年層では男女を問わず半分が非正規労働者となっている（2015年11月現在。総務省「労働力調査」）。先の日経連の提言があった1995（平成7）年には、その比率は20％程度であったことから、20年間で非正規労働者の比率は1.8倍になり、急速な非正規化が進んだ

---

1　この覚書は「public assistance」という標題であり、本来であれば「公的扶助」と訳されるところ、「社会救済」と訳された。つまり、当時は「公的」という概念が日本語に存在しなかったことを意味する。この点に関しては、伊藤・権利150頁参照。

53

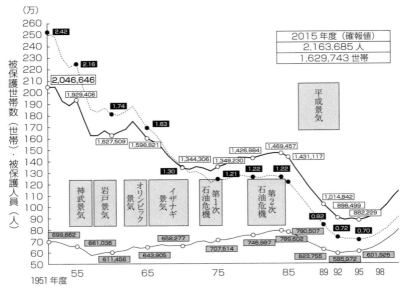

図表2　被保護世帯数、被保護人員、保護率の年次推移

出所：厚生労働省資料（2012年3月以前の数値は福祉行政報告例）。一部修正。

ことがわかる。

　非正規化に加え、日本の脆弱な最低賃金制度により、給与だけでは最低限度の生活基準を保てない低賃金世帯、いわゆる「ワーキングプア」層も急増している。年収200万円以下で働く民間企業の労働者は、1995（平成7）年には793万人であったが、2006（平成18）年には1000万人を突破し、2014（平成26年）には、1100万人まで増加している（国税庁「民間給与実態調査統計」）。

　かくして、日本の生活保護の受給者数は、1995（平成7）年に約60万世帯で最少を記録したのを底に、その後は右肩上がりに増大、2011（平成23）年7月に、205万人を突破し、制度開始以来最多の受給者数となり、2015年（平成27）年度（各月の平均）には、受給者数216万人にのぼり、受給世帯数は163万世帯と過去最多を更新している（厚生労働省調べ。図表2）。

第2章 公的扶助（生活保護）

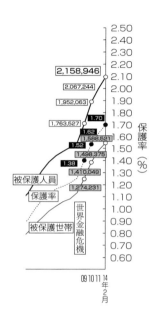

もっとも、過去最多の受給者数（204万6000人）であった1951（昭和26）年度当時の日本の人口は8457万人で、保護率は2.4％あるから、保護率（現在は1.7％）でみれば過去最高でもなんでもない（当時の保護率の水準であれば、生活保護受給者数は、現在の約1.5倍の309万人に達する計算となる）。保護世帯のうち稼働世帯は1割強で、高齢者世帯や障害者世帯が多く、経済的自立が難しいため保護期間が長期化している。中でも、年金の給付水準が低いため、生活保護を受給せざるを得ない高齢者が増大しており、高齢者世帯は生活保護受給世帯の5割以上を占め、高齢者世帯の約9割は単身者世帯である。これらの高齢者世帯の自立はほとんど不可能で、結局、亡くなるまで生活保護を受給し続けることになる。厳しい受給要件のもと、日本の補促率（生活保護基準以下の生活状態の人のうち実際に生活保護を受給している人の割合）は、諸外国にくらべ極端に低く、それでも、受給者数の増加をみている、いまの深刻な貧困の拡大こそが問題とされるべきだろう。[2]

一方で、生活保護受給者に対する一般国民のまなざしは依然として厳しい。たとえば、兵庫県小野市では、生活保護や児童扶養手当など福祉給付・手当の受給者が、給付された金銭を「パチンコ、競輪、競馬その他の遊戯、遊興、賭博等」に費消したりしているのをみつけた場合には、「市民及び地域社会の構成員」に対して市に情報を提供することを責務として定める条例（「小野市福祉給付制度適正化条例」）が2013（平成

---

2　生活保護問題対策全国会議や全国生活保護裁判連絡会など60団体は、2011年11月9日に、連名で「利用者数の増加でなく貧困の拡大が問題である―『生活保護利用者過去最多』に当たっての見解」を公表し、同様の認識を示している。

25）年4月から施行されている。しかし、同条例は、生活保護受給者などへの監視を強め密告を奨励するという意味では憲法違反の条例ではないかと考えられる[3]。

## 3　生活保護法の基本原則と保護の要件

### (1) 生活保護法の目的

　生活保護法は「日本国憲法第25条に規定する理念に基き、国が生活に困窮するすべての国民に対し、その困窮の程度に応じ、必要な保護を行い、その最低限度の生活を保障する」ことを目的としている（1条）。すなわち、生活保護法の目的は、第一義的に、国民の「最低限度の生活」の保障にあり、ここで保障されるべき「最低限度の生活」は、生存ぎりぎりの最低生活（つまり生命体としてのヒトの最低必要カロリーだけが満たされている状態）ではなく、憲法25条1項にいう「健康で文化的な最低限度の生活」水準を維持するものでなければならず、このことは明文で確認されている（生保3条）。

　以上のことから、国民の生活保護を受ける権利は「健康で文化的な最低限度の生活を営む権利」、すなわち生存権の具体化といえる（同様の解釈に、最大判昭和42・5・24民集21巻5号1043頁。朝日訴訟上告審判決）。この意味で、生存権には一定の規範的効力が認められ、生活保護法を代替的措置なく廃止したり、最低生活を営むことが不可能なレベルまで生活保護水準を切り下げる立法は、違憲となる。

　最低生活保障と並んで、生活保護法の目的とされているのが自立の助長である（生保1条）。ここで言われている「自立」概念については、2つの考え方がある。ひとつは、生活保護を受けずに生活するという意味での自助、とりわけ就労による経済的自立を意味するとの考え方である。もうひとつは、社会保障の給付や他の援助を受けながらも、日常生活の中で主体的に自らの生活を営むことを自立（「自律」の字を当てる方が適切かもしれない）と捉える、障害者の自立生活運動の中から提起され

---

[3] 小野市の条例の問題点に関しては、安田浩一「小野市『適正化条例』と民意」賃社1585号（2013年）4頁以下参照。

てきた考え方である[4]。これまでの生活保護法の解釈運用は、就労支援という言葉に象徴されるよう、前者の考え方が主流であったが、憲法13条により保障される人格的自律権という考え方からすれば、後者の考え方に立脚した生活保護の解釈運用が求められる。

### (2) 無差別平等原則

生活保護法の基本原則については、まず保護の無差別平等原則がある（生保2条）。この原則は、保護を受ける権利が平等であること、要保護者に対して保護が平等に行われなければならないことを意味する。同時に、無差別平等原則は、困窮の原因を問わずに保護を実施するという意味でもある。これに従い、従来の救護法にみられた稼働能力のある困窮者を扶助の対象から除外する制限扶助主義は排され、生活保護法では一般扶助主義がとられている。就労拒否者や素行不良者等に保護を行わないことを認める前述の旧法の欠格条項も廃止された。また、かつては、住居のない、いわゆるホームレスの国民に対して生活保護を支給しないという運用が行われていた自治体もあったが、無差別平等原則に違反する運用であり、現在ではそうした運用は行われていない。

行政実務では、生活保護法上明文の規定はないものの、日本国民であることが保護の要件となると解されている（国籍要件）。同時に、通達により、生活に困窮する外国人には国民に対する生活保護の決定・実施の扱いに準じて保護を実施してきたが、生活保護の給付を受ける外国人の法的地位がどのようなものであるかが問題となる。

この点に関して、難民の地位に関する条約（難民条約）の批准を契機に、永住在留資格を有する外国人の生活保護の適用を認めた判決（福岡高判平成23・11・15判タ1377号104頁）も出たが、同事件の上告審判決（最判平成26・7・18賃社1622号30頁）は、現行の生活保護1条・

---

4　障害者福祉における「自立」概念の変遷については、伊藤周平「障害者福祉における自立概念」季刊社会保障研究21巻2号（1993年）150頁参照。また、法の目的とする「自立」の多面的意味を指摘するものとして、前田雅子「障害者・生活困窮者—自立支援の対象と公法」公法研究75号（2013年）206-207頁参照。

2条にいう「国民」は日本国民を意味するという解釈を前提に、在留の状況を問わず外国人一般が、生活保護の受給権を有しないとし、外国人に対する給付は、通達にもとづく「事実上の保護を行う行政措置」であるとして、法の準用も否定した。

1990（平成2）年には、保護の対象となる外国人を、永住者や定住者等の外国人（在留資格をもつ外国人）に限定する旨の取り扱い方針が示された。不法滞在者については、緊急に治療を要する場合も含め、保護の対象ではないとするのが判例（最判平成13・9・25判時1768号47頁）だが、この方針により、不法滞在者はもちろん、非定住外国人が緊急に医療を必要とする状態となった場合でも、医療扶助は実施されないこととなった。医師の診療義務（医師19条）を根拠に、医療扶助が実施されない場合も、診療それ自体は行われることから問題はないとされるが、医師の診療義務の履行を確保する措置が十分とはいえず、すでに一部で講じられている外国人の医療費に対する助成施策を拡充して立法化するなどの恒久的な対策が課題となっているとの指摘もある。[5]

なお、ホームレスの自立の支援等に関する特別措置法では、路上生活者などに対して住所がないだけで保護を拒否すべきでないとしており、被保護者の居住実態の不明を理由とする生活保護の廃止決定が違法とされた事例もある（京都地判平成5・10・25判時1497号112頁）。

### (3) 資産の活用

保護の補足性原則とは、自己の所有する資産・能力を活用して得られた金銭（資産・能力の活用）、扶養義務者その他から行われた援助、受給しうる年金など法律に定める扶助を、要保護者の最低生活費を維持するために活用または充当し（親族による扶養の優先と他法による扶助の優先）、なお不足がある場合に保護が実施されることを意味する（生保4条）。

収入以外の狭義の資産については、最低限度の生活維持のためにその

---

[5] 加藤ほか374頁（前田雅子執筆）参照。

所有・利用が必要である場合には保有が認められるが、その限度を超える場合には、原則として、処分し生活費に充てることが求められる。

対象別にみると、土地・家屋については、たとえば居住用母屋およびこれに付属した土地は保有が認められるが、処分価値が利用価値に比して著しく大きいと認められる場合は、その例外とされる。なお、居住用不動産を担保に要保護者に対して生活資金の貸付けを行う制度が、厚生労働省の通知に基づき導入されている。これは、各都道府県の社会福祉協議会が運営する生活福祉資金貸付の一種である。行政解釈は、この貸付制度の利用を拒む場合には、資産活用の要件を充たさないという理由で、申請を却下ないし保護を廃止するとしているが、最低生活保障原則に反するおそれがあり、妥当な解釈とはいえない。

家電製品等の生活用品は、世帯人員や構成から判断して利用の必要があり、かつ保有を認めても当該地域の一般世帯との均衡を失することにならないと認められるものについて保有が認められている。具体的には、当該地域で7割程度の普及率が目安とされている。ただし、エアコンなど、高齢者や身体障害者等のいる世帯で、その身体状況や病状から保有が社会的に適当であると認められる場合には、普及率が低くても保有が認められる。

自動車の保有は、障害者（児）および公共交通機関の利用が著しく困難な地域の居住者が、通勤、通院・通所、通学に利用するための保有に限定され、自動車の処分価値が小さい、維持費が援助や他施策の活用等により確実に賄える見通しがあるなど、厚生労働省の通達に定める基準に適合する場合にのみ認められている。障害者が保有する自動車を処分しなかったことを理由に生活保護を廃止された後、再度、生活保護を申請したが却下された事案で、却下処分の違法性を認め取り消した判決がある（大阪地判平成25・4・19判時2226号3頁。被告枚方市は控訴を断念し、同判決は確定）。自動車の借用についても、他との均衡や最低限度の生活にふさわしくないとの観念が根強いという観点から、使用を原則禁止した取り扱いは合理性があるとした裁判例（福岡地判平成10・5・26判タ1678号72頁）がある。

預貯金は、原則として保有が認められず、収入認定される扱いであったが、月々の最低生活費を切り詰め、これを原資として蓄積した預貯金の保有の可否が争われた事案で、その保有が認められる要件として、貯蓄目的が生活保護の支給目的に反しないこと、国民感情に照らして、違和感を覚えるほど高額でないことを示したうえで、保有を認め預貯金の一部を収入認定した保護減額処分等を違法とした判決がある（秋田地判平成5・4・23行集44巻4＝5号325頁）。現在の運用では、保護費のやりくりによって生じた預貯金等は、その使用目的が生活保護の趣旨目的に反しないと認められる限り、保有が容認されている。
　貯蓄性の高い保険については、原則として解約が指導され、その払戻金の活用が求められる。学資保険の満期保険金（約50万円）の保有が争点となった事例（中嶋訴訟）で、最高裁（最判平成16・3・16民集58巻3号647頁）は、被保護世帯において最低限度の生活を維持しつつ、子どもの高校就学費用を蓄える努力をすることは、生活保護法の趣旨目的に反するものではなく、本件払戻金は、収入認定すべき資産には当たらないとして、その一部を収入認定した保護費減額処分は違法であると判示した。

### (4) 能力の活用

　生活保護法は、能力の活用も保護の実施要件としているが、ここでの能力は稼動能力の活用を意味する。実務では、①稼動能力の有無について、客観的かつ総合的に勘案して評価すること、②稼動能力を活用する意思の有無、③稼動能力を活用する就労の場を得ることができるか否か、を踏まえて評価するという解釈指針が示されている。裁判所は、③の就労の場について、申請者の個別的事情を考慮しつつ、具体的な就労の場が現実に存在するかによって判断する傾向にある（たとえば、静岡地判平成26・10・2賃社1623号39頁）。②の稼動能力を活用する意思は、判断基準として明確性を欠くが、近年の裁判例は、本人の資質や困窮の程度などを斟酌することで稼動能力活用の意思を比較的容易に認めている（大津地判平成24・3・6賃社1567＝1568号35頁）。しかし、要保

護者に対しては困窮原因を問わずに、無差別平等に保護を実施するという生活保護法2条の趣旨からすれば、就労意思の存在を判断基準として重視することは妥当とはいえない。

　能力活用の要件は、資産活用の要件とは異なり、これを充たさないとして保護が否定されることで、要保護者が最低生活水準を下回る状態のまま放置される可能性が高い。申請保護は原則として14日以内に審査しなければならず（生保24条5項）、この間に、保護の実施機関が、能力活用要件を認定するのは実際には困難を伴う。能力活用は、保護の実施要件とはせず、要保護者が最低生活水準を下回った生活状態にある場合には、まずは保護を開始し、その後の就労支援等を行う場面での判断基準とすべきであろう。[6]裁判例でも、若年失業者が稼働能力を有し、稼働能力を活用する意思も有していたものの、稼働能力を活用する就労の場を得られる状況になかったため就労していなかったと認められるから、稼働能力活用の要件を満たしていたと認めるべきであるとして、生活保護の開始申請の却下処分を取り消すとともに、却下処分は、生活保護法の解釈を誤ったものであり、また、被告職員の相談時の対応は原告の申請権を侵害するもので、国家賠償法上違法であるとして国賠請求も認容した事例がある（大阪地判平成25・10・31賃社1603＝1604号81頁。岸和田生活保護訴訟）。

　急迫した事由のある場合は、資産の活用など保護の実施要件を満たさなくても保護が実施される（生保4条3項）。もっとも、実務では、急迫事由は生命の危機がある場合など、かなり限定的に解されている。恩給担保貸付により借入れをし、受給中の恩給から返済していたことを理由に申請却下処分を受けた者について、その当時、困窮の程度は差し迫ったものであり、生命・身体の維持のために必要不可欠な医療行為すら受けることが困難であったとして、急迫事由を認め、同処分を取り消した判決がある（大阪高判平成25・6・11賃社1593号61頁）。要保護者に対する迅速な保護の実施が求められること、急迫保護が実施された場

---

6　同様の指摘に、加藤ほか380頁（前田雅子執筆）参照。

合、事後に費用の返還を求められること（生保63条）から、急迫事由は、利用しうる資産を活用して生活費に充当する時間的余裕のない場合なども含むものと広く解すべきである。

### (5) 扶養の優先と費用徴収

　生活保護法は、扶養義務者による援助（扶養義務の履行）は、保護の実施要件ではなく、扶養義務者から現実に援助が行われた場合、その限度で保護を実施しないという、扶養の優先原則をとる（生保4条2項）。2013年改正法により、従来行われてきた扶養義務者に対する扶養の照会の可否に加えて、明らかに扶養が可能であると認められる扶養義務者に対する通知および報告徴収の規定が設けられた（同24条8項・28条2項）。ただし、この通知および報告徴収が行われるのは、保護の実施機関が、当該扶養義務者に対して生活保護法77条1項に基づく費用徴収を行う蓋然性が高い場合などに限定される（生保則2条・3条）。

　現行の民法では、扶養義務に関して、①夫婦、②直系血族および兄弟姉妹、③3親等内の親族の3つの類型がある。このうち、①の夫婦と②の直系血族および兄弟姉妹は「絶対的扶養義務者」であり、③の3親等内の親族は「相対的扶養義務者」とされ、家庭裁判所の「特別の事情がある」との審判を受けて扶養義務者となった者だけが、扶養義務者とされる（民法877条）。また、扶養義務の内容についても、夫婦間と親の未成熟児に対する扶養は、扶養義務者が要扶養者の生活を自己の生活として保持する義務（「生活保持義務」）であるのに対して、その他の親族扶養は、扶養義務者に余力のある限りで（自己の地位と生活とを犠牲にすることがない程度に）援助する義務（「生活扶助義務」）として区分する扶養義務二分説が民法解釈上の通説である[7]。

　生活保護行政の実務では、保護の実施機関が、要保護者からの申告を基本に、必要に応じて戸籍謄本等によって、扶養義務者の存否を確認し、確定した扶養義務者について要保護者などからの聞き取り等の方法によ

---

[7]　於保不二雄・中川淳編『新版・注釈民法㉕親族⑸改訂版』（有斐閣、2004年）734頁参照。

り扶養の可能性の調査を行う。調査の結果、扶養義務者に扶養履行義務が期待できる場合は、扶養照会を行うこととなる。その際、前述の二分説にもとづき、生活保持義務者や生活保持義務関係以外の親子関係にある者のうち扶養の可能性があると期待される者については、社会常識および実効性の観点から重点的に調査されるが、それ以外の扶養義務者については、必要最小限度の調査でよいとされている[8]。

　前述のように、現行の生活保護法では、扶養義務者の扶養は保護の要件ではないが、扶養義務の履行を保護の要件であるかのように窓口で説明し、保護の申請を断念させることが、しばしば行われており、いわゆる「水際作戦」の「常套手段」となっているとされる[9]。厚生労働省は「『扶養義務者と相談してからでないと申請を受け付けない』などの対応は、申請権の侵害に当たるおそれがある。また、相談者に対して扶養が保護の要件であるかのごとく説明を行い、その結果、保護の申請を諦めさせるようなことがあれば、これも申請権の侵害に当たるおそれがあるので留意されたい」との通知を発出しているが、現場ではなかなか改善には至っておらず、早急の改善と要保護者への周知が必要であろう。

　前述の生活保護法77条1項に基づく費用徴収は、保護の実施後に行うことができ、同法4条2項にいう扶養の優先はこれによって実現される。扶養義務者の負担額は、保護実施機関の審判申立てにより家庭裁判所が決定する（生保77条2項）。もっとも、同条は、現場ではほとんど適用されたことがないが、生活保護法77条における扶養義務の範囲は「生活保持の義務であるか、生活扶助の義務であるかということと、扶養義務者に実際上どの程度の扶養能力があるかによって定められる」と解されており[10]、運用しだいでは、生活保護法24条が規定する通知および報告徴収の範囲が拡大されるおそれも否定できない。

---

8　『生活保護手帳別冊問答集2016』（中央法規、2016年）143-144頁参照。
9　山本忠「生活保護と扶養義務」総合社会福祉研究42号（2013年）24頁参照。
10　小山進次郎『改訂増補・生活保護法の解釈と運用（復刻版）』（全国社会福祉協議会、1975年）819頁参照。

## 4　保護基準および必要即応の原則と世帯単位の原則

### (1) 保護基準の法的性格と算定基準

　保護の基準は、厚生労働大臣が定め、「最低限度の生活の需要を満たすに十分なもの」でなければならず、それは要保護者個人または世帯の実際の必要に即応したものとされる（生保8条・9条）。最低生活費を具体的に測定する尺度に該当するのが保護基準であり、要保護者が有する資産その他を活用してもなお最低生活費に満たず不足する分が保護費として支給される。行政実務では、保護基準は一般基準と特別基準が存在する。

　一般基準（通常は、これが保護基準といわれる）は、厚生労働大臣が、生活保護法8条に基づき告示の形式で定めるものをいう（「生活保護法による保護の基準」）。この場合の告示の法的性格は法規命令と解されるが、保護基準が憲法25条の「健康で文化的な最低限度の生活」を具体化するものであり、他の法令や施策の指針としての役割を果たすことから、告示の形式ではなく、国会の審議を要する法律別表の形式で制定すべきであろう。

　一般基準は、生活保護法11条の定める8種類の扶助について、それぞれ定められる。同時に、消費者物価等の地域差を反映させるため、6段階の格差をつけた級地制が採用されている。生活扶助の算定基準は、1948（昭和59）年に、マーケット・バスケット方式（最低生活水準を維持するために必要な生活用品を市場で購入したと仮定してこれらを足し合わせる方式）が導入されてから、エンゲル方式（最低生活水準を維持するために必要な食料費を計算した上でこれをエンゲル係数で除して生活費を計算する方式）、格差縮小方式（一般世帯と生活保護受給世帯の生活水準格差を縮小させるように額を算定する方式）と変遷を経てきた。1984（昭和59）年に導入された現行の消費水準均衡方式は、当該年度に想定される一般国民の消費動向を踏まえ、前年度までの一般国民の消費実態との調整を図るもので、おおむね一般世帯の消費支出の7割前後の水準で生活扶助基準が設定されている。しかし、同方式の理論的

## 第2章 公的扶助（生活保護）

根拠は十分でなく、算定過程も透明性を欠くなど課題が多い。

### (2) 断行された生活保護基準の引き下げとその問題点

2013（平成25）年には、社会保障審議会生活保護基準部会（以下「基準部会」という）の検証結果等を勘案して、生活扶助基準（以下「生活保護基準」という）額を、2013年度から2015年度まで3年かけて段階的に引き下げ、670億円（約6.5％）減額する改定が行われた。過去2回（2003年度0.9％、2004年度0.2％）を大きく上回る削減で、受給世帯の96％で支給額が減額され、子どもがいる世帯では約10％の引き下げとなった。このうち、基準部会の検証結果にもとづいて引き下げられたのは、生活扶助本体分の90億円であり、残り580億円（生活扶助本体分510億円と加算分70億円）は、2008（平成20）年以降の物価下落（デフレ）を理由にして引き下げられた。しかし、基準部会は、検証結果についても限界があることを指摘していたばかりか、物価下落を理由にした生活保護基準の引き下げについては何ら検討していない。[11] 物価スライド制をとっている年金と異なり、生活保護基準には、スライド制は存在せず、そもそも、生活保護法の立法趣旨から、制定時には、保護基準の引き下げ自体が想定されていなかったとの指摘もある。[12]

そもそも、物価下落といっても、消費者物価指数をみると、教養娯楽費の下落幅は大きいが、食料・住居・被服費はその下落幅はきわめて小さく、光熱・水道費は上昇しているときもある。さらに、厚生労働省は、2008（平成20）年と2011（平成23）年の物価指数を比較しているが、同省の「生活扶助基準等の見直し」が公表された2日前の2013（平成25）年1月25日には、2012（平成24）年の消費者物価指数が公表されており、これを2008（平成20）年と比較すれば、光熱・水道費はプラ

---

11 尾藤廣喜「社会保障解体を導く生活保護基準『引き下げ』」世界840号（2013年）41頁も、基準部会が、報告書の検証結果の世帯類型ごとに示された数値が、そのままでは生活保護基準を引き下げる根拠とはなりえないことを「自白」する形で「抵抗」していると指摘する。

12 山下慎一「生活保護法56条の解釈に関する一試論」賃社1591＝1592号（2013年）34頁参照。

ス2.8％の上昇となっており、少なくとも物価が下落しているとはいいがたい状況にあった。その意味で、厚生労働省の比較は、恣意的・政治的な操作との批判がある。[13]

結局のところ、生活保護基準の10％引き下げを政権公約としていた自民党の主導で、「削減ありき」で生活保護基準が引き下げられたというほかない。現在、生活保護基準引き下げに対する違憲訴訟が各地で提訴されており、裁判の場において、国（厚生労働省）側に基準引き下げの算定方法や判断過程についての合理的説明が求められることとなろう。

(3) **特別基準**

要保護者に特別の事由があって、最低限度の生活の需要に当たるが一般基準ではカバーされない特別の需要については、厚生労働大臣が特別基準を定める（前記告示「生活保護法による保護の基準」）。個々の特別基準そのものは、告示形式で定められず、当該事例限りの保護実施機関に対する個別の通知として定められている。

行政実務では、厚生労働省の通達の範囲内（支給事由・品目・上限額があらかじめ定められている）で特別基準の設定があったものとして、保護実施機関が一般基準に定められていない需要を認定して保護決定を行うことが認められている。問題となるのは、保護実施機関が通達に定められた給付事由や品目のない場合の支給や所定の上限を超える支給ができるかである。この点について、障害者加算の一種であるいわゆる他人介護料の特別基準について（上限が設定されていた）、その金額が、在宅の重度障害者の現実の介護費用を賄うのに不十分であり、これに依拠した保護決定が違法であるかが争点となった事案がある（高訴訟）。裁判所は、特別基準の設定について、厚生大臣（当時）の広範な裁量を認めて適法としたが（名古屋高金沢支判平成12・9・11判タ1056号175頁）、重度の障害を持ちながら、居宅での生活を希望する原告の意思等を十分考慮していない点で問題が残る。

---

13　池田和彦「消費者物価指数と生活保護基準（その2）」賃社1580号（2013年）8頁参照。

特別基準に関する通達類は、法規命令ではなく、処理基準と明示されており、地方公共団体に対する法的拘束力はない（地自245条の9）。それゆえ、生活保護法8条は、保護実施機関が、一般基準には定められていない要保護者の最低生活需要を認定して保護決定する権限を有しており、ケースによっては、このような保護決定を行う義務があることを前提にしていると解される。住宅扶助の特別基準について、保護の実施機関が通達の定める限度額を超える敷金の支給申請を却下した事案で、身体障害による低層階への転居は最低限度の生活の維持に必要であることなどを理由に、住宅扶助基準を超える家賃の住宅への転居であっても、敷金の支給対象とはならないとは解されないとして、同処分を取り消した判決がある（福岡地判平成26・3・11賃社1615＝1616号112頁）。

### (4) 保護基準の設定

判例は、保護基準の設定に関して厚生労働大臣に専門技術的かつ政策的な観点からの裁量権を認めており、その設定が違法になるのは、裁量権の逸脱または濫用がある場合に限られることとなる（行訴30条参照）。

朝日訴訟第1審判決（東京地判昭和35・10・19行集11巻10号2921頁）は、国の財政事情といった予算抗弁は認めず、最低生活基準の規範性を強めるものであったが、朝日訴訟上告審判決（最大判昭和42・5・24民集21巻5号1043頁）は、厚生大臣（当時）が、現実の生活条件を無視して著しく低い水準を設定するなど、裁量を逸脱・濫用した場合のみ違法になるとし、広い裁量を認めた上で、保護基準の設定にあたって、①当時の国民所得ないしその反映である国の財政状態、②国民の一般的生活水準、都市と農村における生活の格差、③低所得者の生活程度とこの層に属する者の全人口に占める割合、④一般の国民感情および予算配分の事情といった生活外要素を考慮できるとした。

しかし、これでは、最低生活基準を国の財政事情を理由に、少なくとも、最高裁がいう「著しく低い水準」に届く手前まで引き下げることを

---

14 同様の指摘に、加藤ほか388頁（前田雅子執筆）参照。

許容することになる。とくに、④の一般の国民感情のような主観的要素を考慮に入れるのは適切でないと考える。

### (5) 必要即応の原則と世帯単位の原則

必要即応の原則（生保9条）は、①保護の種類・程度・方法は、要保護者の実際の必要に応じて有効かつ適切なものであること、②保護の基準は、要保護者の年齢や健康状態の違いに応じて有効かつ適切に保護が実施されるよう、保護の程度を定めることを要求する原則である。要保護者の個別事情を考慮した柔軟な解釈・運用を要求する原則といえよう。

この原則に基づいて、特定の特別需要（加齢や障害に伴う需要など）を有する被保護者の実質的な最低生活を確保するため、特別需要を定型化した加算がある。具体的には、妊産婦加算、母子加算（2006年にいったん廃止されたが、2009年に復活している）、障害者加算、介護保険料加算、冬季加算などがある。

70歳以上の高齢者に支給されていた老齢加算は、2006（平成18）年に廃止されたが、この老齢加算廃止の違憲性が争われた一連の訴訟において、福岡高裁判決（平成22・6・14賃社1529＝1530号43頁）は、専門委員会の議論など老齢加算の廃止に至る経緯を詳細に分析し、老齢加算の廃止決定が、考慮すべき事項が十分考慮されておらず、または考慮した評価に対する評価が明らかに合理性を欠き、その結果社会通念に照らして著しく合理性を欠いていると認定し、老齢加算廃止による保護の不利益変更は、生活保護法56条（正当な理由のない不利益変更の禁止）に違反するとして、原告の請求を認めた[15]。しかし、最高裁判決（平成26・4・2民集66巻6号2367号）は、生活保護法56条の適用を否定し、生活保護法3条（最低生活の原理）または同法8条2項（基準及び程度の原則）違反の問題ととらえるとともに、生活保護法9条は、個々の要保護者の必要に即した保護の決定・実施を求めるもので、保護基準の内容を規律するものではないとし、老齢加算廃止の違憲性を否定した。

---

15 福岡高裁判決については、縄田浩孝「老齢加算廃止に至る厚労大臣の判断過程のずさんさを明らかにした判決」賃社1529＝1530号（2011年）36頁以下参照。

ただし、要保護者に特別な需要が存在する場合に、保護の内容について特別な考慮をすべきことを同条が定めたものであることに照らし、保護基準の改定（加算の減額・廃止）に当たって同条の趣旨を参酌する余地は認めている。さらに、老齢加算廃止訴訟では、日本の批准している社会権規約の規定する制度後退禁止原則が、法および憲法の解釈に適用されるとした判断枠組みを示す判決（大阪高判平成27・12・25賃社1663＝1664号10頁）も出ており、注目される（第8章第1節参照）。

一方、世帯単位の原則（生保10条）は、世帯が家計を同一にする消費生活上の単位であることから、要否判定と保護費の算定において世帯を単位とするという原則である。世帯が同一であるか否かは、生計の同一性に着目して判断され、居住の同一性や扶養義務の有無は目安にすぎないとされている。保護世帯員が各人で保護請求権をもち、生活保護減額処分の取消訴訟の原告適格は肯定される（福岡高判平成10・10・9判タ994号66頁）。

## 5　生活保護の種類と方法

### (1) 生活扶助と教育扶助

保護の種類は、生活扶助、教育扶助、生業扶助、住宅扶助、医療扶助、介護扶助、出産扶助、葬祭扶助の7つが法定されている（生保11条）。

生活扶助は、衣食その他日常生活の需要を満たすために必要なもの、および移送に対する給付である（生保12条）。保護の方法は、居宅保護が原則であるが（生保30条）、生活扶助には、居宅保護のほか保護施設入所者に対する入所保護の基準額、入院患者の日用品費および介護施設入所者基本生活費がある（基準生活費）。

教育扶助は、義務教育に伴う必要な教科書その他の学用品、通学用品、学校給食その他に対する給付である（生保13条）。高等学校への進学率が98％を超す状況で、義務教育のみに限定されていることに批判が強かったが、中嶋訴訟最高裁判決を契機に、高等学校等就学費（教材代、授業料、入学料、通学交通費、学習支援費など）が生業扶助として支給されるようになった。

(2) 住宅扶助

　住宅扶助は、住居およびその補修など住宅の維持のために必要なものに対する給付である（生保14条）。行政実務では、家賃・地代、家屋の補修費などのほか、転居に対して必要な敷金等も支給されるようになっている（この場合は特別基準の設定があったものとして取り扱われる）。しかし、家賃に係る住宅扶助基準（特別基準を含む）は、とくに都市部の家賃水準を反映しておらず低額のため、多くの生活保護受給者が、国（国土交通省）が「健康で文化的な住生活」と定めた水準の住宅に入居できていない現状がある。[16]

　住宅扶助費については、2015（平成27）年度から削減されており（2015年度から2018年度にかけて総額190億円の削減）、東京23区（1級地の1）の2人世帯で、月額6000円の減額となっている。こうした減額で、これまでは適正な家賃とみなされ全額が支給されていた家賃が、住宅扶助基準額を超える「高額家賃」とされてしまい、受給者は転居指導の対象とされることとなる。しかし、無理な転居や転居の事実上の強制により、高齢者や障害者が必要な支援が受けられなく可能性も考えられるし、とくに、高齢者の場合、環境の変化により認知症発症や健康の悪化につながりやすい。子どものいる世帯では、子どもが転校を余儀なくされることがありうる。結局、保護世帯の側で、基準額を超える金額を共益費等にふりかえ、名目上家賃を基準額以内に納め、自らの生活費を切り詰めて転居の不安をクリアする自己犠牲的選択をとるおそれが指摘されている。[17] この点について、厚生労働省は、住宅扶助減額に係る局長通知を発出し、経過措置にあたる旧基準を適用してよい場合として、①転居によって通院・通所に支障をきたす場合、②転居によって通勤または通学に支障をきたす場合、③高齢者、身体障害者等であって、親族

---

16 たとえば、単身世帯の場合、国の定める最低居住面積は25平方メートルだが、この基準に達していない住居に居住している生活保護受給の単身世帯は5割を超える（厚生労働省調査）。

17 吉永純「生活保護費引下げ『三重苦』をもたらす厚労省社会・援護局保護課『住宅扶助基準及び冬季加算等の見直しについて』の検討」季刊公的扶助研究237号（2015年）34頁参照。

や地域の支援を受けている場合であって、転居によって自立を阻害する場合を挙げている。当面は、この経過措置の最大限の活用が求められよう。

　もともと、基本的人権としての住居という考え方が薄い日本では、公営住宅の少なさは先進諸国でも突出している。公営住宅の応募倍率は、全国平均で6.6倍、東京都では23倍に達する。しかも、民間住宅では、現在、高家賃の住宅が増加する一方で、低家賃の住宅は老朽化などで減少傾向が続いている。とくに、一人暮らしの高齢者の場合、孤立死で「事故物件」になることを業者がおそれ、入居を拒まれるケースが多い。結局、低所得の高齢者や生活保護受給者が行き場をなくし、劣悪な居住環境の下に追いやられている。2015（平成27）年4月には、川崎市の簡易宿泊所2棟が全焼、10人が犠牲になったが、犠牲者の大半は生活保護受給者であった。また、2009（平成21）年3月にも、群馬県の無届有料老人ホーム「静養ホームたまゆら」で火災があり、入居者10人が犠牲になった事件があったが、その犠牲者の多くが東京都から生活保護を受けている高齢者であった。[18]

### (3)　医療扶助と介護扶助

　被保護者は、国民健康保険および後期高齢者医療の被保険者とならず（国保6条9号、高齢医療51条1号）、医療を要する場合には医療扶助を受けることとなる。医療扶助は、原則として現物給付であり（生保15条・34条）、医療券を発行して行う。その診療方針および診療報酬は、国民健康保険の例によるから、基本的には社会保険医療と同水準である（同52条1項。ただし同条2項に基づく例外あり）。

　医療の給付は、指定された医療機関に委託して行うのが大半で、指定医療機関に対する診療報酬の支払事務は、社会保険診療報酬支払基金に委託できる（同53条4項）。近年、指定医療機関の不正事案がいくつか発覚し、これに対応するため、2013年改正法で、指定要件とその取消

---

18　「たまゆら」火災事件について詳しくは、稲葉剛『ハウジングプアー「住まいの貧困」と向きあう』（山吹書店、2009年）126頁以下参照。

要件の明確化（同49条の2・51条）とともに、指定の更新制（同49条の3。有効期間は6年間）が導入され、報告・検査対象が拡大された（同54条）。

　介護扶助は、介護保険法7条にいう要介護者・要支援者であることが受給要件となる。その内容は、介護保険の給付対象となるサービスとほぼ同じである（生保15条の2）。医療扶助と同様、現物給付を原則とし、指定介護機関に委託して行う（同34条の2）。65歳未満の被保護者は、国民健康保険に加入していないため、介護保険も適用除外となり、介護保険相当サービスが介護扶助として提供される。これに対して、65歳以上の被保護者は、介護保険の第1号被保険者となり、その保険料は介護保険料加算として生活扶助に加算され、サービス費用の1割の本人負担分が介護扶助として支給される（第6章第2節参照）。

(4) **出産扶助、生業扶助など**

　出産扶助は、分娩の介助などを対象とし（生保16条）、葬祭扶助は、火葬、納骨その他葬祭のために必要なものについて行われる（同18条）。

　生業扶助は、要保護者のみならず、困窮のために最低限度の生活を維持することができないおそれのある者についても行われる（生保17条）。このうち、生業費は、もっぱら生計の維持を目的として営まれる小規模の事業、たとえば飲食店や大工などの自由業を営むために必要な資金・器具等の費用を支給する。また、技能習得費は、公的資格の取得など、生業に就くために必要な技能の習得にかかる費用（授業料、教材費等）が支給される。そのほかに、就職支度費として、就職の確定した者に就職のために直接必要となる洋服や履物等を購入する費用が支給される。さらに、前述した高等学校への就学費用は技能習得費のひとつとして支給される。

　これら8種類の扶助は、被保護者の必要に応じて併給だけでなく単給でも行われる（生保11条2項）。これらの扶助が列挙されている生活保護法11条の規定が、単なる例示なのか、制限列挙であるかが争われた事例（第2次藤木訴訟）で、これを制限列挙と解して、申請拒否処分の

取消訴訟で、勝訴確定判決を受けた原告が訴追追行に要した訴訟費用、弁護士費用については、生活保護の対象とならないとした裁判例がある（東京地判昭和 54・4・11 行集 30 巻 4 号 714 頁）。

### (5) 保護の方法

　生活扶助は、居宅保護が原則であるが（生保 30 条 1 項）、これによることができないとき、これによっては保護の目的を達しがたいとき、被保護者がこれを希望したときは、保護施設に入所させて保護を行うことができる（同項ただし書）。もっとも、被保護者の意に反して入所を強制することはできない（同条 2 項）。

　ホームレス状態にある要保護者に対して居宅保護の希望を考慮せず、一律に入所保護の対象とする運用が従来みられたが、居宅保護を求めた路上生活者に対して、現に住居を有しない場合は、居宅保護に「よることができないとき」に該当すると解した入所保護決定は違法として、取り消した裁判例（大阪地判平成 14・3・22 賃社 1321 号 10 頁）がある。

　保護施設には、救護施設、更生施設、医療保護施設、授産施設および宿泊提供施設がある（生保 38 条）。設置主体は、地方公共団体および地方独立行政法人のほか、社会福祉法人、日本赤十字社に限定されている（生保 41 条）。

　近年、法的な位置づけのない施設、さらには建築基準法違反の疑いのある建築物など、劣悪な居住環境に生活保護受給者を住まわせ、保護費から高額の居住費などを徴収する、いわゆる「貧困ビジネス」が拡大し問題となっている。施設に対する規制監督の強化や、適切な居住場所への転居を促す支援が求められる。

## 6　保護の実施体制と実施過程

### (1) 保護の実施体制

　生活保護の実施機関は、都道府県知事、市長および福祉事務所を管理する町村長である。居住地がないか、明らかでない要保護者や急迫した状態にある要保護者は、その現在地を所管区域とする福祉事務所を管轄

する保護実施機関が保護を実施する責任を負う（生保19条1項・2項）。福祉事務所を設置していない町村長も、要保護者の発見・調査、保護申請の受付・送付、応急的な保護の実施などの職務を行う（同条6項以下・25条3項）。

　生活保護に関する事務の主なものは、法定受託事務に分類される。法定受託事務とは、法律またはこれに基づく政令により、地方公共団体が処理するものとされているものの中で、国が本来果たすべき役割にかかるもので、国においてその適正な処理を特に確保する必要があるものとして法律またはこれにもとづく政令にとくに定めるものをいう（地自2条9項1号。第1号法定受託事務といわれる。都道府県と市町村・特別区との関係では、第2号法定受託事務とされる。同条9項2号）。

　これに伴い、保護の実施要領と総称される通達類は、地方自治法上の処理基準（地自245条の9）と位置づけられ、これに沿って事務監査（生保23条）が行われている。保護の実施に要する費用は、国が4分の3を負担する（生保75条）。

　保護の実施機関の権限は、その管理に属する行政庁（福祉事務所長）に委任することができ（生保19条4項）、大半が委任されている。福祉事務所には、査察指導員および生活保護担当の現業員（ケースワーカー）が置かれる。これらは社会福祉主事の資格がなければならず、専任規制や標準配置数の必置規制がある（社福15条以下）。民間人に委嘱される民生委員は協力機関と位置づけられている（生保22条）。

### (2) 申請保護の原則と申請をめぐる問題

　生活保護法は、申請に基づく保護を原則としている（生保7条）。これは、立案者によれば、生活保護法は個々の国民に保護請求権を認めているので、制度のしくみとして、保護の開始を、保護請求権の行使としての申請に基づいてする方が合目的的と考えられたためとされる[19]。このことから、保護請求権から申請権が帰結される。

---

19　小山・前掲注(10)163頁参照。

第 2 章　公的扶助（生活保護）

　2013 年改正法により、保護の申請について、申請書の必要記載事項と必要書類の添付が義務付けられたが、当該書類を提出することができない特別の事情があるときは、この限りでない（生保24条1項）。保護の申請は要式行為ではなく、申請の意思を明確にすれば口頭でも可能と解されており、このことは、いくつかの判例（大阪高判平成13・10・19賃社1326号68頁、さいたま地判平成25・2・20判時2196号88頁）でも認められている。2013年改正法でも、申請行為と申請書の提出を切り離し時間的にずれがあってもよいという解釈が可能で、口頭での保護の申請をこれまで通り認める趣旨であることが確認されている。

　これまで、保護の実施機関（福祉事務所）が、相談と称して、申請書をわたさない、申請そのものを取り下げさせるなど、違法な「水際作戦」が公然と行われ、餓死事件や自殺事件などの悲劇があとをたたなかった。そのため、厚生労働省も「保護の相談にあたっては、保護者の申請権を侵害しないことはもとより、申請権を侵害していると疑われるような行為も厳に慎むこと」とする事務次官通知を発出し、保護申請権の侵害のないよう、現場に警鐘を鳴らしてきた。2013年改正法では、原則として、書面による申請と資料の添付が義務づけられるため、必要とされる事項をすべて申請書に記載し、必要とされる書類をすべて提出しないと、申請を受付けないことが窓口で頻発する可能性がある。しかし、これらの書類の提出があるまで、申請を受理しないという取り扱いは、申請の到達により遅滞なく審査が開始され決定を得るという申請権の侵害となる（行手7条）。

　また、保護の実施機関は、要保護者の申請に際してこれを援助して迅速な保護の開始につなげることが求められるから、これをしないことは違法と判断される場合がある（福岡地小倉支判平成23・3・29賃社1547号42頁参照）。さらに、要保護者が急迫した状況（急迫した状況の具体的な意味については3⑷参照）にあるときには、保護の実施機関は、要保護者からの申請を待たずに職権で保護を開始しなければならない（生保25条1項）。

75

### (3) 調査と保護の決定

申請を受けた保護の実施機関は、保護の要否や程度に関する判断を行うため、要保護者の資産や収入の状況、健康状態、扶養の実態その他の必要な事項について調査を行う。これらの調査は、要保護者の申請時の申告や提出書類のほか、要保護者の居住場所への立入調査、医師等による検診（生保28条1項）などにより行われる。また、2013年改正法は、前述のように、保護実施機関の調査権限を強化している（3(5)参照）。

これらの調査は強制ではないので、要保護者はこれを拒否できるが、要保護者が報告せず、虚偽の報告をし、立入調査を拒み、妨げ、忌避した場合、または検診命令に従わない場合、保護の申請却下または保護の不利益変更が行われる（生保28条5項）。これは、制裁というよりも、保護の要否に不可欠な事項について調査できないため、適法な保護の決定ができないという趣旨によるものと解されている。[20]

以上の調査等を経て、保護実施機関は、保護の要否・種類・程度・方法を決定し、申請者にこれを書面で通知しなければならない。この書面には決定の理由を付す必要がある（生保24条3項・4項）。保護開始決定についても書面での理由提示が義務付けられているのは、保護の種類・程度・方法に関して申請一部拒否処分に該当する場合があるからである。理由がまったく欠けている場合や明らかに事実に反する虚偽の理由が付記されている場合には、当該処分は違法となる（京都地判平成5・10・25判時1497号112頁参照）。また、理由の提示の内容・程度は、特段の理由がない限り、いかなる事実関係に基づきいかなる法令、審査基準、処分基準を適用して当該処分がなされたのかを、処分の相手方においてその記載自体から了知しうるものでなければならず、単に抽象的に処分の根拠規定を示すだけでは十分でないとするのが判例（最判昭和60・1・22民集39巻1号1頁、最判平成23・6・7民集65巻4号2081頁）であり、通説でもある。[21] 保護の不利益変更処分の理由の提示義務についても同様である。

---

20　加藤ほか406頁（前田雅子執筆）参照。

第2章 公的扶助（生活保護）

　保護の決定の通知は、申請のあった日から14日以内にしなければならない。ただし、扶養義務者の資産および収入の状況の調査に日時を要する場合など特別な理由がある場合には、30日まで延ばすことができる（生保24条5項）。要保護者に対する迅速な保護の実施を保障するための規定である。30日以内に通知がない場合には、申請者は保護実施機関が申請を却下したものとみなすことができる（同条7項。みなし却下処分）。申請者の迅速な権利救済を図る趣旨であり、申請者は、みなし却下処分について審査請求を行い、さらに当該処分の取消訴訟などを提起できる。

### (4) 被保護者に対する指導・指示と不利益処分

　保護の実施機関は、被保護者に対して、生活の維持、向上その他保護の目的達成に必要な指導または指示をすることができる（生保27条1項）。この指導・指示は、被保護者の自由を尊重し、必要最小限度に止めなければならず、被保護者の意に反して、指導・指示を強制し得るものと解釈してはならないとされている（同条2項・3項）。一方で、生活保護法は、被保護者は必要な指導・指示に従う義務を定め、被保護者がその義務に違反した場合には、保護実施機関は、保護の変更・廃止など不利益変更をすることができる旨を規定している（生保62条1項・3項）。不利益変更をするに当たっては書面で指導・指示を行わなくてはならず（生保則19条）、これは被保護者の権利保護を図るための手続的規定であるから、書面による指導・指示を欠いてなされた保護廃止処分は違法とする裁判例がある（神戸地判平成23・9・16賃社1547号42頁）。

　行政実務でみられる指導・指示の内容は、資産の処分をはじめ、書類の提出を求めるものなど、きわめて包括的である。中には、クーラーはぜいたく品だからと撤去を命ずる違法と思われる指導・指示もなされてきた（埼玉クーラー事件）。指導・指示は、あくまでも「保護の目的達

---

21　学説では、理由付記の機能について、最高裁判決が示す恣意抑制機能ないし慎重配慮確保機能、不服申立便宜機能に加えて、相手方に対する説得機能、決定過程公開機能をあげる見解もある。塩野・行政法Ⅰ 296頁参照。

成に必要」であるかどうか、つまり被保護者の自立の助長という生活保護法の目的達成のために行われるのであって、それに反する指導・指示は違法となる。同時に、指導・指示は明確なものでなければならない。最高裁は、所定額まで収入を増やすように求める指示について、保護の実施機関の恣意の抑制、指導・指示の明確化などの法令の規定の趣旨に照らすと、書面による指導・指示の内容は、当該書面自体において指導・指示の内容として記載されていなければならず、上記の事項等を考慮に入れることにより、当該書面に記載されていない事項（本件では自動車の処分）までその内容に含まれると解することはできないと判示している（最高判平成26・10・23判時2245号10頁）。

　指導・指示の法的性格については、その遵守が、生活保護法62条3項に基づく不利益処分により担保されており、実質的に規制的な力を持つことから、抗告訴訟の対象となる行政処分（行訴3条1項）と解する見解が有力である。

　すでに決定された保護は、正当な理由がなければ、不利益に変更されない（生保56条）。不利益変更には、保護の廃止のほか、停止や減額、種類や方法の変更も含まれる。「正当な理由」が該当するのは、要保護性が消滅した場合（同26条）や、前述の指導・指示に従わない場合（同62条3項）などの法定の要件に適合する場合や、法令（保護基準も含む）の改定による場合である。行政実務では、従来、廃止事由がないにもかかわらず、事前に被保護者に保護辞退届を提出させ、それを理由に廃止処分を行うという運用がみられたが、違法が疑われる。辞退届の根幹部分に錯誤があり、辞退の意思表示は無効であるとして廃止処分を取り消した裁判例がある（広島高判平成18・9・27判例集未登載）。

　指導・指示に従わない場合の不利益処分については、被保護者に対する弁明の機会の付与が義務付けられているものの、それ以外の不利益処分については、行政手続法は12条（処分基準の定立）と14条（理由の提示）を除き適用除外とされている（生保29条の2、62条4項・5項）。生活保護の不利益変更が、被保護者の生活に大きな影響を与えることを考えれば、不利益処分すべてで弁明の機会の付与など事前手続が保障さ

れるべきであろう[22]。

## 7 権利救済と行政争訟

生活保護の申請拒否や保護の不利益変更など保護実施機関の保護の決定・実施に関する処分に不服がある場合は、行政不服審査法に基づき、都道府県知事等に審査請求を行うことができる。生活保護法65条1項は、審査請求があった場合の裁決期間を規定している（行政不服審査法43条1項の規定による諮問をする場合は70日、それ以外の場合は50日）。裁決期間を経過した時は、同条2項により審査請求は棄却したものとみなすことができるが（いわゆる「みなし裁決」）、これは再審査請求もしくは原処分の取消訴訟の提起を可能とさせる趣旨で、みなし裁決を行政処分ととらえ取消訴訟を提起することはできないとした判例がある（東京地判昭和39・11・25行集15巻11号2188頁）。都道府県知事の裁決に不服がある場合には、厚生労働大臣に対する再審査請求をすることができる（生保64条以下）。

なお、2014（平成26）年の行政不服審査法の改正で、保護の決定・実施に関する処分の審査請求についても、審理員および第三者機関による2段階の審理手続などが適用されるようになった。また、同時に改正された行政手続法により、同法36条の2が新設され、法令に違反する行為の是正を求める行政指導を受けた者が、当該行政指導が法律に規定する要件に適合しないと思料するときは、当該行政指導をした行政機関に対して、その旨を申し出て、当該行政指導の中止その他必要な措置をとることを求めることができるようになった。前述の生活保護法27条による指導・指示も、この中止等の求めの対象となると考えられ、今後、これを活用して、違法な指導・指示があった段階で、それに法的に対抗することが可能となったといえよう[23]。

保護実施機関の決定・処分に対しては行政訴訟を提起することもでき

---

22 同様の指摘に、加藤ほか412頁（前田雅子執筆）参照。
23 村田悠輔「行政不服審査法改正の概要と生活保護争訟への影響」賃社1668号（2016年）7頁参照。

る。2004（平成16）年の行政事件訴訟法の改正により、義務付け訴訟および仮の義務付けが法定化され（行訴3条6項）、申請拒否処分を争う場合には、その取消訴訟とともに保護開始の義務付け訴訟（同37条の3）を提起し、仮の義務付け（同37条の5）も申立てることが可能となった。近年、これらを認容する裁判例が相次いでいる（那覇地決平成21・12・22賃社1519＝1520号98頁など）。また、保護廃止を含めた不利益処分に対しては執行停止の申立て（行訴25条1項）により救済を得ることができる（東京地決昭和41・8・30判時455号36頁）。

生活保護法では審査請求前置主義がとられており（行訴8条1項ただし書き、生保69条）、仮の義務付けを申し立てる場合も、原則としてまず審査請求を行い、これに対する裁決を得る必要がある。もっとも、仮の義務付けが認められるような場合は、行政事件訴訟法8条2項2号（処分、処分の執行または手続の続行により生じる著しい損害を避けるため緊急の必要があるとき）または3号（正当な理由があるとき）に該当し、裁決を経ないで取消訴訟を提起できる場合が多いと考えられる（同条2項2号に該当するとして、執行停止の申立てを認容した事案として、那覇地決平成20・6・25賃社1519＝1520号94頁）。

## 8　生活保護法の課題

近年、生存権訴訟と称される生活保護をめぐる集団訴訟が相次いでいる。その先駆けとなったのは、前述の老齢加算廃止訴訟であるが、現在は、生活保護基準の引き下げを違法・違憲とする生活保護基準引き下げ訴訟の提起が続いている。今回は、老齢加算と異なり、基準そのものの引き下げが争われているだけに、裁判所の判断が注目される。

生活保護法の課題としては、まず、運用面で、稼動能力を有する者に対して、稼働能力を活用しようにも、働く場が得られなければ、生活保護を利用することができること、就労していても、資産がなく、給与が最低生活費に満たない場合にも、やはり生活保護を利用することができることを周知し、生活保護の活用を積極的に助言していく必要がある。

また、生活保護法24条を再改正し、生活保護の申請が要式行為では

ないことを明確にするとともに、生活保護の申請方法を簡略化し、イギリスのように郵便局などに申請用紙を備え付け、それに記入し、投函すれば申請できるようなしくみを設けるべきである。申請の意思を明確にすれば口頭でも可能であり、特定の申請用紙でなくても便箋等に必要事項を記入しても適法な申請となる。以上のことを周知させるとともに、申請権を侵害する水際作戦や保護の辞退を強制するような運用は違法であり早急に改められるべきだろう。

　さらに、生活保護法そのものの抜本改正も必要である。生活保護受給の権利性を明確にしたうえで、「生活保護」という名称を「生活保障法」など、スティグマ（恥の意識）の少ない名称に変更し、関連する文言の変更を行い、申請権を侵害してはならず、申請があれば必ず受け付けなければならないことを法律に明記すべきである。行政手続法上、当然のことであるが（同7条参照）、違法な運用があとをたたないことを考慮して、法律に明記することが望ましい。同時に、個人の申請権とともに、必要な助言や支援を請求する権利、それに対する行政の情報提供義務も明記すべきである。

　加えて、保護基準の設定に関する広範な立法裁量を法的に統制するため、最低生活費の算定過程の透明性を高めるとともに、最低生活費の算定方法に関する理論的根拠を改めて検討する必要がある[24]（前述の生活保護基準引き下げ訴訟においても、基準引き下げの判断過程の不透明性、恣意性が問題となっている）。その上で、保護基準を厚生労働大臣の告示ではなく、法律の別表とし、国会の審議を経て改定できるしくみに改めるべきである。財政的理由による保護基準の引き下げがなされることを防ぐ意味でも、保護基準改定に対する民主的コントロールは不可欠といえる。

　そのほか、廃止された老齢加算の復活、補足性の原則（4条）の「資産等」について、行政の裁量を統制するため、生活保護法に原則規定を置くとともに、医療扶助や住宅扶助などを個別に利用する場合には、収

---

24　同様の指摘に、加藤ほか417頁（前田雅子執筆）参照。

入・資産要件を緩和するなどの改正が必要と考える。

　なお、生活保護法の改正とともに制定された生活困窮者自立支援法（平成25年法律105号）については、同法を改正し、各事業に対する国・自治体の責任と利用者の権利性を明確にするとともに、必要な予算を投入し、全国共通の各事業の基準を定め、当事者の主体性を認めた制度運用を行っていく必要がある。具体的には、生活困窮者自立相談事業の相談窓口での生活保護申請への助言義務を明記すること、住宅確保給付金の引き上げ、就労訓練事業への最低賃金の適用などである。

# 第3章 年　金

## 1　公的年金制度の沿革と年金制度改革

### (1) 公的年金制度の沿革

　年金制度は、老齢・障害などによる収入の中断、被保険者の死亡による遺族の生活困難に対処するしくみである。日本の年金制度は、特定の年齢層を強制加入の被保険者とする社会保険方式を採用しており、政府が保険者となっている。この点で、民間の保険会社などにより提供される私的年金制度とは区別され、公的年金制度といわれる。

　日本の公的年金制度は、明治時代の軍人や官吏に対する恩給、官業共済組合から始まり、船員保険（1939年）や労働者年金保険法（1941年）など民間労働者へと順次、拡大されてきた。しかし、すべての国民がなんらかの年金制度に加入する皆年金体制の確立は、1959（昭和34）年の、農林水産業や自営業者などを対象とする国民年金法の制定を待たなければならなかった（1961年より皆年金）。国民年金制度は、年金支給開始年齢と保険料納付期間との関係で年金受給権が発生しないか、発生しても、十分な年金額を確保できない人のために無拠出の福祉年金を設けた。国民年金法が厚生年金保険法と異なり、「保険」の文字を付していないのはそのためである。

　国民年金法の制定により実現した皆年金体制は、民間労働者が加入する厚生年金、公務員が加入する各種共済年金および自営業者などが加入する国民年金など8つの年金制度に分立していたが、1985（昭和60）年に、抜本的な法改正が行われた。これにより、国民年金による基礎年金を1階とし、厚生年金保険や各種共済組合に加入する民間労働者や公務員等に対して、基礎年金に加え報酬比例年金を支給する現在の制度（いわゆる2階建て年金）が確立した。旧制度では、民間労働者に扶養

される配偶者（ほとんどが女性）は、国民年金に任意加入しないかぎり基礎年金の受給権がなかったが、この法改正で、新たに第3号被保険者として、固有の年金受給権を取得することとなった。いわゆる「女性の年金権の確立」といわれる改革である。さらに、1989（平成元）年には、物価の変動率に応じて、年金額を改定する完全物価スライド制度が導入された。

### (2) 年金制度改革の展開

1990年代に入ると、公的年金制度は、給付水準の充実路線から制度の長期安定化を図るため給付抑制路線へ転換する。1994（平成6）年の改革では、老齢厚生年金の定額部分に関する支給開始年齢の65歳への引き上げや可処分所得スライド制などが導入された。2000（平成12）年には、老齢厚生年金の所得比例部分の支給開始年齢を65歳に引き上げるほか、国民年金の保険料の半額免除制度や学生納付特例制度、育児休業期間における厚生年金の保険料に関する事業主負担部分を免除するなどの法改正が行われた。

より抜本的な改革となったのが、2004（平成16）年の法改正であり（以下「2004年改正」という）、①保険料上限（厚生年金の保険料率18.3％）を固定したうえでの保険料の引き上げ（保険料水準固定方式）、②基礎年金国庫負担割合の2分の1への引き上げ、③積立金の活用、④財源の範囲内で給付水準を自動調整するしくみ（マクロ経済スライド）の導入という、4つの年金財政フレームを確立した。

2004年改正以前は、5年ごとに財政再計算を行い、人口推計や将来の経済の見通しなどの変化を踏まえて、給付内容や将来の保険料水準について制度改正を行うこととされていたが、2004年改正により、年金給付費1年程度の積立金を保有して、100年程度をかけて積立金を取り崩すとともに、それまでの間（財政均衡期間）、少なくとも5年ごとに、年金財政の現況と見通しを作成・公表することとされた。これを財政検証という（国年4条の3、厚年2条の4）。この現況と見通しにより、財政均衡を保つことができないと見込まれる場合には、政令で定める調整

期間(調整期間の開始は2005年度から)において、保険料ではなく給付額を調整することによって財政均衡を図ることとされた(国年16条の2、厚年34条)。この給付額を調整するしくみが、マクロ経済スライドである(3(2)参照)。

2007(平成19)年には、年金記録のずさんな管理が政治問題化し、社会保険庁が廃止され、日本年金機構の設立が決定された(2010年1月より)。

### (3) 社会保障・税一体改革としての年金制度改革

2004年改正は、政府の言葉では「100年安心」の制度改革であったが、経済成長が長期にわたり低迷し、物価も低迷、いわゆるデフレ経済のもとでマクロ経済スライドによる調整ができない状態が続いたため、消費税増税分を財源とした年金制度改革が、社会保障・税一体改革の一環として進められた。

2012(平成24)年8月には、当時の民主党政権のもとで、社会保障・税一体改革関連法として、年金機能強化法(正式名は公的年金制度の財政基盤および最低保障機能の強化等のための国民年金法等の一部を改正する法律。以下同じ)、厚生年金と公務員の共済年金を統合する被用者年金一元化法(被用者年金制度の一元化等を図るための厚生年金保険法等の一部を改正する法律)が成立、同年11月には、国民年金法等改正法(国民年金法等の一部を改正する法律等の一部を改正する法律)と年金生活者支援給付金法(年金生活者支援給付金の支給に関する法律)が成立し、これら年金改革関連法の成立で「基礎年金の国庫負担割合の2分の1の恒久化や年金特例水準の解消が行われ、2004年改革により導入された長期的な給付と負担を均衡させるための年金財政フレームが完成をみた[1]」と評価されている。

年金機能強化法では、①産前産後休業期間中の厚生年金保険料の免除、②遺族基礎年金の父子家庭への拡大、③短時間労働者への社会保険(厚

---

[1] 社会保障制度改革国民会議報告書「確かな社会保障を将来世代に伝えるための道筋」(2013年8月6日)39頁。

**年表2　年金法制の沿革と年金制度改革**

| 年 | 事項 |
|---|---|
| 1923（大正12）年 | 恩給法 |
| 1939（昭和14）年 | 船員保険法 |
| 1941（昭和16）年 | 労働者年金保険法 |
| 1944（昭和19）年 | 労働者年金保険法改正、厚生年金保険へ |
| 1953（昭和28）年 | 私立学校教職員共済組合法 |
| 1956（昭和31）年 | 公共企業体職員共済組合法 |
| 1958（昭和33）年 | 農林漁業団体職員共済組合法 |
| 1959（昭和34）年 | 国家公務員共済組合法改正 |
| 〃 | 国民年金法－1961年より皆年金 |
| 1962（昭和37）年 | 地方公務員共済組合法 |
| 1973（昭和48）年 | 5万円年金の実現、物価スライド制の導入 |
| 1982（昭和57）年 | 国家公務員等共済組合法－国家公務員と公共企業体共済の統合 |
| 1985（昭和60）年 | 基礎年金の導入と一元化、給付と負担の適正化、女性の年金権の確立など新制度の成立－1986年から実施 |
| 1989（平成元）年 | 国民年金基金の創設、学生の強制適用（1991年から）などの改革 |
| 1994（平成6）年 | 60歳代前半の給付の見直し、遺族年金・障害年金の改善、保険料の改定、育児休業期間中の本人負担分の保険料の免除などの改革 |
| 2000（平成12）年 | 報酬比例部分年金額の引き下げ、支給開始年齢の段階的引き上げ |
| 2004（平成16）年 | 年金制度改革法が成立－保険料水準固定方式の導入など。10月より厚生年金保険料の引き上げ |
| 2005（平成17）年 | 4月より国民年金保険料の引き上げ |
| 2007（平成19）年 | 年金記録問題と年金時効特例法の成立 |
| 2009（平成21）年 | 民主党政権成立。年金制度改革案の提示 |
| 2011（平成23）年 | 運用3号問題。第1次補正予算により年金財源の一部を震災復興費に（基礎年金国庫負担2分の1を維持するため交付国債で対応）。 |
| 2012（平成24）年 | 年金制度改革関連法（被用者年金の一元化、短時間労働者への適用拡大などの内容）の成立 |
| 2013（平成25）年 | 年金給付の引き下げはじまる（10月より3年間かけて） |
| 2015（平成27）年 | マクロ経済スライドがはじめて発動される。 |
| 2016（平成28）年 | 公的年金制度の持続可能性の向上を図るための国民年金法等の一部を改正する法律（マクロ経済スライドにキャリーオーバーの仕組み導入、年金積立金管理運用独立行政法人の組織の見直しなどの内容）が成立 |

出所：各種資料より筆者作成。

生年金・健康保険)の適用拡大などが行われた。このうち、③の適用拡大は、従業員数が500人を超す企業で働く労働時間が週20時間以上、年収94万円以上(月額賃金の範囲および厚生年金の標準報酬月額の下限を8万8000円に改定)の短時間労働者を新たに厚生年金と健康保険に加入させるもので(適用拡大の対象となる労働者は約25万人程度)、2016(平成28)年10月から実施された。

また、国民年金法等改正法は、いわゆる特例水準の解消を段階的にはかるものであり(「はじめに」参照)、年金生活者支援給付金法は、消費税増税による増収分を活用し、低年金の高齢者・障害者に対して、月額5000円(障害等級1級の場合には6250円)を支給するものである(ただし、同法の施行は、消費税率10%の引き上げ時となっており、いまだに実施されていない)。

2013(平成25)年6月には、厚生年金基金制度の見直しと、第3号被保険者の記録不整合問題への対応を盛り込んだ年金健全性信頼性確保法(公的年金制度の健全性及び信頼性の確保のための厚生年金法等の一部を改正する法律)が成立した(以上につき年表2参照)。

## 2　公的年金制度の概要

### (1) 公的年金制度の構造

日本の公的年金制度は、以上のような沿革から、主に自営業者が加入する国民年金、民間の給与所得者が加入する厚生年金、公務員や私立学校の教職員が加入する共済年金からなっていたが、2015(平成27)年10月から、共済年金は厚生年金に統合され一元化されている(図表3)。給付は、全制度共通の基礎年金(国民年金加入者が受給する年金の総称)が1階建て部分となり、2階建て部分として、所得比例の厚生年金がある。

国民年金および厚生年金保険の保険者は政府である(国年3条、厚年2条)。前述のように、社会保険庁の廃止に伴い、2010(平成22)年1月より、日本年金機構(公法人)が政府の委託を受け、保険料徴収や適用・年金給付などの事務を行っている。

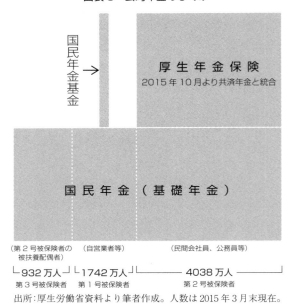

 国民年金の被保険者(加入者)は、3つの類型に区分されている(国年7条)。同条の各号に応じて、それぞれ第1号、第2号及び第3号被保険者といわれる。このうち第1号被保険者は、日本国内に住所がある20歳以上60歳未満の者で、第2・3号被保険者でないものをいう。第2号被保険者は、厚生年金など被用者保険に加入している者であり、保険料は報酬比例(標準報酬に保険料率をかけた額)で、事業主などと折半し給与から天引きされて徴収される。第3号被保険者は、第2号被保険者の被扶養配偶者で20歳以上60歳未満の者をいう。被扶養配偶者とは、主に第2号被保険者の収入により生計を維持している者で、その圧倒的多数(99.7%)は女性(主婦)である。厚生年金など被用者年金制度の保険者は、毎年度、基礎年金の給付に要する費用に充てるため、基礎年

---

2 厚生労働大臣の権限の日本年金機構への委任の問題点については、碓井349頁以下参照。

金拠出金を負担している（国年94条の2）。この拠出金制度は、第2号被保険者および第3号被保険者の基礎年金に関する保険料をまとめて負担することを意味しており、第2号・第3号被保険者は、国民年金の保険料を個別に負担する必要はなく、また、基礎年金拠出金には、第3号被保険者の保険料相当部分も含まれているため、第3号被保険者本人の負担はない。

#### (2) 任意加入の年金

以上の強制加入のしくみに加えて、任意加入の制度がある。

まず、報酬比例（2階建て部分）をもたない第1号被保険者については、国民年金基金が設けられている（国年115条以下）。各都道府県に1つずつの地域型国民年金基金と農業従事者・弁護士・医師といった業種ごとに設立されている職域型国民年金基金の2種類があり、老齢年金と遺族一時金の給付が行われている。

ついで、厚生年金被保険者など第2号被保険者については、企業年金と呼ばれる任意の付加的給付がある。このうち厚生年金基金は、厚生年金適用事業所の事業主とそこで使用される被保険者で組織された法人で（厚年107条）、本来であれば国が給付すべき老齢厚生年金の一部を代行し（代行部分は、物価スライド・標準報酬月額再評価に伴う増額部分を除く給付）、さらに企業独自の加算部分を給付するものであった。しかし、厚生年金基金の財政状況が悪化し、前述の年金健全性信頼性確保法により、基金の新設は認められなくなり、現存する基金についても運営が健全な一部の基金以外は今後清算されることとなった。これにより、日本の企業年金制度の中で、厚生年金基金の果たす実質的役割はほぼ終えつつあるとの評価もある[3]。なお、公務員には、共済年金（長期給付）の中に、企業年金に相当する職域加算があったが、2015（平成27）年10月からの被用者年金一元化にともない廃止された。

このほか、企業年金には、代行を行わない確定給付企業年金や、将来

---

3　菊池 170頁参照。

の年金額を確定させず、掛金を自己責任により運用する確定拠出年金（企業型と個人型）がある。

## 3　公的年金制度の目的と特徴

### (1)　公的年金制度の目的—生存権保障

　以上のような公的年金制度の目的は何か。国民年金法は「国民年金制度は、日本国憲法第25条第2項に規定する理念に基づき、老齢、障害又は死亡によって国民生活の安定がそこなわれることを国民の共同連帯によって防止し、もって健全な国民生活の維持及び向上に寄与することを目的とする」と定める（国年1条）。つまり、国民年金制度は、憲法25条2項に定める国の社会保障向上増進義務を具体化した制度ということができる。

　憲法25条の解釈については、憲法学上、1項の「健康で文化的な最低限度の権利を営む権利」と2項とを一体的にとらえる見解が通説である。[4] したがって、国民年金法は、その目的規定で憲法25条2項のみを挙げているが、そこには憲法25条1項の趣旨も含まれると解され、国民年金法は、憲法25条1項の生存権を具体化し、高齢者や障害者など年金受給者の「健康で文化的な最低限度の生活」の保障を目的とする法律である。

　国民年金法の趣旨が、憲法25条の生存権保障にあるとするならば、老齢基礎年金は、それのみで受給者の「健康で文化的な最低限度の生活」を保障するものでなければならないと解される。そして、その額は、公認された最低生活の基準、すなわち厚生労働大臣が定める生活保護基準を上回るか、少なくとも同程度のものでなければならないはずである。この点、1962（昭和37）年8月の社会保障制度審議会の「社会保障制度の総合調整に関する基本方策についての答申及び社会保障制度の推進に関する勧告」（以下「62年勧告」という）も「老齢年金、障害年金、遺族年金については、すべての制度において給付額の最低保障を行い、

---

[4]　憲法25条1項・2項一体説といわれる。中村睦男「生存権」芦部信喜編『憲法Ⅲ・人権2』（有斐閣、1977年）19頁などを参照。

その額は定額で、なるべく均衡するように定める」とし、「老齢年金その他前述の諸給付は、それによってそれぞれの事故の起きた場合に、少なくともその最低生活を保障するためのものであるから、最低保障額を設ける必要がある。その最低保障額は、生活保護基準を上回るかあるいはそれと同程度のものでなければならない」と述べている。社会保障制度審議会が、社会保障制度審議会設置法（昭和 23 年法律 266 号）に基づいて設置された内閣と同列の諮問機関であり、当時、政府に対する勧告権を唯一もっている審議会であったことからすれば（中央省庁再編にともない、同審議会自体は 2001 年 1 月に廃止されたとはいえ）、国民年金法が制定された当時の同審議会の勧告は、同法の解釈にあたっても考慮されるべきであろう。しかし、「62 年勧告」から半世紀以上を経ても、満額支給の老齢基礎年金は生活保護基準を下回る水準にある。これを放置してきた歴代内閣の不作為責任（憲法 25 条 2 項違反）が問われるべきであろう。

### (2) 公的年金制度の特徴
#### ——国庫負担と保険料減免制度の存在、スライド制度の採用

公的年金制度、とりわけ国民年金制度の目的が生存権保障にあることから、同制度は、年金保険として社会保険方式をとってはいるが、保険方式に対して修正が加えられ、次のような特徴を有するに至っている。

第 1 に、国庫負担の存在がある。国庫負担は、国の義務的経費で、裁量的経費である補助金とは法的性格が異なり、国が義務として負担するもので、憲法 25 条 2 項にもとづく生存権保障義務を財政面において具体化したものといえる。現在、基礎年金の給付費の 2 分の 1 が国庫負担となっている。厚生年金については、従来の定額部分が基礎年金に移行し、報酬比例部分が厚生年金として基礎年金に上乗せする報酬比例の年金とされたことから、国庫負担は廃止されている。また、学生納付特例

---

5 同様の指摘に、田中明彦「国民皆年金下の障害基礎年金の『保険料納付要件』の解釈のあり方——障害基礎年金不支給決定取消訴訟事件に係る意見書」賃社 1641 号（2015 年）60 頁参照。

期間については、国庫負担はなく、保険料が追納されない限り、老齢基礎年金の額の計算には反映されない。事務費についても、全額国庫負担とされているが（国年85条2項、厚年80条2項）、1998（平成10）年度から特例措置として事務費に年金保険料が充当されるようになり、さらに2007（平成19）年6月に成立した社会保険庁改革関連法（日本年金機構法及び国民年金事業等の運営改善法）により、翌年4月から、恒久的に事務費に保険料が使用できることになった。しかし、これは、国の生存権保障義務の観点から問題があり、許されないと解される。[6]

　第2に、低所得者に対する保険料の減免・猶予制度が採用されている。後述のように、国民年金保険料には法定免除と申請免除があり、保険料免除期間に対して、国庫負担が行われることで、保険料の支払いなしに給付がなされる。被保険者期間の全期間に保険料免除が行われたとしても、年金が支給される。支給額が国庫負担分の2分の1にとどまるという問題はあるものの、この場合に支給される老齢基礎年金は全くの無拠出年金である。つまり、国民年金制度が保険方式をとりながらも、私的保険とは区別される「社会保険」といわれるゆえんである。社会保険の最大の特徴は、拠出（保険料負担）のない給付が存在することにあるからである。

　第3に、年金の実質的価値を保つため、スライド制度が導入されている。年金給付に関して、賃金スライドと物価スライド制度があるが、1989（平成元）年から、物価指数の変動に応じて年金額を改定する完全物価スライド制度が導入されている。賃金スライドは、被保険者の名目賃金の伸びに応じて過去の標準報酬を再評価するものであったが、人口の高齢化とともに、年金給付費が増大し、税や保険料の負担が増大することになるので、名目賃金の伸びより、手取り賃金の伸びが低くなることが予想され、1994（平成6）年の国民年金法等の改正により、税や保険料を控除した手取り賃金の伸びに応じて過去の標準報酬を再評価する可処分賃金スライドに改められた。その後、2000（平成12）年の法改

---

6　同様の指摘に、有泉亨・中野徹雄編『厚生年金保険法／全訂・社会保障関係法1』（日本評論社、1982年）233頁（喜多村悦史執筆）参照。

正により、賃金スライドは、新規裁定時にのみ行われ、裁定後には行われないこととなった。

これに対して、2004年改正で導入されたマクロ経済スライドは、少子高齢化の進展により平均余命の伸びや総人口ひいては労働力人口が減少することを踏まえて、世代間の公平を図るとの名目で、保険料の範囲内に給付を抑えることを目的としている。具体的には、物価上昇率に「スライド調整率」（少子化による被保険者の平均減少分マイナス0.6％と平均余命の伸び分マイナス0.3％の合計0.9％）を減じた率で改定する。たとえば、物価が2％上昇しても、年金額は、調整率0.9％がさしひかれて、1.1％しか引上げられないことになる。

## 4　公的年金の適用と年金受給権

### (1)　公的年金の適用

国民年金の第1号被保険者については、国民年金法7条・8条・9条に該当する事実が発生すると当然に被保険者資格を取得し喪失する。被保険者は資格の取得および喪失、氏名・住所の変更に関する事項などを市町村長に届け出る義務がある（国年12条1項）。国籍要件の存在にもかかわらず、国民年金保険料を長期納付した外国人の被保険者資格が争われた事例では、裁判所は被保険者資格を否定したが（東京地判昭和63・2・25判時1269号71頁）、現在は国籍条項の削除により、立法的解決が図られている（第1章第2節参照）。

これに対して、厚生年金の場合は、適用事業所単位で強制適用の対象を捉え、その事業所で常時使用される者を強制加入被保険者（第2号被保険者）とする方法がとられている。したがって、厚生年金の加入・脱退などの届出義務は適用事業所の事業主にあり（厚生27条）、第2号被保険者が届け出る必要はない。ただし、この届出は実務上の便宜のためで、被保険者資格の効力発生要件ではない。

被保険者は、適用事業所に使用されるに至った日に資格を取得し（厚年6条・9条）、被保険者資格の取得および喪失の効力は、原則として事業主からの届出により厚生労働大臣が確認してはじめて発生するが、

被保険者からも資格の確認請求をすることができる（厚年18条・31条）。厚生労働大臣の確認は、特定の事実または法律関係の存在を確定する行政行為（処分）と解されており、厚生年金被保険者資格の確認の義務付けの訴えを認めた裁判例がある（東京地判昭和39・5・28行集15巻5号878頁）。また、事業主の届出義務については、公法上の義務にとどまらず、雇用契約（労働契約）の付随義務と捉え、届出義務を怠ることは「労働契約上の債務不履行」と解する例（奈良地判平成18・9・5労判925号53頁）がある一方、事業主が届出を怠ったため保険給付を受けることができなくなったとして、その従業員が損害賠償を請求して認められた裁判例もある（京都地判平成11・9・30判時1715号50頁）。

　近年、保険料の事業主負担を免れるため、経営困難などを契機に、営業・事業停止などを理由に厚生年金保険を脱退することが実務上行われており、問題となっている。厚生労働省によれば、国税庁による企業の税関連情報と公私年金加入事業所の調査から、厚生年金に未加入の事業所は全国で約79万、労働者数でみると約200万人にのぼると推計されている[7]。なお、厚生年金の適用事業主が社会保険事務所（当時）に虚偽内容の届出をして被保険者の報酬から控除していた厚生年金保険料の一部を納付しなかったため、将来受給する年金額が減少したとして、当該被保険者が、事業主と国に対して損害賠償を請求した事案では、年金受給権取得前の損害の発生が認められず、請求は棄却されている（仙台高判平成16・11・24判時1901号60頁）。

(2)　**年金受給権の構造**

　現行法上、公的年金（老齢・遺族・障害年金）の給付を受けるには、給付を受ける権利を有する者（受給権者）の請求にもとづき、厚生労働大臣が裁定を行うことが必要とされる（国年16条、厚年33条）。この裁定は、法律によって定められている年金受給資格の存在を確定する行

---

7　この問題について詳しくは、増田雅暢「厚生年金未加入問題を考える」週刊社会保障2890号（2016年）32頁参照。

政行為(行政処分)であり、受給権確定行為とされ、裁定によって、年金給付を請求する具体的権利が発生すると解されている(本村訴訟についての最判平成7・11・7民集49巻9号2829頁参照)。裁定を得ないまま5年が経過すると、時効によってその部分の給付を受ける権利が消滅する(国年102条1項、厚年92条1項)。

年金受給権の具体化の段階は、①受給権を満たす前で、年金受給の期待(権)がある段階、②受給要件は満たしているが裁定がされておらず、受給権は発生しているが年金給付を現実に受給できていない段階、③受給要件を満たした者が裁定を受けた後、年金給付を現実に受給できている段階(いわゆる既裁定年金)、④支払期月が到来し年金給付の支払いがなされた段階に区分できる。このうち、③の段階で発生する具体的な権利は、基本権であり、④の段階で発生する個々の受給権は支分権といわれる。基本権たる年金受給権は、裁定を受けることにより、支払期月の到来によって、当該期月の支分権たる年金が支給される(国年18条、厚年36条)。個々の支分権は、基本権の存在を前提としてのみ発生し、その消滅によって消滅するが、ひとたび発生した支分権は、その後は独立した権利となる。

なお、障害年金の支給裁定に誤りがあるとして、職権で裁定を取り消し、過払年金の返還を内払調整(支払いすぎた年金額を将来に支払うべき年金が前払いされたとみなすもの。国年21条、厚年39条)という方法で行ったことを認容した裁判例がある(東京高判平成16・9・7判時1905号68頁)。

#### (3) 年金受給権をめぐる問題

年金受給権は一身専属権(民法896条ただし書)であり相続の対象とはならない。ただし、支給すべきであった給付が残っている場合には、一定の遺族に未支給年金を支給するという処理がなされる(国年19条、厚年37条)。

---

8 原田243頁参照。

障害年金の受給者が、国民年金の保険料を拠出して老齢年金の受給権を取得したものの、併給調整規定により老齢年金の支給が停止されたため、その支払いを求め提訴したが、第1審の訴訟継続中に死亡し、死亡した受給権者が提起した未支給年金支払請求訴訟を遺族が承継できるかが争われた事案がある。最高裁は、社会保険庁長官（当時）の未支給年金の支給決定を受けるまでは、遺族は死亡した受給権者が有していた未支給年金に係る請求権を確定的に取得したということはできないとし、遺族の請求を棄却している（前掲最判平成7・11・7）。最高裁判決の示す解釈によれば、遺族は改めて保険者に対し、未支給年金の請求を行い、保険者の決定（不支給決定）に対する不服申立てを経て、新たに訴訟を提起しなければならない。[9]

　年金受給権は、これを譲渡し、担保に供すること、および差し押さえることはできない（国年24条、厚年41条1項）。ただし、「別に法律で定める」場合には担保に供することが認められる。また、老齢基礎年金、付加年金および老齢厚生年金は国税滞納処分により差し押さえることができる。これは、老齢基礎年金などが課税対象となっているためで、障害年金や遺族年金については、公租公課が禁止されており（国年25条、厚年41条2項）、非課税年金とされ、差し押さえはできない。

　これに関連して、老齢年金および労災保険金の振り込みによる預金債権を連帯保証人としての保証債務と相殺した事案において、銀行口座に振り込まれた年金等は預金債権に転化しており、これを差押禁止とすることは、取引秩序に混乱を招くとして、相殺を認めた原審を支持する最高裁判例がある（最判平成20・2・10金判1056号6頁）。

　一方、憲法29条の保護を受ける財産権については、財産的価値を有するすべての権利と解するのが通説であり、[10]年金受給権のような社会保障法上の権利も、本条による保護を受けると解される。そうすると、既

---

9　一方で、訴訟経済上の観点から、未支給年金の規定を根拠に、原告の妻による訴訟承継を認めた裁判もある（宮訴訟についての東京高判昭和54・4・22行集32巻4号593頁参照）。

10　たとえば、佐藤幸治『憲法〔第3版〕』（青林書院、1995年）565頁参照。

第 3 章　年　金

　裁定年金段階での年金受給権は、財産権的性格を有し、既裁定年金の引き下げは、財産権たる年金受給権の侵害、憲法29条違反とならないかが問題となる。

　もっとも、憲法29条は、私有財産権を保障するものの、同条2項は、財産権の内容は「公共の福祉」の制約を受けるとしており、この点につき、最高裁判決（昭和53・7・12民集32巻5号946頁）は「法律でいったん定められた財産権の内容を事後の法律で変更しても、それが公共の福祉に適合するようにされたものである限り、これをもって違憲の立法ということができないことは明らかである」として、その変更の合憲性の判断基準として、①いったん定められた法律にもとづく財産権の性質、②その内容を変更する程度、③これを変更することによって保護される公益の性質、などを総合的に勘案し、その変更が当該財産権に対する合理的な制約として容認されるべきであるかによって判断すべきとしている。

　最高裁の判断基準を、2012年改正による特例水準の解消による既裁定年金の引き下げに当てはめると、拠出制であることから制度に対する信頼保護原則も考慮する必要があること（①の判断基準）、年金の引き下げは、年金受給者の老後の生活に直接かつ重大な影響を与えるものであること、受給者によっては生活保護基準を割り込む引き下げになること、財産権の縮減を通じて個人の人格的自律権を侵害する側面を持つこと（以上、②の判断基準）、年金財政は経済状況に大きく左右され、年金の引き下げによる年金財政への影響はきわめて限定的であること（③の判断基準）などから、憲法29条に違反する余地がある。また、正当な補償を求める憲法29条の趣旨から、何ら例外を設けることなく（たとえば、生活保護基準以下の年金受給者には減額対象から除くなど）、一律に年金の引き下げのみを行うことは、許されないというべきであろう[11]。

---

11　詳しくは、伊藤周平「既裁定年金の引き下げと生存権保障」賃社1667号（2016年）17頁以下参照。

## 5　年金給付

### (1) 老齢年金給付

　年金給付の種類には、老齢年金、障害年金、遺族年金の3種類がある。基本となる老齢年金のうち、老齢基礎年金は、すべての国民に共通する老齢給付であり、老齢厚生年金は、一定の要件を充たした者に、老齢基礎年金に上乗せして支給される。

　老齢基礎年金の支給要件は、保険料納付済期間または保険料免除期間を有する者が65歳になったときに、老齢厚生年金は、老齢厚生年金の被保険者期間を有する者が65歳に達したときに、それぞれ支給される。受給資格期間は、保険料を支払った納付期間、免除の期間、制度上支払うことができなかった期間（給付額に反映しないので「カラ期間」といわれる）、学生納付特例制度などの手続を行った期間のそれぞれを合計した期間をいい、基礎年金および厚生年金ともに25年以上あることが原則となる（国年26条・厚年42条）。なお、2016（平成28）年11月に、国民年金法の一部改正法（公的年金制度の財政基盤及び最低保障機能の強化等のための国民年金法等の一部を改正する法律の一部を改正する法律）が成立し、年金受給資格期間の短縮（25年から10年）が2017（平成29）年8月から実施されることとなった[12]。これにより、政府の試算では、老齢基礎年金対象者で約40万人、特別支給の老齢厚生年金対象者などを含めると約64万人が新たに受給権を得るとされる。とはいえ、10年ぎりぎりの納付期間では、年金水準はかなり低くなり、無年金者は減少するが、低年金者が増大するため、今後は、年金給付水準の引き上げが課題となる。

　老齢基礎年金の額は、40年間（480カ月）保険料を納付した場合には、年額78万900円×改定率の定額である（2017年度。国年27条1項）。単身世帯の場合、生活保護基準を下回る額で、納付期間が40年に満た

---

[12] 年金受給資格期間の短縮は、当初は、消費税率を10％に引き上げる際に、消費税増収分を財源に行われる予定であったが、消費税の増税が2019年10月に再々延長されたため、施行時期を改正して、前倒しされた。

なかったり、免除を受けている期間がある場合には、さらに減額される。たとえば、全額免除の場合だと、満額支給額の2分の1（国庫負担相当部分）の給付額となる。老齢厚生年金の額は、報酬比例の年金額に加給年金額を加えた額である（厚年43条）。加給年金は、老齢厚生年金の年金額算定の基礎となる被保険者期間が20年以上ある場合に、受給権を取得した当時、受給権者によって生計を維持されていた65歳未満の配偶者、18歳到達年度の末日までにある子または20歳未満で障害等級1級もしくは2級に該当する子どもがあるときに支給される（厚年44条）。

老齢年金を受給しながら、なお賃金を得ている場合には一定の年金額の調整が行われる（在職老齢年金制度）。老齢厚生年金の支給を受けながら、会社に勤め賃金を得ている場合、老齢厚生年金の年金額と賃金額に応じて、老齢厚生年金の一部または全部が支給停止される（厚年46条・附則11条）。ただし、70歳以上の者については、被保険者資格を喪失するため保険料の負担義務は発生しない。

なお、老齢年金ついては、2004年改正法で、離婚時の年金分割制度が設けられた。[13] 同制度には、合意分割制度（厚年78条の2～78条の12）と、3号分割制度（同78条の11～78条の21）がある。合意分割制度は、民法の財産分与と同様の考え方に基づくもので、夫婦の合意に基づいて、その婚姻期間に係る標準報酬の分割を厚生労働大臣に請求する。分割割合は、夫婦双方の標準報酬額の2分の1以下とされており、当事者の協議が整わないときは、家庭裁判所が決める。3号分割制度は、第2号被保険者の保険料は夫婦が共同して負担したものであることを法定し（厚年78条の13）、その被扶養配偶者（第3号被保険者）が、離婚に際し、一方的に婚姻期間に係る第2号被保険者の標準報酬の分割を請求できる。分割割合は2分の1と法定され、請求があれば強制的に分割される。ただし、分割の対象となるのは、2008（平成20）年4月以降

---

13 従来は、離婚時の公的年金については、民法の財産分与（768条、771条）に基づく清算的財産分与と離婚後扶養の要素があり、離婚当事者が若く、婚姻期間がごく短い場合を除いて、財産分与に際して何らかの形で考慮要素になるとされてきた。退職共済年金の2分の1が離婚時の清算的財産分与の対象とされた裁判例もある（仙台地判平成13・3・22判時1829号119頁）。

の婚姻期間に限定される。

(2) **障害年金給付**

　障害基礎年金は、原則すべての成人障害者に支給され、障害厚生年金は厚生年金保険の被保険者に対して、障害基礎年金に上乗せされる形で支給される。厚生年金の独自給付としては、障害等級3級の者に対する障害厚生年金と障害手当金がある。

　障害基礎年金と障害厚生年金の支給要件は、原則として、①疾病にかかりまたは負傷し、その疾病およびこれらに起因する疾病の初診日において被保険者であったこと、②障害認定日（当該初診日から起算して1年6カ月を経過した日、あるいはその期間に傷病が治った症状が固定した日）に法定の障害等級に該当すること、および初診日の前日においてその前々月までに被保険者期間があり、かつ当該被保険者期間の3分の2以上が保険料納付済期間または保険料免除期間で満たされているとき、である。

　国民年金では、初診日が20歳前にある傷病について、その者が20歳に達したとき、または20歳に達した後に障害認定日があるときには、その障害認定日に、障害等級1級または2級に該当する状態にあるとき、その請求により障害基礎年金を支給する。ただし、本人に一定額以上の所得がある場合、他の公的年金を受けている場合は、その支給を停止される（国年36条の2・36条の3）。

　支給要件のうち、①の初診日について、最高裁は「医学的見地から裁定機関の認定判断の客観性を担保するとともに、その認定判断が画一的かつ公平なものとなるよう、当該傷病につき医師等の診療を受けた日」としている（最判平成20・10・10判時2027号3頁）。②の障害等級については、障害基礎年金では1・2級、障害厚生年金においては1級から3級に該当しなければならない。3級に該当するときには障害厚生年金のみが支給される。

　障害基礎年金の額は、障害等級2級に該当する場合は、老齢基礎年金（満額支給）と同額（2017年で年額79万900円×改定率）で、1級に該

当する場合は、その1.25倍の額とされている（国年33条）。障害厚生年金の額は老齢厚生年金と同様、報酬に比例する。ただし、この場合は、加入期間が25年（300カ月）に満たない場合は300とみなされ、基礎年金のつかない3級障害の場合には最低保障額が設定されている（厚年50条）。このことから、障害基礎年金の給付水準は衣食住にかかる基礎的な生活費を保障しており、障害厚生年金の給付水準は従前の所得を保障しているとされる。[14] 前述のマクロ経済スライドは、障害年金にも適用され、障害年金の給付水準も将来的に低下していくこととなり、とくに基礎的生活費を保障する障害基礎年金への適用については問題が残る。なお、支給期間は、障害認定日（それが20歳前のときは20歳に達した日）の属する月の翌月から、死亡した日など失権事由（国年35条、厚年53条）に該当した日の属する月までである。

　なお、20歳以上の学生については、国民年金の任意加入の時期があり、その時期に、事故などにより障害者となった者が、国民年金に加入していなかったため、障害基礎年金を支給されないのは不当であるとして争われたのが一連の学生無年金障害者訴訟である。東京地裁判決（平成16・3・24判時1852号3頁）は、立法不作為を認め、原告の請求を認容したものの、控訴審判決（東京高判平成17・3・25判時1899号46頁）および最高裁判決（最判平成19・9・28民集61巻6号2345頁）は、学生を任意加入とした措置は、著しく合理性を欠くということはできないとして、原告の請求を棄却した。これらの訴訟を通じて、無年金障害者の救済の必要性が認識され、議員立法で、2004（平成16）年12月に、特別障害者に対する特別障害給付金の支給に関する法律（平成16年法律166号）が制定され、任意加入期間中に任意加入せず障害状態になった学生や被用者の配偶者に対して、月額3万9760円（1級で4万9700円。2014年）の給付金が支給されている。

---

14　福島豪「障害者の社会保障」法学セミナー745号（2017年）43頁参照。

### (3) 遺族年金給付

遺族年金は、被保険者が死亡した場合に、その被保険者等に生計を維持されていた遺族に、一定の要件のもとに支給される。

遺族基礎年金は、①被保険者、②被保険者であった60歳以上65歳未満の者で、日本国内に住所を有する者、③老齢基礎年金の受給権者、④老齢基礎年金の受給資格期間を満たした者のいずれかが死亡したときに、その遺族に支給される。①と②に該当する場合には、死亡日の前日に、死亡日の属する月の前々月までの被保険者期間があるときは、その被保険者期間のうち保険料滞納期間が3分の1未満でなければならない。

遺族厚生年金は、①被保険者、②被保険者資格喪失後、被保険者期間中に初診日のある傷病によって初診日から5年以内に死亡した者、③障害等級1級または2級の状態にある障害厚生年金の受給権者、④老齢厚生年金の受給権者または老齢厚生年金の受給資格期間を満たしている者のいずれかが死亡したときに、その遺族に支給される。

遺族基礎年金の遺族の範囲は、被保険者等が死亡した当時、その者によって生計を維持されていた妻または子である。妻の場合には、18歳到達年度の末日までにある子か、障害等級1級または2級の状態にある20歳未満の子と生計を同じくする者でなければならない。子の場合には、18歳到達年度の末日までにある子か、障害等級1級または2級の状態にある20歳未満の子で、かつ婚姻していない子である（国年37条の2第2項）。これに対して、遺族厚生年金の遺族の範囲は、基礎年金よりも広く、配偶者、子、父母、孫または祖父母であり、被保険者等の死亡当時その者によって生計を維持し、さらに妻以外にあっては、厚生年金保険法59条1項各号に該当することを要する。順位は同条2項による。

遺族年金は、被保険者等の死亡当時、その者により生計を維持されていたことを要件とする（生計維持要件。国年37条の2、厚年59条）。生計維持の認定は、生計同一要件と収入要件からなり、後者については、年収850万円が基準とされている（平成6・11・9社会保険庁通知36号）。こうした遺族の生活保障の趣旨から、法は遺族年金受給者としての「配偶者」を法律上の配偶者に限定せず、事実上婚姻関係と同様の関係にあ

る者、すなわち内縁的配偶者も「配偶者」に含めている（国年5条8項、厚年3条2項）。しかし、法律上の配偶者と内縁的配偶者の双方が存在する、いわゆる重婚的内縁関係にある場合の遺族給付の支給について明文規定はなく、解釈に委ねられている。最高裁は、届出のある婚姻関係が形骸化し、かつ、その状態が固定化している場合は、現実の生活関係を重視して、法律上の配偶者であっても遺族給付を受けるべき「配偶者」に該当しないとしている（最判昭和58・4・14民集37巻3号270頁）。また、厚生年金保険の被保険者である叔父と内縁関係にあった姪の遺族厚生年金受給資格の有無が争われた事案で、最高裁は「事実上婚姻関係と同様の事情にあるもの」（厚年3条2項）に該当するとして、遺族厚生年金の受給権を肯定した（最判平成19・3・8民集61巻2号518頁）。原判決は、本件内縁関係が3親等内の傍系血族間の婚姻関係であることの反倫理性を重視する立場から、受給権を否定したが、最高裁は、当該内縁関係の実態に踏み込んだ判断により、遺族の生活の安定と福祉の向上という厚生年金保険法の趣旨を優先させたといえる。

　遺族基礎年金は国民年金法38条に基づく額と子に対する加算額からなる。被保険者等の死亡の日の属する月の翌月から、同40条に定める失権事由に該当する日の属する月まで支給される。なお、2007（平成19）年4月から、遺族年金の額は、本人の納めた保険料をできるだけ年金に反映させるという観点から、老齢厚生年金を受給できる人にはその老齢厚生年金を優先支給し、差額に相当する遺族厚生年金を支給することとなった（厚年60条）。

## 6　年金財政と運用

### (1) 賦課方式と積立方式

　日本の公的年金制度は、社会保険方式をとっているが、その財政方式によって、賦課方式と積立方式に区分される。

　賦課方式とは、その時々の年金給付に必要な費用を、そのときの被保険者から保険料として徴収する方式であり、積立方式とは、将来必要になる年金給付費に見合うよう必要な保険料を徴収し、事前に積立金を保

有する方式である。賦課方式は、保険料を負担する現役世代と年金を受給する高齢世代との間で世代間扶養が行われる方式といえるが、高齢化など人口構造の変化に影響を受けやすく、現在のように少子高齢化が急速に進展している社会では、将来の世代ほど負担が重くなるという問題がある[15]。積立方式は、こうした人口構造の変化の影響は受けないが、急激なインフレなど経済変動に影響を受けやすく、また、積立金を伴うため、運用のリスクがあるという問題がある。

　日本では、労働者年金保険法（現在の厚生年金保険法）の制定当初は積立方式で始まったが、1948（昭和23）年に、修正積立方式に移行し、現在では、積立金を保有しながら、22世紀までに完全賦課方式に移行しつつある（修正賦課方式）。

### (2) 年金保険料

　年金財源の大半は、被保険者の保険料からなる。国民年金の保険料は定額であり（2016年度で月額1万6260円）、個人で納付する。負担も給付も個人単位であるが、世帯主に世帯に属する被保険者の保険料を連帯して納付する義務を、配偶者の一方に被保険者たる他の保険料を連帯して納付する義務を課している（国年88条の2・3項）。これに対して、厚生年金の保険料納付義務は事業主にあり、事業主は、被保険者の負担分を給与から天引して徴収し、事業主負担部分（半額）とあわせて納付する（厚年82条）。

　国民年金保険料には、障害基礎年金や生活保護を受給した場合など、法律の要件に該当すると保険料が免除となる法定免除（国年89条）と、一定所得以下で自ら申請して免除となる申請免除がある。申請免除には、全額免除、4分の3、2分の1、4分の1の4種類がある（国年90条の2）。保険料が全額免除の場合でも、免除期間中は2分の1の年金額（国庫負担相当分）が給付される。また、20歳以上の学生については、学生本人だけの所得で保険料の納付を猶予する学生納付特例制度がある（国年

---

15　積立方式と賦課方式の長所・短所については、河野ほか119頁（江口隆裕執筆）参照。

90条の3)。これにより、在学中の事故による障害基礎年金の支給要件を満たすことができるが、猶予された期間は、老齢基礎年金額には反映されない（保険料免除期間とみなされない）ため、10年以内にさかのぼって保険料を追納する必要がある（国年94条）。さらに、2016（平成28）年7月以降は、50歳未満（従来は30歳未満）の保険料納付猶予制度も設けられている。

　厚生年金の保険料は、標準報酬月額・標準賞与額に保険料率を乗じて算定される。保険料率は1年ごとに法定されており、保険料水準固定方式の採用により、2017（平成29）年度以降は18.3％で固定される（厚年81条）。標準報酬月額は、労働者の報酬月額に基づき1級から31級まで区分された標準報酬等級表による定められている（同20条）。2003（平成15）年から賞与についても、報酬と同じ保険料率を用いて保険料が賦課される（総報酬制）。ここで賞与とは、賃金、給料あるいは俸給などその名称を問わず、労働者が労働の対価として3カ月を超える期間ごとに受け取るものをいう。

　育児休業中の被保険者は、事業主が年金事務所など実施機関に申し出ることによって、事業主負担分も含めて保険料が免除される。免除期間は、申出をした日の属する月から、育児休業が終了する翌日の属する月の前月までである（厚年81条の2）。産前産後休業期間中についても、同じ方式で、労使双方の保険料が免除される（同81条の2の2）。

### (3) 財政検証と年金積立金の運用

　1でみたように、2004年改正により、おおむね100年間（財政均衡期間）の終了時に、年金給付費1年程度の積立金を保有することを想定し、それまでの間、少なくとも5年ごとに、財政検証が行われることとなった。年金積立金の運用による運用収入と積立金の取り崩しにより年金財政の安定化が図られるよう担ったことがその理由といわれているが、その後の相次ぐ制度改革をみるかぎり、年金財政の安定化が図られたという評価には疑問がある。何よりも、5年ごとの財政検証を前提としないで制度改正が可能となれば、経済変動などに迅速な対応が可能となる一

方で、必要な検証作業なしに拙速な制度改正につながる危険がある。[16]

　国民年金および厚生年金の保険料は、基本的には、年金給付の支払いに充てられるが、その残りは年金積立金とされ、その額は約135兆円にのぼる（2015年度末）。年金積立金は、従来は、国の資金運用部に委託され、財政投融資の原資として運用されていたが、2000（平成12）年の法改正で、厚生労働大臣が自主運用を行うこととなり、2006（平成18）年からは、年金積立金管理運用独立行政法人（以下「GPIF」という。Government Pension Investment Fundの略）が設立され、運用を行っている（国年75条・76条、厚年79条の2・79条の3）。

　年金積立金の運用については、財政検証で想定された必要な運用収入を得るための運用利回りを達成すべく、GPIFが基本ポートフォリオ（資産運用割合）を設定している。そして、2014（平成26）年、それが国内債券35％（それぞれ一定の許容乖離幅が定められており、国内債券で±8％。以下同じ）、国内株式25％（±9％）、外国債券15％（±4％）、外国株式25％（±8％）に変更された（従前保有していた短期資産については、基本的構成割合を設定せず、各乖離許容幅内で保有することとされた）。国内外債券の構成割合を下げ、国内外株式の割合を大幅に引き上げたわけだが（ともに12％→25％）、このことは、株価などが下落した場合には、大きな運用損失が出ることを意味する。そして、実際、2015（平成27）年度は、年金積立金の運用で約5.8兆円の損失が出たことが明らかになっている（2016年7月のGPIFの発表）。

　そもそも、年金積立金は、被保険者から徴収された保険料の一部であり、将来の保険給付の貴重な財源であることから、専ら「被保険者の利益のために、長期的な観点から、安全かつ効率的に行うことにより、将来にわたって、厚生年金保険事業の運営の安定に資することを目的に行うものとする」と規定されている（厚年79条の2）。

　年金積立金の運用が投機的なハイリスクに移行するということは、損失のリスクもそれだけ高くなる。膨大な損失が出た場合、年金積立金の

---

16　同様の指摘に、加藤 31頁参照。

運用に被保険者の意見を反映させるしくみが十分でなく、責任の所在もあいまいなままでは、結局、だれも責任をとらず損失のツケは、年金保険料の引き上げとして、国民に回ってくることになる。ギャンブル的な年金積立金の運用は中止し、運用の透明性を確保した上で、安定運用を行うべきであろう。

## 7 不服申立てと行政訴訟

年金各法では、被保険者資格に関する処分、給付に関する処分、保険料その他徴収金に関する処分に不服がある者は、社会保険審査官に対して審査請求をし、その決定に不服がある者は、社会保険審査会に対して再審査請求することができる旨の規定が置かれている（国年101条1項、厚年90条1項・91条）。審査請求をした日から2月以内に決定がないときは、審査請求人は、社会保険審査官が審査請求を棄却したものとみなすことができる（国年101条2項、厚年90条2項）。

不服申立てと行政訴訟の関係については、審査請求前置（国年101条の2、厚年91条の3）が採用されている。これは、不服申立て件数が大量であるとの理由による。従来は、行政訴訟の提起には、社会保険審査官に対する審査請求と社会保険審査会に対する再審査請求を経る必要があったが（いわゆる二重前置）、行政不服審査法の改正（2016年4月施行）により、二重前置が廃止され、現在は、社会保険審査会への審査請求の前置のみが義務付けられている（国年101条の2、厚生91条の3）。

なお、年金法では、時効に関して特則が置かれており、年金給付を受ける権利（基本権のみならず支分権も含む）は5年、保険料その他の徴収金の徴収権などは2年で消滅する（国年102条、厚年92条）。年金給付を受ける権利の時効の起算点は、国民年金法では「支給事由が生じた日」（国年102条1項）とされ、厚生年金保険も同様と考えられている。[19]

---

17 年金積立金の運用の問題点について詳しくは、伊藤・消費税175頁以下参照。
18 宇賀克也『解説・行政不服審査法関連三法』（弘文堂、2015年）222-223頁参照。
19 堀・年金保険法350頁参照。支分権も基本権と同様に考えられる。

## 8 年金法の課題

### (1) 年金制度改革のゆくえ

1でみたように、1990年代に給付抑制路線へ転換した年金制度改革は、安倍政権のもとで、さらに給付抑制の方向が鮮明となっている。2016（平成28）年12月には、相次ぐ強行採決により、「公的年金制度の持続可能性の向上を図るための国民年金法等の一部を改正する法律」（以下「年金制度改革法」という）が成立した。

年金制度改革法の主な内容は、①500人以下の企業も、労使の合意に基づき、企業単位で短時間労働者への被用者保険の適用拡大を可能すること（2016年10月施行。501人以上の企業等を対象に、2016年10月から適用拡大することは、前述の年金機能強化法ですでに法定化され実施されている）、②国民年金第1号被保険者の産前産後期間の保険料を免除し、免除期間は満額の基礎年金を保障、この財源として国民年金保険料を月額100円程度値上げすること（2019年4月施行）、③年金額の改定ルールの見直し、④GPIFの組織等の見直しとなっている。

このうち、③については、物価・賃金の上昇が小さい場合や賃金・物価が下落する場合に、マクロ経済スライドの名目下限措置を維持したうえで、未調整分を翌年度以降に繰り越すしくみ（次年度以降の賃金・物価が上昇した時期に、未調整分もあわせて年金給付を引き下げるしくみ、いわゆる「キャリーオーバー制度」）を導入する。同時に、賃金変動が物価変動を下回る場合に賃金変動に合わせて年金額を改定する（引き下げる）しくみも導入される。賃金と物価がどのような局面であっても年金給付は上がらず、抑制と削減が徹底される。

さらに、年金の支給開始年齢の引き上げが検討されている。政府試算では、支給開始年齢を1歳遅らせると、5000億円の公費削減効果があるとされているが、老後不安を増幅させるため、世論の反発が強い。実際、民主党政権時の2011（平成23）年10月、厚生労働省は、厚生年金の支給開始年齢を68～70歳に引き上げる案を提示したが、世論の反発が強く、すぐに引っ込めざるをえなかった。

第3章　年　金

　現在、国民年金（老齢基礎年金）の支給開始年齢は原則65歳になっており、厚生年金（老齢厚生年金）については、60歳から65歳に段階的に引き上げられている途上にある。男性の厚生年金の定額部分については、2013（平成25）年4月に65歳への引き上げが完了し、報酬比例部分の引き上げが、2025年に向け開始されている（女性の厚生年金については男性から5年遅れて引き上げ）。こうした中で、さらなる引き上げを持ち出すのは、政治的には難しく、いまのところ提案されていないが、年金部会では、何人かの委員が引上げの必要性に言及しており、早晩、提案されてくることは間違いないだろう。

　確かに、日本を除く先進諸国では、高齢化に伴う年金財政の悪化に対処するため、年金支給開始年齢の引上げに取り組んできている。しかし、雇用に定年制度が存在し、就労希望者を年金支給開始年齢の65歳まで雇用継続する体制が整っているとはいいがたい日本の現状では、年金支給開始年齢の引き上げには問題が多い。雇用の定年延長を進めるため、65歳以上の雇用継続希望者に対して、企業に雇用を義務づける内容の改正高年齢者雇用法（高年齢者等の雇用の安定等に関する法律）が成立したものの、企業の雇用義務は、あくまでも努力義務にすぎず、65歳定年制度を導入しているのは、現時点でも全企業の4割程度で、希望者全員が、65歳まで働ける企業の割合は、大企業でも、全体の24％程度にとどまっている（厚生労働省「高齢者の雇用状況」による）。このまま、年金の支給開始年齢の引き上げを行えば、雇用が継続されず、年金も支給されない無収入の高齢者が大量に発生することになろう。

(2)　**最低保障年金の実現に向けて**

　これまでみてきたように、そもそも年金水準が一般市民の生活費の半分程度に設定されていること、物価下落率の認定が生鮮食料品などを除外し、医療・介護保険料の値上げ分を考慮していないことなどから、マクロ経済スライドの適用による既裁定年金の引き下げには慎重な配慮が求められる。少なくとも、基礎年金部分はマクロ経済スライドの適用から除外すべきと考える。

厚生労働省の先の財政検証は、日本の年金給付水準は高すぎるとの前提に立ち、現行の年金制度維持のために、マクロ経済スライドにより給付水準を引き下げようとしているわけだが、OECD（経済開発協力機構）諸国の公的年金給付費の対GDP（国民総生産）比のデータでみると、日本はOECD34か国中第9位程度で、決して高すぎるわけではなく、先進国に限定してみると、むしろ中位程度にある。

　しかも、基礎年金だけの受給者（とくに女性が多い）の場合、月4〜5万円という受給者も少なくなく、この程度の年金水準では、単身で資産がなければ生活保護を受けなければ生きていけない。実際に、生活保護受給者の半分以上は高齢者世帯が占めており、高齢者受給世帯の9割は単身世帯である（第2章2参照）。現在の膨大な保険料滞納者・免除者は、将来的に無年金・低年金者となる可能性が高く、少なくとも、基礎年金については、税方式による最低保障年金制度を確立すべきだろう。そして、最低保障年金の財源は、消費税ではなく、累進性の強い所得税や法人税などを充てるのが望ましい（第8章第1節参照）。

　また、当面の改革として、老後の所得保障制度としての年金制度の趣旨から、保険料免除期間の年金額も満額支給とする改革が早急に求められる。同時に、そもそも、年金制度を維持するために（年間支給額56兆円）、巨額の積立金（130兆円超、年間支払額の2.5倍）を保持していく必要があるのかも疑問である。年金積立金の市場運用の規制を強化して、現在のギャンブル的な運用をやめさせ、積立金の計画的な取り崩しによる給付の拡充（とくに老齢基礎年金の給付額の生活保護基準レベルへの引き上げ）を行う必要がある。具体的には、年に10兆円取り崩し支給額に上乗せする（年間支給額を66兆円に）。その上乗せ分を基礎年金部分に使えば、低年金受給者の暮らしの改善に役立つとの指摘もある。[20]

---

20　山家悠紀夫「社会保障とその財源を考える（下）―社会保障支出を賄う財源は十分に生み出せる」保情475号（2016年）13頁参照。

# 第4章 社会手当

## 1 社会手当の意義と沿革

### (1) 社会手当の意義と種類

　前章では、高齢者の基礎的な所得保障について、税財源（公費負担方式）による最低保障年金による給付を提言したが、こうした給付は、社会保障を構成する社会保険にも公的扶助にも属さない、いわば社会保険と公的扶助の中間的形態である無拠出現金給付であり、「社会手当」と呼ばれる（第1章第1節参照）。

　社会手当の特徴を、公的扶助と社会保険との比較において明らかにしておこう。公的扶助は、受給者の個別的なニーズに応じた金銭やサービスを提供する給付だが、受給者の事前の拠出を前提とせず、給付に必要な費用は、国や地方公共団体の一般財源で賄われる。受給者の事前の拠出を前提としないが、通常は、給付の要件として、受給者の個別的な状況を把握するための資産調査（ミーンズテスト）が行われる。これに対して、社会保険は、老齢や傷病などの事由（保険事故）に際して、必要な金銭やサービスを提供する給付である。公的扶助のように個別的なニーズに対応せず、定型的な事由に対して定型的な給付を行う。受給者の拠出（保険料の支払い）を前提とし、給付に必要な費用は、保険料を原資とする地方公共団体などの特別会計によって賄われる（ただし、一部に公費負担がなされる場合が多い）。拠出と給付の対応関係が認められる点に特徴がある。

　公的扶助と社会保険については、すでに19世紀末から、ヨーロッパ諸国において、それぞれが独自の発展を遂げていた。20世紀前半の大恐慌による失業の激増に対応するため、既存の失業保険に失業扶助が制度化され、公的扶助と社会保険の交錯現象が生じた。そして、第2次世

界大戦後に、社会保険財政への国庫負担の拡大などにより両者の統合をはかる形で社会保障制度の確立がめざされたことは前述したとおりである（第1章第1節参照）。社会保障の概念が広く普及するのもこの時期で、公的扶助と社会保険のそれぞれの短所を修正・克服し、発展的に統合していくことが、社会保障の課題ととらえられた。社会手当は、受給に際して、社会保険のような保険料負担（拠出）を前提とせず、生活保護のような厳格な資産調査も課されないで給付が行われるという意味で、まさに公的扶助と社会保険の長所といわれる部分を「折衷的に採用した給付」[1]といえた。

社会手当は、1926年のニュージーランドでの児童手当を嚆矢として、フランス、イギリスなどの国々で制度化され、児童に対する手当を中心として発展を遂げてきた。そして、所得制限の有無で、それがない普遍的社会手当（デンマークの基礎年金、ニュージーランドの年金、スウェーデン、イギリス、フランスの児童手当など）とそれがある選別的社会手当（日本の社会手当など）とに大きく区分される。

日本の社会手当は、児童手当、児童扶養手当、特別児童扶養手当、特別障害者手当などがあり、いずれも所得制限がある。そのほか、無拠出の現金給付であることにおいて社会手当と位置づけることができる老齢福祉年金、さらに20歳前に障害を負った者に対する障害基礎年金がある（第3章2参照）。

### (2) 日本の社会手当の沿革

日本の社会手当は、18歳未満の児童を対象としたものを中心に形成されてきた。まず、1959（昭和34）年制定の国民年金法により、無拠出の福祉年金のひとつとして、死別母子世帯に対する母子福祉年金が設けられた。しかし、経済的、社会的に多くの困難をかかえているという点では、死別、生別を問わず同じであることから、離婚等による生別母子世帯についても、社会保障施策として、1961（昭和36）年に児童扶

---

1 加藤ほか126頁（倉田聡執筆）参照。

養手当法が制定された。その後、1985（昭和60）年の基礎年金導入に伴って、母子福祉年金が廃止されたことから、同年の法改正により、生別死別を問わず「父と生計を同じくしていない児童」を対象とする制度へと変更された。これに対して、児童を養育している一般家庭には、個別企業の賃金の一部である扶養手当という形で（いわば企業福祉として）、また、扶養控除などによる税制上の優遇措置という形で対応がなされてきたため、社会手当の制度化は大幅に遅れ、ようやく、1971（昭和46）年に児童手当法が制定され、翌年より支給が開始された。

　一方、障害者（児）に対する所得保障を目的として、1964（昭和39）年に、特別児童扶養手当等の支給に関する法律（特別児童扶養手当法）が制定された（当初名は重度精神薄弱児扶養手当法。1966年に名称変更）。同法は、当初は、重度の知的障害児を扶養する者への所得保障給付として位置づけられたが、1985（昭和60）年の法改正により、著しい重度の障害をもつ成人も対象とするようになった。その後、学生無年金障害者訴訟の提起を受けて、議員立法により、2004（平成16）年に、特定障害者に対する特別障害給付金の支給に関する法律が制定された（2005年4月施行）。

　以上のように、日本の社会手当は、公的年金制度から漏れた人やその不足する部分を補完するしくみとして確立し、主に障害と児童にかかわる所得保障制度として機能してきた。児童手当以外は、特定の世帯を対象とした限定的な手当にとどまり、ヨーロッパ諸国の家族手当のような普遍的な社会手当としての発展は見られなかった。その児童手当も、長期にわたり、支給対象が第3子以降に限定され、手当額も低い水準に据え置かれた。1980年代に入り、少子化の進行を受け、第2子、第1子まで対象となったが、公費負担増を避けるため、対象年齢は3歳未満児に引き下げられた。2000（平成12）年以降、段階的に小学校修了まで特例給付が支給されるようになり、2007（平成19）年度からは、3歳未満

---

2　河野ほか180頁（福田素生執筆）は、この時期、物価スライドもあり、給付額が大幅に改善された年金や児童扶養手当などと比べ、児童手当の実質的価値は大幅に下落したと指摘している。

児の手当が一律1万円に引き下げられた。こうした給付対象の拡大は、主として税制上の扶養控除の見直し（配偶者特別控除の廃止など）により捻出された財源で行われた点に特徴がある。また、3歳以上などの分が附則に基づく暫定的な給付であり、費用負担も、3歳を境にして被用者か否かなどで異なり、複雑な制度設計であった。

　こうしたなか、2010（平成22）年に、当時の民主党政権のもとで、所得制限なしで、中学生以下の子どものいる世帯に支給する子ども手当（子ども1人当たり月額1万3000円支給）が創設され、日本でも、ようやく普遍的な社会手当の制度化がなされたかにみえた。当初は、支給に必要な財源を、扶養控除などを廃止し（年少扶養控除は廃止され、特定扶養控除は縮減された）、全額を国庫で賄うとされたが、支給に必要な財源確保のめどがたたなくなり、単年度立法によるつなぎを繰り返し、全額（2万6000円）支給は、結局実現できず、民主・自民・公明の3党合意により、子ども手当は廃止され、2012（平成24）年度から、所得制限つきの児童手当が復活、現在に至っている。ただし、内容的には、子ども手当の性格が相当程度残存しており、制度の連続性はみられる。[3]

## 2　児童手当

　児童手当は、児童一般を対象とする日本における代表的な社会手当であり、家庭等における生活の安定と次代の社会を担う児童の健やかな成長を目的としている（児手1条）。

　支給対象は0歳児から中学終了前（15歳に達する日以後の最初の3月31日まで）の児童である（児手4条1項）。児童は原則として日本国内に住所を有することが求められる（児手3条1項）。支給額は、3歳未満児に月額1万5000円、3歳以上小学校修了前の第1子、第2子に月額1万円、第3子以降には月額1万5000円、中学生は月額1万円である（児手6条）。政令で規定された所得額（夫婦と子ども2人の場合、収入が多い方の年収がおよそ960万円）以上の世帯は所得制限の対象となるが

---

3　同様の指摘に、菊池 196頁参照。

（児手5条、児手令1条）、当面の間、特例給付として児童1人につき月額5000円が支給されている（児手附則2条）。

児童手当の受給資格を有するのは、児童を監護し、かつ生計を同じくする父母等、もしくは未成年後見人、あるいは、日本国内に住所を有しない父母等が生計維持をしている児童と同居し、これを監護し、かつ生計同一関係にある者で、父母等が指定する父母指定者、または支給対象年齢の児童が入所委託されている里親、施設等の設置者である（児手4条）。これまで、児童手当の受給資格は原則として児童の養育者に限られ、親の遺棄、虐待などにより家庭以外の施設などで生活せざるをえない児童（以下「施設入所等児童」という）については手当が支給されてこなかったが、里親、施設等の設置者を介して手当が支給されることになった。ただし、施設入所等児童の養育費については、公費である措置費で賄われている場合もあり、行政解釈では、措置費の対象となる費用（学校給食費等）を児童手当から支払うことは適当でないとされている。

児童手当の財源負担は、被用者の3歳未満児にかかる手当の財源は、およそ半分を事業主からの拠出金で賄い、残り半分のうち3分の2を国が、3分の1を地方が担う（児手18条1項）。被用者以外の3歳未満児および被用者ならびに被用者以外の3歳から中学校終了前の児童にかかる手当は、いずれも国が3分の2を負担し、地方が3分の1を負担する（児手18条2項・3項）。所得制限世帯に対する特例給付は、いずれの児童についても、国が3分の2を負担し、地方が3分の1を負担する（児手附則2条）。なお、公務員に関しては、すべて所属庁の負担となる（児手18条4項）。

事業者拠出金は、厚生年金保険法の事業主などから徴収し、その金額は、付加標準（標準報酬月額・標準報酬賞与額）に、当該年度において児童手当の支給に要する費用の予想総額を基準に算定される拠出金率を掛けて算定される（児手20条・21条）。児童手当予算は、年金特別会計の児童手当法勘定で管理されている。

なお、児童手当法に基づく児童手当と国民年金法・厚生年金保険法に基づく年金給付との重複があった場合には、併給が認められている。前

者は、児童養育のための特別の支出増に対する所得保障であるのに対して、後者は稼動能力の喪失に基づく所得の喪失に対する給付であるとの理由による[4]。

## 3 児童扶養手当

### (1) 児童扶養手当法の目的と支給対象

児童手当が、児童一般を対象とするのに対して、児童扶養手当は、主として、ひとり親世帯の児童を対象とする手当である。従来は、母子世帯などしか対象とされていなかったが、2012（平成22）年より、父子世帯も対象となった。児童扶養手当法の目的は「父若しくは母と生計を同じくしていない児童が育成される家庭生活の安定と自立促進、及び児童の福祉の増進」を図ることである（児扶手1条）。また、児童扶養手当は、児童の心身の健やかな成長に寄与することを趣旨として支給され、その支給は婚姻を解消した父等の扶養義務の程度・内容は変更しないとされている（同2条）。

児童扶養手当の支給対象は、①父母が婚姻を解消した児童、②父母のいずれかが死亡した児童、③父または母が政令で定める程度の障害の状態にある児童、④父または母の生死が明らかでない児童、⑤そのほかにこれらに準じる児童で政令に定める児童、を監護する母もしくは、監護し生計を同じくする父である（児扶手4条1項）。これらに加え、2012（平成24）年8月より、配偶者からの暴力により家庭裁判所からの保護命令が父または母に出されている児童も支給対象となった（児扶手令1条の2・1条の3）。

なお、ここにいう「児童」は、18歳に達する日以後の最初の3月31日までの間にある者、または20歳未満で政令に定める程度の障害の状態にある者をさし（児扶手3条1項）、「配偶者」「父」には事実上婚姻関係と同様の事情にあった者も含まれる（児扶手3条3項）。

---

4 河野ほか 22頁（河野正輝執筆）参照。

## (2) 支給額と2002年改正の問題点

　児童扶養手当の支給額は、支給額は、2人世帯（受給資格者1人、児童1人）の場合、収入が130万円未満で満額月4万1720円、そこから10円刻みで収入365万円未満まで収入額に応じて減額される（最低額9910円。2015年度）。年金制度同様、毎年の物価スライドに応じて、手当額を改定する自動物価スライド制度が導入されているが、物価下落時に手当額を据え置いてきたことで、本来の額よりも高い水準（特例水準）で手当額が支給されていたとして、年金給付同様、2013（平成25）年10月から3年間にわたって、1.7％ほど段階的に引き下げられた。

　しかも、2002（平成14）年の児童扶養手当法の改正（以下「2002年改正」という）により、受給者の自立の促進と称して、支給期間が5年を超える者について、一部支給停止規定が置かれ（児扶手13条の2第1項）、2008（平成20）年度より、手当額が2分の1減額となる政令改正が行われた（児扶手令7条）。就業、求職活動その他厚生労働省令で定める自立を図るための活動をしていれば減額されない扱いであるが（児扶手13条の2第2項、児扶手令8条）、法文上、原則減額の扱いとなったことは、児童扶養手当が従来の手当の性格を大きく変えたことを意味する[5]。なお、同改正では、父（母）からの養育費が支払われた場合は、その80％相当が母（父）の所得に算入されることとなった（同9条2項）。

　2016（平成28）年度から、児童扶養手当の支給額が、第2子につき月額1万円、第3子以降同6000円に引上げられたものの、予算計上額は28億円増にとどまる。前述のように、すでに、特例水準解消と称して、児童扶養手当は1.7％減、約51億円削減されてきているから、削減前の水準にも戻っていない。日本の場合、母子家庭の母親の就労率は80％を超えており、きわめて高いにもかかわらず、ひとり親世帯の貧困率は、OECD（経済協力開発機構）諸国で最悪水準である。このことは、

---

[5] 山田晋「児童手当法・批判」山口経済雑誌58巻5号（2010年）651頁は、この改正により「従来の社会保障法とは異質の要素」が導入されたとしている。また、福田素生「子育ち・子育て支援の法体系とその展開」新講座2 100頁は、2002年改正を、母子家庭の実情を踏まえず、「就労による自立支援」という理念を都合よく利用しただけと批判している。

就労している母親の大半が非正規雇用であり、ワーキングプアであることを意味する。児童扶養手当の支給額の大幅引き上げとともに、受給期間が5年を超えた場合の減額措置は大幅に限定されて運用されているとはいえ、法令上残っている児童扶養手当法13条の2などの規定を削除する改正が早急に必要と考える。[6]

### (3) 児童扶養手当をめぐる裁判例とその論点

児童扶養手当をめぐっては、障害福祉年金との併給調整が憲法14条・25条に反するかが争われた堀木訴訟がある。第1審判決（神戸地判昭和47・9・20行集23巻8＝9号711頁）は憲法14条違反を認めたが、控訴審判決（大阪高判昭和50・11・10行集26巻10＝11号1268頁）、最高裁判決（最大判昭和57・7・7民集36巻7号1235頁）は児童扶養手当を母子福祉年金の補完的制度であり、受給者の所得保障という点で公的年金制度と同一の性格を有し、複数事故の場合の併給調整は、立法裁量の範囲に属するとして、広い立法裁量を認め、併給調整を合憲とし原告の請求を退けた（第1章第2節参照）。

堀木訴訟第1審判決を受けて、1973（昭和48）年法律93号による法改正が行われ、同事件で問題となった児童扶養手当法4条2項・3項（2014年改正前のもの）の「公的年金給付」は「国民年金法に基づく障害福祉年金及び老齢福祉年金以外の公的年金給付」と改められ、障害福祉年金と児童扶養手当の併給が認められることとなり、立法的な解決が図られた。しかし、基礎年金制度を創設した1985（昭和60）年法律34号によって、前記文言は「国民年金法等の一部を改正する法律附則第32条第1項の規定によりなお従前の例によるものとされた同法第1条による改正前の国民年金法に基づく老齢福祉年金以外の公的年金給付」と改正され、改正法附則第32条第1項の規定によって、障害福祉年金は障害基礎年金に切り替えられ、この改正の結果、児童扶養手当と障害基礎年金との併給調整が再び行われることとなった。そのため、わずかな

---

[6] 同様の指摘に、日本弁護士連合会編『日弁連・子どもの貧困レポート―弁護士が歩いて書いた報告書』（明石書店、2011年）220頁参照。

額の公的年金等を受給できることで、児童扶養手当が支給されない事例が生じていた。その後、見直しがはかられ、2014（平成26）年の法改正により、公的年金等を受給している場合でも、その額が児童扶養手当額に満たない場合には、その差額を受給できるようになった（児扶手13条の2、児扶手令6条の3）。

なお、児童扶養手当法施行令1条の2は、児童扶養手当法4条に列挙された児童に準じる児童を規定しているが、1998（平成10）年改正前の同条3号は「母が婚姻に寄らないで懐胎した児童（父から認知された児童を除く。）」と定めていたため、婚姻外の児童については、父が認知すると、児童扶養手当の支給が打ち切られていた。この違憲性（憲法14条違反）が争われた裁判で、最高裁は、事後的に認知された婚外子も児童扶養手当法が保護しようとする児童の範囲に含まれるとし、上記政令の括弧書部分を法による委任の範囲を超えるものとし無効とした（最判平成14・1・31民集56巻1号246頁）。その後、施行令から括弧書部分が削除されたので、立法的な解決がはかられている（第1章第2節参照）。

## 4　特別児童扶養手当と特別障害給付金

### (1) 特別児童扶養手当、障害児福祉手当、特別障害者手当

その他の社会手当としては、特別児童扶養手当法に規定されている特別児童扶養手当、障害児福祉手当、特別障害者手当がある。

特別児童扶養手当は、精神または身体に障害を有する20歳未満の児童を監護する父もしくは母または父母に代わって児童を養育している者に支給される（特児扶手3条）。支給額は障害児1人について、月額3万3300円（障害等級1級に相当する障害児には5万円）である。障害児福祉手当は、精神または身体に障害を有する20歳未満の児童のうち、政令で定める重度の障害を有する者（重度障害児）に、月額1万4170円が支給される（同18条）。特別障害者手当は、20歳以上であって政令で定める程度の著しい重度の障害の状態にあるため、日常生活において常時特別の介護を必要とする者（特別障害者）に対し、月額2万

6050円が支給される（同26条の3）。なお、障害児福祉手当と特別障害者手当は、重度障害児または特別障害者が肢体不自由児施設や身体障害者療護施設等に入所している場合には支給されない（同17条1項2号・26条の2）。

　障害児福祉手当と特別障害者手当の費用は、その4分の3を国が、残りの4分の1を都道府県または市町村が負担する（同25条・26条の5）。これに対して、特別児童扶養手当の費用は全額国庫負担となっている（同3条）。

(2) **特別障害給付金**

　第3章でみたように、国民年金は、20歳以上の国民を強制加入としているが、被用者の扶養する専業主婦については、1985（昭和60）年の基礎年金制度の導入まで、学生については、1989（平成元）年の法改正まで任意加入とされてきた。そのため、任意加入していない学生などが、加入前に障害を負った場合には、障害基礎年金が支給されなかった。これを不服とする訴訟（いわゆる学生無年金障害者訴訟）が、2001（平成12）年以降、全国各地で提起され、最初の東京地裁判決（平成16・3・24判時1852号3頁）を最初として、3地裁（新潟、広島）で違憲判断が下された。しかし、高裁段階では合憲判決が相次ぎ、最高裁も合憲判断を示した（最判平成19・9・28民集61巻6号2345頁）。これらの一連の裁判を契機として、この問題について立法的に解決をはかるべく、議員立法により、2004（平成16）年に「特定障害者に対する特別障害給付金の支給に関する法律」が制定された（施行は翌年から）。

　同法に基づく特別障害給付金制度は、①1986（昭和61）年3月31日以前に障害にかかる初診日がある被用者年金各法の被保険者等の配偶者、②同様に、1992（平成4）年3月31日以前に障害にかかる初診日がある学生等（これらを「特定障害者」という。同法2条）を対象に、国民年金法等にいう障害等級2級の者に月額3万9760円、同1級の者に月額4万9700円の特別障害給付金を支給するものである（同法4条・5条）。

　この給付金にかかる費用は、全額国庫負担とされている（同法19条）。

ただし、同制度は、任意加入の扱いになっていた無年金障害者を救済するものであるため、それ以外の理由による無年金障害者は給付対象とされない。

## 5 社会手当受給権をめぐる問題

### (1) 受給権認定の法的性質

社会手当の多くは、それを受給するためには、受給資格および手当の額について、行政機関による認定を受けなければならない。たとえば、児童手当では市町村長（児手7条・8条）、児童扶養手当と特別児童扶養手当では都道府県知事（児扶手6条・特児扶手5条）、障害児福祉手当と特別障害者手当では福祉事務所の管理を行う地方自治体の長（特児扶手19条）による認定が必要となる。特別障害給付金についても、厚生労働大臣が請求にもとづいて認定を行う（特定障害者に対する特別障害給付金の支給に関する法律6条）。

この認定の法的性質は、行政解釈では、年金受給権のような確認行為ではなく、受給権形成行為（設権行為）と解されている[7]。無拠出制の社会手当の場合には、行政の決定（認定）以前の給付請求権を抽象的なレベルでも観念できないという解釈に基づく。しかし、児童手当については、かなりの部分が事業主等からの拠出金で賄われていることや、児童手当の給付要件・効果が年金保険と同程度に詳細であることから、あえて年金と異なる方式の給付決定を用いたことに対する正当化の根拠が十分あるかは疑問とする見解もある[8]。私見でも、支給要件の認定（確認）に基づく支給決定については、行政機関の裁量の余地はほとんどなく（児童手当であれば、子どもが生まれた時点）、手当の認定についても、年金受給権の裁定と同様に、確認行為（処分）と解するべきと考える。

---

[7] 児童手当研究会監修『児童手当法の解説（5訂）』（中央法規出版、2013年）139頁参照。堀・総論 228頁も参照。
[8] 原田 292頁参照。

### (2) 社会手当受給権の発生時期

問題は、これらの手当について、受給権がいつから発生するかである。社会手当の支給要件は、社会保険と類似した定型的な事由であることが通例であるため、支給要件を充足する事実が発生した時点（たとえば、児童手当であれば子どもが生まれた時点）で、受給権が発生すると考えることもできる（遡及主義）。しかし、行政解釈は、前述のように、認定を受給権形成行為と解しており、また社会手当の申請主義を重視する立場から、社会手当の受給権（請求権）は、支給要件が充足された時点ではなく、受給者が申請を行った時点から発生するとしており、判例も同様である（永井訴訟に関する京都地判平成3・2・5判時1387号43頁）。実際に、法律上も、たとえば、児童扶養手当では、受給資格者が認定を請求した日の属する月の翌月（法7条1項）に支給される非遡及主義をとっている。

非遡及主義を採用する現行制度のもとでは、受給要件が生じた場合であっても、受給者が適切に申請権を行使できなければ、社会手当を受給することができなくなる。裁判例には、この点を重視し、申請権が適切に行使されるようにするための行政庁の積極的な広報・周知義務を認めたものもある（前掲京都地判）。しかし、その控訴審判決（大阪高判平成5・10・5訴月40巻8号1927頁）および最高裁（最判平成10・9・10判時1654号49頁）は、制度に関する行政庁の一般的な広報義務や周知徹底義務の存在を否定した。

さらに、児童扶養手当の請求・相談者に対し「児童扶養手当は母子家庭のみにしか支給されない」という間違った回答をして児童扶養手当の認定請求書の交付を拒否し、給付の種類・受給要件の内容を教示しなかった市職員の行為について過失を認めたものの、損害（手当が受けられなかったこと）との因果関係を否定して国家賠償法上の賠償責任を否定した事例（大阪高判平成17・6・30判例自治278号57頁）もある。

### (3) 受給権の保護

社会手当の受給権は、他の社会保障給付の受給権と同様、受給権保護

の規定が置かれている。児童手当と児童扶養手当についてみると、受給権を譲渡し、担保に供し、差し押さえることができないとされ（児手15条、児扶手24条）、公課が禁止されている（児手16条、児扶手25条）。また、支給を受ける権利にかかる時効（2年。児手23条1項、児扶手22条）、徴収金にかかる厚生労働大臣に対する審査請求前置（児手25条、児扶手20条）の規定が置かれている。

なお、児童手当は一身専属的な受給権であり、差押禁止財産とされているが、その支給を受けた者の銀行口座に振り込まれ預金債権に転化した場合も、処分行政庁が、特定の口座に振り込まれる日を認識した上で、それが振り込まれた直後に預金債権を差し押さえたのは、実質的には、児童手当の受給権自体を差し押さえたのと変わりがなく、差押処分を違法とした判例がある（広島高裁松江支判25・11・27金判1432号8頁）[9]。妥当な判断といえる。

## 6　社会手当の課題

以上みてきたように、日本の社会手当は、他の先進諸国に比べて、選別的性格が強く、手当額も不十分といえる。なかでも、児童手当は、基本的な理念があいまいなまま、繰り返し変遷を重ねており、子育て世代の育児費用の補完という点では、きわめて不十分な金銭給付にとどまっている。また、子ども・子育て支援新制度の実施に伴い、児童手当は子ども・子育て支援給付の一部に組み込まれ（第6章第3節参照）、児童扶養手当や他の社会手当との整合性がますます不明確になっている。児童扶養手当についても、母子福祉年金の補完的制度という、あいまいな性格付けで実施され、その後の改革でも児童手当との関係は整理されず、さらに、前述の2002年改正で、所得制限が強化されたばかりでなく、そこからの「自立」をめざすべきもの、社会手当というよりは、公的扶助・生活保護類似の制度に変質させられつつある[10]。

費用負担の面では、児童手当について一部だが事業主拠出金が導入さ

---

9　同判決については、勝俣彰仁「自治体による違法な差押え（救済と是正）―鳥取県児童手当差押え事件判決を活かす」賃社1614号（2014年）13頁以下参照。

れているが、この趣旨は、児童の健やかな成長に資することを通じて、将来の労働力の維持確保につながる効果が期待できるためと説明されている[11]。拠出金は、社会保険料徴収の法的枠組みを利用しているものの、その拠出記録が個々の被用者の給付に結びつかないなど、社会保険における事業主負担と異なる性格を有している。かりに事業主拠出金が憲法84条にいう租税に当たるとすれば、現在の拠出金算定方法の定め方は、租税法律主義に反するとの指摘もある[12]。今後は、費用負担のあり方を含めた議論が必要となろう。

　児童手当については、支給対象を18歳未満にまで引き上げ、支給額を年齢に応じて減少させず一律2万円程度とすること、所得制限を設けず、高所得者については、税の累進性を強化して税負担等で負担してもらう形にすべきと考える。また、児童扶養手当についても、所得制限をなくし、支給額を大幅に引き上げるとともに、将来的には、児童手当との統合をめざしていくべきである。さらに、児童手当の一環として、低所得世帯への家賃補助として住宅手当の創設を検討すべきであろう[13]。

---

10　同様の指摘に、北明美「『構造改革』下における社会手当の貧困とジェンダー問題」ポリティーク12号（2006年）173頁参照。
11　児童手当研究会監修・前掲注(7)3頁参照。
12　碓井　440頁参照。
13　同様の指摘に、福田・前掲注(5)107頁参照。

# 第 5 章　医療保障

## 第 1 節　医療保障法の沿革と体系

### 1　医療保障法の沿革

　日本では、世界的にも比較的早い時期の 1922（大正 11）年に、業務上・外の傷病を給付対象とする健康保険法が制定された（制定の翌年に関東大震災が発生し、実施は 1927 年から）。さらに、1938（昭和 13）年には、昭和恐慌下の農民窮乏化対策の一環として、自営業者を対象とした国民健康保険法が制定された[1]。その後、戦時体制の強化にともない、1942（昭和 17）年には、国民健康保険法が改正され、国民健康保険組合が全国の市町村の 9 割以上で設立されたものの、戦争の激化の中で、事実上、医療保険は機能不全に陥った。

　戦後、1947（昭和 22）年に、労働者災害補償保険法（労災保険法）が制定され、業務上傷病については健康保険の対象外となるとともに、1959（昭和 34）年には、国民健康保険法が全面改正され、国民健康保険が市町村を保険者とする強制加入制度となった。1961（昭和 36）年 4 月から、同改正法が施行され、全市町村において国民健康保険事業がはじまり、すべての国民がいずれかの医療保険の適用を受ける「皆保険」がスタートした。

　1973（昭和 48）年には、老人福祉法の改正により、医療保険における高齢者の一部負担金を老人福祉の税財源によって全額負担することで、

---

[1]　当時の市町村国民健康保険は、市町村単位の組合が保険者となる組合方式であった。こうした方式が採用された理由について詳しくは、新田秀樹『国民健康保険の保険者』（信山社、2009 年）53 頁以下参照。

**年表 3　医療保障法の沿革と医療制度改革**

| 年 | 内容 |
|---|---|
| 1922（大正 11）年 | 健康保険法の制定（実施は、1927 年から） |
| 1938（昭和 13）年 | 国民健康保険法制定（任意加入） |
| 1947（昭和 22）年 | 労働者災害補償保険法の成立により、健康保険法を改正（業務上の傷病に対する給付の廃止） |
| 1958（昭和 33）年 | 国民健康保険法改正（皆保険へ－1961 年から） |
| 1973（昭和 48）年 | 老人医療無料化、高額療養費支給制度の創設 |
| 1982（昭和 57）年 | 老人保健法制定（実施は、1983 年から） |
| 1984（昭和 59）年 | 健康保険法改正（退職者医療制度の創設、本人 1 割負担） |
| 1986（昭和 61）年 | 老人保健法改正（一部負担金の引き上げ、老人保健施設の創設） |
| 1991（平成 3）年 | 老人保健法改正（一部負担金の引き上げ、訪問看護制度の創設） |
| 1994（平成 6）年 | 健康保険法・老人保健法改正（入院時の食事の有料化、育児休業期間中の本人負担分の保険料の免除など） |
| 1997（平成 9）年 | 健康保険法等改正（健康保険などの被保険者本人の自己負担を 2 割に引き上げ、高齢者の一部負担金と入院費用の引き上げ） |
| 2000（平成 12）年 | 介護保険法施行。老人保健制度の老人保健施設サービスや訪問看護サービスの大半は介護保険の給付に移行 |
| 2001（平成 13）年 | 高齢者の一部負担を定率 1 割負担へ |
| 2002（平成 14）年 | 診療報酬改定で本体初のマイナス改定。高齢者の一部負担 1 割に |
| 2003（平成 15）年 | 健康保険本人の自己負担 3 割に |
| 2005（平成 17）年 | 政府・与党「医療制度改革大綱」（高齢者の自己負担増、医療費適正化の推進など）の提示。改正介護保険法の成立 |
| 2006（平成 18）年 | 診療報酬マイナス改定（3.16％の引き下げ。本体 1.36％の引き下げ）と介護報酬マイナス改定（介護療養病床の廃止、療養病床の大幅削減を盛り込んだ改定）。医療保険制度改革関連法の成立。障害者自立支援法の施行で更生医療等が自立支援医療へ（1 割負担） |
| 2008（平成 20）年 | 診療報酬マイナス改定（0.82％の引き下げ。本体 0.38％の引き上げ）。後期高齢者医療制度の創設。政府管掌健康保険から健康保険協会管掌健康保険（協会けんぽ）へ |
| 2009（平成 21）年 | 民主党政権の成立。後期高齢者医療制度廃止へ検討はじまるも頓挫。 |
| 2010（平成 22）年 | 診療報酬 10 年ぶりのプラス改定（0.19％、本体 1.55％の引き上げ） |
| 2012（平成 24）年 | 診療報酬改定（0.004％の引き上げ、本体 1.379％の引き上げ） |
| 2014（平成 26）年 | 診療報酬改定（消費税増税分を除くと実質 1.26％マイナス改定）。医療・介護総合確保法の成立 |
| 2015（平成 27）年 | 国民健康保険の都道府県単位化などを定める医療保険制度改革法が成立 |
| 2016（平成 28）年 | 診療報酬改定（本体 0.49％引き上げ、薬価 1.33％引き下げ） |
| 2017（平成 29）年 | 診療報酬改定（高額抗がん剤オプジーボ薬価を半額に）。現役並み所得者の 3 割負担などを定める改正介護保険法の成立 |

出所：各種資料より筆者作成。

70歳以上の老人医療の無料化が実現した（一定の所得制限があったが、実質的に大半の高齢者が対象となった）。しかし、老人医療の無償化は、高齢者医療への公費支出の増大をもたらし、1982（昭和57）年には、老人保健法が制定され（翌年から施行）、定額の一部負担が導入され、無料化は10年で終結した。老人保健制度は、財政面では、高齢者医療費を公費（税金）と他の医療保険からの拠出金（老人医療費拠出金）で賄う仕組みであり（当初は公費30％、拠出金70％）、高齢者を多く加入者として抱える市町村国民健康保険への財政支援のしくみといえた。同時に、老人保健法は、疾病の治療とその予防を体系的に取り入れた保健事業を実施するとともに、在宅復帰のための中間施設の位置づけで老人保健施設を創設した（1986年改正）。

　その後、高齢者の受診時の一部負担は引き上げられ続け、2001（平成13）年からは、定率1割負担とされた。また、2002（平成14）の改正によって、公費と医療保険者からの拠出金の割合がそれぞれ50％とされ（当初は公費30％、拠出金70％）、老人保健法の対象者の年齢が段階的に75歳以上に引き上げられた。さらに、2003（平成15）年には、健康保険被保険者本人の一部負担金も3割に引き上げられている（国民健康保険加入者は制定時から3割負担）。

　2000（平成12）年には、介護保険法が施行され（2000年）、老人保健施設の給付など高齢者医療費の一部が介護保険の給付に移行し（第6章第2節参照）、2008（平成20）年には、老人保健法を全面改正した「高齢者の医療の確保に関する法律」（以下「高齢者医療確保法」という）が施行され、後期高齢者医療制度が導入され、現在に至っている。さらに、2014（平成26）年には、急性期病床を削減し、安上がりの医療・介護提供体制を構築することを目的とした「地域における医療及び介護の総合的な確保を推進するための関係法律の整備等に関する法律」（以下「医療・介護総合確保法」という）が成立、2015（平成27）年には、2018年度からの国民健康保険の都道府県単位化などを定めた「持続可能な医療保険制度を構築するための国民健康保険法等の一部を改正する法律」（以下「医療保険制度改革法」という）が成立し、医療分野では

給付抑制と負担増の改革が実現をみている（年表3参照）。

## 2　医療保障の法体系

　医療保障の法体系は、医療保険に関する法と高齢者医療に関する法、医療供給体制に関する法、公費負担医療などその他の医療保障に関する法に区分される。

　医療保険には、職業・職種等を基準とする被用者保険と居住地域等を基準とする地域保険とがある。職域保険には、①健康保険協会管掌健康保険（主に中小企業の被用者が加入。以下「協会けんぽ」という）、②組合管掌健康保険（主に大企業の被用者が加入。以下「組合健保」という）、③国家公務員共済組合（国家公務員および公共企業体の被用者が加入）、④地方公務員等共済組合（地方公務員および公共事業体の被用者が加入）、⑤日本私立学校振興・共済事業団（私立の学校法人の被用者が加入）、⑥国民健康保険組合（特定の自営業者が加入）がある。このうち、⑥を除いたものを、被用者保険という。また、地域保険として、⑦市町村管掌国民健康保険（上記の医療保険に加入していない地域住民が加入。以下「市町村国保」という）と⑧後期高齢者医療制度がある。根拠法は、①②が健康保険法、③④が共済組合各法（国家公務員、地方公務員）、⑥⑦が国民健康保険法、⑧が高齢者医療確保法である。

　①の協会けんぽについては、保険事業の運営主体は全国健康保険協会である。同協会は、独立の法人格を持ち、都道府県ごとに「従たる事務所（支部）」をおいている。保険財政は全国一律ではなく、都道府県ごとに独立し、相互の財政調整を予定しているものの、支部被保険者を単位として保険料率を定める（健保160条）。また、⑦の市町村国保の保険者は市町村であり（国保3条、13条）、保険料の徴収、適用・給付な

---

　2　このほか、船員およびその扶養家族を対象に、医療、業務上・通勤災害、失業、年金を包摂する船員保険があるが、被保険者の減少にともない、2010（平成22）年以降、その職務外疾病部門と独自給付の支給に関しては、協会けんぽが実施し、職務上の部門は労災保険に、失業給付の部門は雇用保険に統合されているため、本書では扱わない。

　3　全国健康保険協会は、健康保険法によって設立された特殊法人と解されている。碓井222頁参照。

どの業務を行う。市町村国保の保険者たる大阪市は、国民健康保険審査会に対して、一般的な上級行政庁とその指揮監督に服する下級行政庁と同様の関係に立つので、審査会の裁決に対する原告適格は認められないとした裁判例がある（最判昭和49・5・30民集28巻4号594頁）。

　一方、医療供給体制に関する法については、医療従事者の資格に関する法律として、①医師法、②歯科医師法、③薬剤師法、④保健師助産師看護師法（以下「保助看法」という）などが、医療施設に関する規制法として医療法がある。さらに、公費負担医療に関する法として、原爆被爆者援護法（認定疾病医療は全額国庫負担）、生活保護法（医療扶助）、精神保健及び精神障害者福祉に関する法律（措置入院）、障害者総合支援法（自立支援医療）、児童福祉法（療育の給付等）、難病の患者に対する医療等に関する法律（以下「難病医療法」という）などの個別法がある。

## 第2節　医療保険のしくみと法

### 1　医療保険の被保険者と適用

#### (1) 国民健康保険の被保険者資格

　前述のように、日本の医療保険には、被用者保険と地域保険があり、日本国民は、これらの医療保険のどれかひとつに加入しなければならない。ただし、同時に複数の保険に加入することはできない。日本国内に住所を有するものは、居住する地域の市町村国保（特別区）に被保険者資格が発生する（国保5条）。ただし、市町村国保以外の医療保険に加入した時点で、この被保険者資格は失われ、また、生活保護による保護を受けている世帯に属するものは、市町村国保の被保険者とされず（同6条9項）、生活保護法の医療扶助（保険証ではなく、医療券を使用）の対象となる。

　国民健康保険では、世帯主だけでなく、世帯主の被扶養者に当たる世帯の構成員でも個人単位で被保険者資格を取得する。被保険者の資格は、

法律上の要件を充足した事実をもって、その時点から、当事者の主観的な意思とは無関係に被保険者資格が発生する。いわゆる強制加入のしくみだが、最高裁は、国民健康保険への強制加入は憲法19条・29条に違反しないと判示している（最判昭和33・2・12民集12巻2号190頁。第1章第2節参照）。

　国民健康保険の被保険者資格については、単に市町村が被保険者証を交付するとしか規定されていないが（国保9条）、国民健康保険91条が被保険者証の交付（拒否）を審査請求の対象としていることから、被保険者証の交付（拒否）は、市町村が被保険者資格を確認する行政処分とみなされている（大阪地判平成3・12・10行集42巻11＝12号1867頁）。

　日本に在留する外国人の国民健康保険の被保険者資格については、1981（昭和56）年の難民条約の批准に伴う法改正によって、日本国籍の取得を要件とする国籍条項は削除された。しかし、行政解釈は、1年以上の在留期間を有する外国人、または1年未満の在留期間であっても更新などにより1年以上滞在している外国人のみを国民健康保険法5条にいう「住所を有する者」とかなり限定的に解してきた（平成4・3・31保発41号）。これに対して、最高裁は、不法在留外国人であっても「当該市町村の区域内で安定した生活を継続的に営み、将来にわたってこれを維持し続ける蓋然性が高いと認められ」れば「住所を有する者」にあたると判断した（最判平成16・1・15民集58巻1号226頁）。その後、この最高裁判決を受けて、国民健康保険法施行規則が改正され、在留資格を有しない者や外国人登録を行っていない者などは、同法の適用除外とされ立法的解決が図られている。[4]

### (2) 健康保険の被保険者資格

　被用者保険の被保険者資格は、適用事業所に「使用」されることによって発生する（健保3条1項など）。健康保険法3条1項が「雇用」ではなく、あえて「使用」という文言を用いていることから、被保険者資

---

4　詳しくは、加藤110頁参照。

格の発生は必ずしも有効な雇用関係の存在を条件としていないと解されている。法人企業の代表取締役は、労働基準法もしくは労災保険法上の労働者には該当せず、契約形式も雇用ではないが、健康保険法上の被保険者資格を認めた裁判例がある（広島高岡山支判昭和38・9・23判時362号70頁）。業務外の傷病が、企業の代表取締役であっても労働者と同等に発生することを考慮したものといえる。

被用者保険の被保険者資格は使用関係の終了により消滅する。争議行為によって長期にわたり労務提供が行われない場合、雇用契約が存続しても、使用関係はなくなると解するのが判例である（仙台高判平成4・12・22判タ809号195頁）。なお、被用者保険は、例外的に、被保険者の意思に基づく資格継続を認めている。これが任意継続被保険者制度で、資格喪失の日まで継続して2カ月以上、被保険者であれば、その申出に基づいて任意に被保険者資格を最長2年まで継続することができる（健保3条4項）。

被用者保険では、被保険者資格を有するのは被用者である本人のみで、被扶養者である世帯構成員は個人として被保険者資格を有するわけではない。ただし、被扶養者は、被用者保険各法の規定する家族療養費等の支給対象となり（健保110条〜114条）、療養の給付と同等の医療給付が受けられるため、被扶養者は市町村国保に加入する義務はない。

## 2　保険給付

### (1)　療養の給付と一部負担金

医療保険の医療の給付は、療養の給付といわれる（健保63条1項、国保36条1項）。法律上、「療養の給付」として、①診察、②薬剤または治療材料の支給、③処置・手術その他の治療、④居宅における療養上の管理およびその療養に伴う世話その他の看護、⑤病院・診療所への入院およびその療養に伴う世話その他の看護が列挙されており、いずれも医療そのものを現物で供給する現物給付である。

日本では、保険者が直営の医療機関を有している場合は少なく、多くを民間の保険医療機関が療養の給付を行い、それに要した費用や報酬を

**図表 4　医療保険の一部負担金**

|  | 一般・低所得者 | | 現役並み所得者 | |
| --- | --- | --- | --- | --- |
| 75歳以上 | 1割負担 | 高齢医療 §67①1 | 3割負担 | 健保 §74①3 |
| 75歳まで | 2割負担 | 健保 §74①2<br>健保 §110②1ハ<br>国保 §42①3 | | 高齢医療 §67①2<br>国保 §42①4 |
| 70歳まで | | 3割負担 | 健保 §74①1<br>健保 110§②1イ<br>国保 §42①1 | |
| 6歳まで<br>（義務教育就学前） | | 2割負担 | 健保 §110②1ロ<br>国保 §42①2 | |

出所：加藤ほか164頁（倉田聡執筆）。

　保険者から保険医療機関に支払うしくみが主流である。療養の給付にかかる費用の一部は患者の自己負担（一部負担金）とされているので、保険者が医療機関に支払うのは一部負担金を除いた額となる（健保74条・76条、国保42条・45条）。一部負担金は、義務教育就学前児までが療養に要した費用の2割、義務教育就学児から70歳までは同3割、70歳以上75歳未満の者は同2割、75歳以上は同1割とされている。ただし、70歳以上の高齢者のうち、課税所得が145万円以上あるものは現役並み所得者として3割となっている（図表4）。

　一部負担金は、国民健康保険の被保険者や被用者保険の被扶養者については3割負担であったが、被用者保険の被保険者本人については当初はなく、1984（昭和59）年に1割負担が導入され、2003（平成15）年には、3割にまで引上げられ被扶養者等と同一にされた。患者の負担増により、保険医療機関への一部負担金の未払いが増えてきたため、2006（平成18）年の法改正により、災害その他厚生労働省令で定める特別の事情がある被保険者で一部負担金の支払いが困難と認められる者については、保険者が減額または免除し、一部負担金を直接、保険医療機関に支払うしくみが導入された（健保75条の2）。

　また、医療保険各法には、医療保険の被保険者が一部負担金を支払わない場合、保険医療機関等が「善良な管理者と同一の注意をもってその

支払いを受けることに努めた」ときには、保険者は、当該保険医療機関等の請求に基づき、健康保険法等による徴収金の例によりこれを処分することができるとする規定がある（健保74条2項、国保42条2項）。一部負担金の未払い（以下「未収金」という）が生じた場合、保険医療機関等が徴収努力を尽くした場合には、最終的には、保険者の責任で未収金分を徴収できるというしくみである。一部負担金の法的性質は、診療契約における被保険者（患者）と保険医療機関との間の債権債務関係と解する見解が有力であり、保険者は、被保険者の未収金分を保険医療機関に支払う義務はないが、少なくとも、保険医療機関から保険者の徴収権限の不行使などに対する損害賠償請求は認められる余地がある。それは医療保険の給付が、療養の給付という現物給付を基本とし、保険者が保険給付に責任を有していると解されるからである。[5]

ただし、保険医療機関の側から手間のかかる保険者への請求を行うことはまれで、かりに請求しても、保険者が動くかどうかはわからないため（「できる規定」）、請求がなされることは皆無に近く、実務上はこれらの規定は形骸化している。

なお、公立病院に対する一部負担金の未払債権について、民法170条1号の消滅時効（3年）か、会計法30条ないし地方自治法236条1項の消滅時効（5年）のいずれが適用されるのかという問題があったが、最高裁は、保険診療の実施に公立と民間とを区別する必要がないとして、民法の消滅時効の適用を認めている（最判平成17・11・21民集59巻9号2611頁）。

### (2) 高額療養費

一部負担金は、定率制のため、患者が医療を受ければ受けるほど高額になるうえ、入院治療や高額な医療機器を利用した場合には、一部負担金が患者やその家族の生計を圧迫することが考えられる。そこで、一部負担金が一定額（支給基準）を超える場合には、これを超えた分を高額

---

5 一部負担金の未収金の問題については、伊藤・介護保険法 56頁参照。

療養費として払い戻すしくみが導入されている。

　現在の支給基準は、70歳未満の者と70歳以上の者とで異なる基準額を設けており、70歳未満の者では、所得段階が5区分に細分化され、それぞれ別の基準が設定されている。たとえば、標準報酬月額が28万円から50万円の第3区分の場合、1カ月の自己負担は8万100円＋（医療費－26万7000円）×1％が基準額とされ、これを超える分について高額療養費が支給される。このほか、同一世帯に複数の医療ないし介護保険給付の受給者がいる場合の特例（高額介護合算療養費。健保115条の2）などが設けられている。

　高額療養費のしくみは複雑であり、患者自らが保険者に請求して払い戻しを受けることは煩雑であるばかりか、きわめて困難である。そのため、現在は、入院や高額な外来診療の場合、保険者の発行する「限度額適用認定証」を保険医療機関などに提示することで、自己負担限度額のみを支払えばすむ取り扱いとなっている。

### (3)　訪問看護療養費と入院時食事療養費、傷病手当金など

　また、高齢者を中心に、在宅療養のニーズが高まったことを受け、1994（平成6）年の健康保険法の改正により、一定の要件のもと、訪問看護の費用を訪問看護療養費として支給し、保険給付の対象とした（健保88条、国保54条の2）。

　同時に、在宅療養の患者が食費を自己負担していることの均衡を図るとの名目で、入院時の食費の一部を入院時食事療養費の対象とすることで、入院時の食費に自己負担が導入された（健保88条、国保52条）。その後、入院時食事療養費の範囲がしだいに縮小され、一般病床や65歳未満の療養病床に入院している患者の食費自己負担（従来は1食につき260円）が、2016（平成28）年度から1食につき360円になった（2018年度からは1食460円となる）。低所得者および難病患者、小児慢性特定疾病患者の負担額は据え置かれるものの、入院時の食費は高額療養費の対象とならないため、入院時の食費の値上がりは、入院患者やその家族の家計を圧迫している。しかし、そもそも、入院時の食事は治療

の一環であり、「療養の給付」に含めるべきだろう。

　また、被用者保険では、被保険者本人が傷病のため就労不能となって、賃金を受けとることができない場合、傷病手当金が支給される（健保99条1項）。傷病手当金は、就労不能が始まった4日目から支給され、その額は1日につき標準報酬日額の3分の2に相当する額で、支給期間は、同一の傷病に基づく就労不能について1年6カ月である（同条2項）。国民健康保険の場合には、加入者が自営業ということもあり、傷病手当金の給付は任意とされ、給付を行っている市町村国保はない。

　被用者保険の被保険者が出産したときは、出産の日以前42日（多胎妊娠の場合は98日）から出産の日後56日までの間、労務に服さなかったため賃金を受けることができない場合、出産手当金として、1日につき、標準報酬日額の3分の2に相当する金額が支給される（健保102条）。また、正常分娩は医療保険の対象とならないため、出産にともなう経済的負担を軽減するべく、被保険者が出産した時、政令で定める額（42万円）が出産育児一時金として支給される（健保101条）。窓口での負担を軽減するため、現在では、分娩施設の規模や選択により代理受領方式（妊婦が一時金を請求するとき、分娩施設にその受取りを委任する）と直接支払制度（一時金の申請と受取りを妊婦に代わり分娩施設が行う）が採用されている。出産育児一時金は、被保険者の被扶養者が出産した場合にも支給され（同114条）、国民健康保険の被保険者に対しても同様に支給される（国保58条）。

　また、療養費の支給は、緊急やむをえない理由で、保険医療機関を利用できなかった場合に、あとで保険者に請求して、保険給付分が払い戻されるしくみである。被用者保険の家族（被扶養者）に対しては、療養の給付と同じ内容の家族療養費が給付される（健保110条）。

## 3　保険医療機関と診療報酬制度

### (1) 保険医療機関と療養担当規則

　医療機関は、医療法によって開業を許可されただけでは療養の給付を取り扱うことができず、厚生労働大臣による指定を受けなければならな

い（健保63条3項、国保36条3項）。

　また、医療機関で診療を担当する医師も登録をした者（保険医）でなければならない（健保64条、国保46条）。後述する二重指定制であり、その趣旨は、医師個人についても保険診療に関する責任を明確化することにあるとされている（福岡地判昭和36・2・2訴月7巻3号666頁）。

　指定の法的性格は、医療機関と保険者との間に「公法上の双務的付従的契約を成立させ、かつ療養の給付を行うことによって診療報酬債権を取得することのできる地位」を医療機関に付与する行政処分と解されている（鹿児島地判平成11・6・4判時1717号78頁）。

　保険医療機関は、指定により、被保険者のために保険者がなすべき療養の給付義務を保険者に代わって履行することとなる。裁判例は、これにより保険者と保険医療機関との間に、療養の給付に関する委託契約が成立しているとし、この契約により「保険医療機関は被保険者に対して前記療養の給付の担当方針に従って療養の給付を行う債務を負い、保険者は保険医療機関が行った療養の給付について診療報酬を支払う債務を負う」と判断している（大阪地判昭和56・3・23判時998号11頁）。ここでいう「療養の給付の担当方針」は、健康保険法70条に基づいて厚生労働大臣が制定する「保険医療機関及び保険医療養担当規則」（昭和32年厚生省令15号。以下「療養担当規則」という）をさす。

(2)　**診療報酬と審査支払のしくみ**

　以上のような保険診療の対価が「診療報酬」であり、その内容は、健康保険法76条2項に基づいて厚生労働大臣が制定する「健康保険法の規定による療養に要する費用の算定法」と診療報酬点数表（平成18年厚生労働省告示92号。以下「算定告示」という）で示される。保険医療の法律関係において、保険者と保険医療機関との間には公法上の準委任契約が成立していると考えられ、受任者である保険医療機関には、委任の本旨に従った事務の履行（すなわち療養担当規則に沿った療養の給付）をなしたとき、委任事務の対価として診療報酬請求権が発生する（民法648条）。

療養の給付を実施した保険医療機関または保険薬局に対して、保険者は、療養の給付に関する費用を支払う（健保76条1項）。療養の給付に関する費用は、療養の給付に要する費用から患者が負担する一部負担金に相当する金額を控除した額である。療養の給付に要する費用は、提供された個別の診療行為について点数（1点＝10円）が設定されており、出来高払い方式をとっている。出来高払い方式は、基本的に、必要な医療が治癒するまで提供される点で患者にとっては安心できるが、提供された診療行為がそのまま医療機関の収入になることから、過剰診療を招きやすいという問題が指摘されている[6]。そこで、大学病院など高度先端医療を提供する特定機能病院を中心に、「医師による診断」と具体的に提供された「診療行為」に基づき診断群分類により報酬を決定する定額払い（包括払い）方式が2003（平成15）年4月から導入されている。この方式は、手術料や麻酔料などの出来高部分と入院基本料や検査など包括評価部分とから構成されるが、包括評価部分は診断群分類包括評価（Diagnosis Procedure Combination）ともいわれる。

療養の給付を行った保険医療機関は、これに要した費用および報酬の合計額から被保険者の支払った一部負担金を除いた額を、保険者に請求する。その際に利用されるのが、診療報酬明細書（レセプト）である。従来は、紙媒体を利用していたが、近年では、保険医療機関、審査支払機関、保険者の間に「レセプト電算処理システム」が構築されており、ほとんどが電子レセプトによる請求となっている。

### (3) 審査支払機関と減点査定

保険者は、レセプトの審査とその結果に基づく保険医療機関への診療報酬の支払の事務を、健康保険等については社会保険診療報酬支払基金（健保76条5項）、国民健康保険については国民健康保険団体連合会（国保45条5項）へそれぞれ委託している。これらの組織は審査支払機関といわれる。現在は、すべての保険者が委託を選択している。

---

6 西村・社会保障法 205頁参照。

**図表5　医療保険の給付と診療報酬のしくみ（健康保険の場合）**

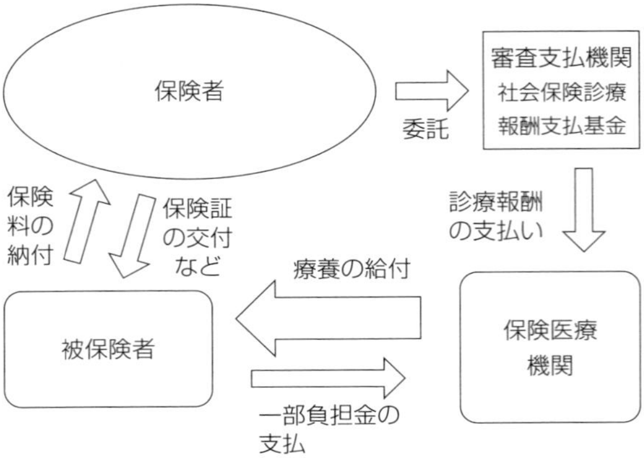

```
        ┌─────────────┐                  ┌──────────┐
        │   保険者    │ ──委託──→        │審査支払機関│
        │             │                  │社会保険診療│
        └─────────────┘                  │報酬支払基金│
         ↑ ↓                             └──────────┘
      保険│ │保険証                          │診療報酬
      料の│ │の交付                          │の支払い
      納付│ │など                            ↓
        ┌─────────────┐  ←─療養の給付──  ┌──────────┐
        │  被保険者   │                  │ 保険医療 │
        │             │  ─一部負担金の→ │   機関   │
        └─────────────┘     支払        └──────────┘
```

出所：筆者作成。

　保険者が審査支払機関に審査支払を委託した場合、これは公法上の契約関係に該当し、診療報酬支払義務は、保険者から審査支払機関に移り、審査支払機関は、保険医療機関に対して直接に診療報酬支払義務を負うとするのが判例である（最判昭和48・12・20民集27巻11号1594頁）。問題は、審査支払機関は、どの程度まで個々の診療行為を審査できるかである。というのも、療養担当規則の内容は、例えば「投薬は、必要があると認められる場合に行う」（同規則20条）など、抽象的・概括的だからである。医師の裁量の範囲は広いと考えられるが、裁判例は、審査支払機関は、計算ミスなど形式面のみならず、診療内容の妥当性を含めた実質面まで審査できるとする（東京高判昭和54・7・19判タ397号75頁）。実際、審査支払機関には医療の専門家による審査委員会が設置されている。

　審査支払機関は、レセプトに記載された診療行為や使用薬剤などが保健診療として適切かを審査し、支払いを行う（以上の診療報酬のしくみについて、図表5）。その際、それらが不適切と判明した場合には、請求の全部または一部について支払いを拒否することができる（健保76条4項、国保45条4項）。この支払拒否は、保険医療機関の提示した診

療点数を、保険者が減じる形式で行われるため、減点査定といわれる。

　審査支払機関の行う審査・減点査定の法的性格は、支払機関内部での債務確認行為にすぎないとし、その行政処分性を否定するのが判例である（最判昭和53・4・4判時887号58頁）。したがって、保険医療機関が審査支払機関の減点査定に不服がある場合には、取消訴訟ではなく他の救済手段を選択することになる。前述のように、保険者と保険医療機関との間には公法上の準委任契約が成立していると理解されるので、委任事務の対価としての診療報酬請求権は、公法上の債権と捉えられ、行政事件訴訟法4条後段の実質的当事者訴訟が訴訟形式として選択されるべきだが、裁判実務では、この種の紛争は行政訴訟として意識されず、民事訴訟法上の給付の訴え（診療報酬請求訴訟）として処理されている。

　診療報酬請求権は、法および療養担当規則に適合した療養の給付を行った場合に発生すると解されるから、保険医療機関としては、療養の給付の具体的内容と、それが療養担当規則に適合した、診療当時の医療水準を満たした保険診療として正当な医療行為であることを主張・立証する必要がある（同旨として、大阪高判昭和58・5・27判時1084号25頁）。

　減点査定の結果、保険医療機関に支払われる診療報酬は、減額されるが、保険医療機関が患者に一部負担金を要求する段階では、自己の診療報酬請求が正しいという前提に立っているので、減額査定された場合には、患者は減額された分だけ余計に一部負担金を支払ったことになる。したがって、患者には保険医療機関に余分に支払った一部負担金の返還請求権が発生する。この問題については、患者からは減点査定にかかる一部負担金の返還を求めることができず、患者が保険医療機関に対して返還請求すべきというのが判例である（最判昭和61・10・17判時1219号58頁）。しかし、判例にしたがえば、保険医療機関の側から減点査定部分について自由診療契約が成立したと主張できること、保険医療機関と患者の間の力関係から、患者は事実上返還請求をすることを断念せざるを得ないだろう。

## 4　混合診療をめぐる問題

### (1) 混合診療禁止原則と保険外併用療養費

　日本の医療保険では、国民皆保険制度を前提に、国民の生命・健康を守るために必要な医療は、すべて保険から給付することが原則となっている。混合診療は、その原則を崩し、患者の経済格差による医療内容の格差をもたらすことから、明文の規定はないが、禁止されると解されている。そのため、保険がきく診療（療養の給付に該当する保険診療）と保険がきかない診療（自由診療）を組み合わせた混合診療を行った場合は、保険診療相当部分についても給付が行われず、患者の全額自己負担となる。

　こうした混合診療禁止原則をめぐっては、小泉純一郎政権の時代（2001～2006年）に、規制改革論者によって、全面解禁すべきという議論が執拗に繰り返されてきた。もっとも、1983（昭和58）年に、特定療養費制度が導入されたことにより、保険診療と自由診療の併用が一部認められ、混合診療禁止原則は一部解除されていた。そして、小泉政権時の2006（平成18）年の法改正により、厚生労働大臣が指定する一部の高度先進医療等を対象とした「評価療養」（健保63条2項3号）と特別の病室等の提供などを対象とした「選定療養」（同4号）については、療養の給付と併用した診療を、保険外併用療養費の支給対象とするしくみが導入された（健保86条1項）。従来の特定療養費制度では、特定承認保険医療機関にしか認められなかった評価療養をすべての保険医療機関に開放した点で、保険外併用療養費制度は大幅な規制緩和といえる。[7]

　混合診療については、がん患者である原告が、療養の給付に該当するインターフェロン療法に加えて、療養の給付に該当しない活性化自己リンパ球移入療法（LAK療法）を併用する混合診療を受けたところ、インターフェロン療法についても保険適用を受けず全額自己負担となった

---

7　同様の指摘に、加藤ほか178頁（倉田聡執筆）参照。

ことを不服として、療養の給付に該当する診療部分については保険給付を受けることができる権利を有することの確認を求める訴訟（公法上の当事者訴訟。行訴4条後段）を提起した事例で、東京地裁判決は、原告に確認の利益があることを認めたが（平成19・11・7判時1996号3頁）、控訴審判決（東京高判平成21・9・29判タ1310号66頁）は、特定療養費制度（現在の保険外併用療養制度）が「特殊療法等の混合診療の全面禁止と全面解禁のそれぞれの長所、短所を考慮してこれらの調和を図ろうとするもの」と積極的に評価したうえで、混合診療禁止の原則は適法であるとし、原告の主張を退けた。原告は最高裁に上告したが、最高裁判決（平成23・10・25民集65巻7号2923頁）は「（保険外併用療養費）制度の趣旨及び目的や法体系全体の整合性等の観点からすれば、（健康保険）法は、先進医療に係る混合診療のうち先進医療が評価療養の要件に該当しないため保険外併用療養費の支給要件を満たさないものに関しては、被保険者の受けた療養全体のうちの保険診療相当部分についても保険給付を一切行わないものとする混合診療保険給付外の原則（混合診療禁止原則）を採ることを前提」としているとし（括弧は筆者）、混合診療禁止原則を認める解釈を示したことで、この問題については、司法的に決着がついたといえる。

(2) **患者申出療養の創設とその問題点**

2015（平成27）年4月から、患者申出療養が保険外併用療養費に新たに加えられた。これは患者からの申出を起点に、保険外の医療を初めて実施する場合には、臨床研究中核病院が開設者の意見書とともに、実施計画、安全性・有効性等の根拠、患者の申出を示す文書を添付し国に申請するしくみである。国は、それを審議し、原則6週間で実施の可否を判断して実施となる。対象となった医療、実施施設を国はホームページで公開、また定期的に国に実施報告させる。また、前例がある医療を実施する場合は、その医療機関が前例を取り扱った臨床研究中核病院に、患者の申出を示す文書を添付して申請し、臨床研究中核病院は、国が示す考え方をもとに、原則2週間で個別に審査し実施となる。保険外併用

療養費の先進医療Bは実施までの審査が原則6カ月であるのに比べると異例の速さである。

患者申出療養の拠点となる臨床研究中核病院（2015年4月より医療法に法定化）は、東京大学医学部附属病院など全国で15病院あるが、患者申出療養は、他の大学病院や特定機能病院（全国で86）、がん拠点病院など「身近な医療機関」での実施が予定されている。ここには一般の病院や診療所などの「かかりつけ医」も含まれている。

患者申出療養が対象とする保険外の医療は、①先進医療の対象とならない医療、②治験の対象外の患者への未承認薬使用が示されているが、これらは明らかに「臨床研究の倫理指針」からの逸脱であり、実施計画違反、医薬品の臨床試験の実施の基準省令に抵触するとの指摘がある[8]。臨床研究や治験は、患者といっても被験者に実施するもので、治療ではなく、そのことの同意の下で行われるべきものだからである。

もともと、患者申出療養は、患者の申出が起点といっても、医療・医学知識に圧倒的な差がある医療機関の側からの教示が不可欠であり、このままでは、患者の申し出を名目にして、未確立な医療や実験段階の医療が横行する危険がある。何よりも、審査期間が極端に短く、安全性・有効性に問題があり、医療事故などが増える可能性がある。

## 第3節　医療保険の財政方式と高齢者医療

### 1　医療保険の財源と運営方式

医療保険の財源は、被保険者および事業主（被用者保険の場合）が負担・納付する保険料と公費負担および患者の一部負担金からなる（患者負担分を除いた部分が医療給付費）。

医療保険の運営方式は、市町村国保の場合は、保険者である市町村の行政部門が保険事業を運営する直営方式であり、市町村の一般会計から

---

8　高橋太「未確立な医療をはびこらせ、健康保険制度の秩序を壊す『患者申出療養』の危険」いのちとくらし研究所報50号（2015年）11頁参照。

独立した特別会計（市町村国保特別会計）を設定して運営を行う。保険料は条例で定めるが、国民健康保険協議会が設置され、これに対して、健康保険など被用者保険の場合は、独立した法人格をもつ保険組合に保険事業を委ねる組合方式をとっている。健康保険の保険者は、健康保険組合（以下「健保組合」という）と全国健康保険協会である。常時700人以上の被保険者を使用する事業主は、健保組合を設立することができ（健保11条1項）、設立にあたって、事業主は、被保険者の2分の1以上の同意を得て規約を作成し、厚生労働大臣の許可を得なければならない（同12条1項）。同業種の複数の企業が共同で、総合健保組合を設立することや、都道府県単位で複数の健保組合が合併して地域型健保組合を設立することもできる（同11条2項、同附則3条の2）。健保組合には、議決機関である組合会がおかれる（健保18条）。組合会は、事業主や被保険者を代表する議員によって構成され、保険料率などを定めた規約を変更する場合には、組合会の議決を経なければならない（同19条）。全国健康保険協会は、健保組合の組合員でない被保険者が加入する単一の組織で、運営委員会が設置される（同7条の18）。また、都道府県ごとに設置される協会支部には評議会が設置され、労使代表の関与が予定されている（同7条の21第1項）。

## 2　健康保険の保険料

　健康保険の保険料は、被保険者の標準報酬月額（50段階。健保40条）と標準賞与額（建保45条）を定め、それに保険者が定めた一般保険料率（基本保険料率と特定保険料率を合算した率）を掛けて算出される（応能負担）。総報酬制が導入されており、賞与（ボーナス）にも標準報酬月額と同率の保険料率がかかる。

　もっとも、一定以上の高額所得者に対しては、同一の標準報酬が適用されるため（健康保険の場合は、月額135万5000円以上の収入を得る

---

9　国民健康保険組合にも組合会がおかれる（国保26条）。健保組合も国保組合も、組合方式を採用しているが、被保険者を構成員とする社団としての性格が強いとされる。加藤ほか181頁（倉田聡執筆）参照。

者については、すべて50級、月額139万円の標準報酬が適用される）、応能負担といっても上限が設定されている。

　市町村国保の保険料についても、保険料の上限（賦課限度額）を設定する条例が通常である。これらは、応能負担を貫徹すると、受益とかけ離れた負担を特定の被保険者に課すという状況を避けようとするものであり、とくに違憲と判断されるような不合理はないとするのが判例である（横浜地判平成2・11・26判時1395号57頁）。

　事業主は、被保険者と折半で保険料を負担し、保険者に保険料を納付する義務を負う（健保161条1項・2項）。通常は、事業主が被保険者の給与から保険料を天引きし、事業者負担分と合わせて保険料を納付する。健保組合と健康保険協会（協会けんぽ）は、1000分の30から1000分の120までの範囲で一般保険料率を決定する（同160条1項・13項）。健康保険組合では、組合会の議決に基づき保険料率を規約で定める。健康保険組合の平均保険料率は9.035％で、保険料率が10％を超す組合も291組合と全組合の20.7％にのぼっている（2015年度決算見込。健康保険組合連合会発表）。協会けんぽの場合は、都道府県支部ごとに保険料率が設定されるため、都道府県によって保険料率が異なる。平均の保険料率は、2012（平成24）年度に、保険料率が8.2％から10.0％と大幅引上げとなり、それ以降、政府の財政支援措置（期限を設けずに、当分の間、国庫補助率を16.4％とし法定化）と準備金の取り崩しにより、現在まで10％に据え置かれている。

## 3　国民健康保険の保険料

### (1) 国民健康保険料の構造

　国民健康保険の保険料は、保険者が市町村（市町村国保）の場合は、地方税法の規定に基づき国民健康保険税として賦課することができる（国保76条1項、地方税法703条の4第1項）。保険料よりは税の方式の方が徴収率の向上が期待できると考えられたためか、大都市以外では、現在でも保険税を用いているところが多い。国民健康保険料と国民健康保険税とでは、保険税とした方が徴収権の優先順位が高くなる（国税・

地方税→社会保険料の順)、消滅時効が5年になる(社会保険料は2年)などの相違があるが、賦課や免除、軽減の算定方法について本質的な差異はみられない(以下、両者の区別の必要がある場合を除き「国民健康保険料」で総称する)。

国民健康保険料の賦課は、世帯を単位として行われ、世帯主に保険料の納付義務が課せられる(国保76条)。額などは、政令で定める基準により条例または規約で定めるとされ(同81条)、基礎賦課額(介護納付金の納付に要する費用を除いた国民健康保険事業に要する費用)が算定され、これを応能割(所得割・資産割)と応益割(被保険者均等割・世帯別平等割)を組合せた方法で計算して各世帯に賦課される保険料額が決定される(応能割・応益割で半々のところが多い)。

国民健康保険料には、応能割が50％の保険者で①市町村民税の基礎控除額(33万円)以下の世帯について当該年度分の被保険者均等割額または世帯別平等割額のそれぞれ10分の7、②①以外の世帯で、市町村民税の基礎控除額に納税義務者を除く当該世帯の被保険者数に政令で定める金額(24万5000円)を乗じて得た額を加算した金額以下の世帯について同10分の5、③①②以外の世帯で、市町村民税の基礎控除額に当該世帯の被保険者数に35万円を乗じて得た額を加算した金額以下の世帯について同10分の2に、それぞれ保険料が軽減される制度がある(国保令29条の7。国保81条の委任に基づく保険料軽減制度で、法定軽減制度といわれる)。

さらに、保険者は、条例または規約の定めるところにより、特別の理由がある者に対し保険料を減免し、または徴収を猶予することができる旨の規定があるが(国保77条)、この規定を受けた各市町村の国民健康保険条例では、「特別な理由」は、災害などにより一時的に保険料負担能力が喪失したような場合に限定され、恒常的な生活困窮者は対象としていないのが通常である(国民健康保険条例参考例26・27条)。

---

10 碓井245頁参照。2015年3月末時点で、保険税方式1507、保険料方式234で、保険税方式が全体の86.5％を占めている(総務省自治税務局調査)。なお、保険税の採用を国民健康保険事業の一般行政化と捉える見解として、新田・前掲注(1)208頁参照。

(2) **国民健康保険料と租税法律主義**

　以上のような構造をもつ国民健康保険料については、租税法律主義の適用が問題となる（第1章第2節）。この点につき、秋田市の国民健康保険条例が、所得割と資産割（応能割部分）については保険税率の算定方法を定めるのみで税率を明示せず、応益割部分についても定額を明示しないことが、租税法律主義（地方税条例主義）に反するかが争われた秋田市国民健康保険条例事件において、第1審判決（秋田地判昭和54・4・27判時926号20頁）、第2審判決（仙台高秋田支判昭和57年7・23判時1052号3頁）ともに、原告の主張をいれて同条例を違憲と判断した。

　同事件では、控訴審段階での違憲判決が確定し、その後、同判決の趣旨にそって、保険税方式をとる市町村はすべて定額定率を条例に明示するようになり、また国民健康保険税から保険料に切り換えて徴収する市町村が増大した。もっとも、事案が国民健康保険税に関するものであったため、同違憲判決が保険料方式を採用する市町村の条例に及ぶかが問題となっていた。実務では、この判決の射程が国民健康保険料には及ばないことを暗黙の前提として、保険料方式をとる市町村の大半は、かつての秋田市国民健康保険条例と同様のしくみをとっていた。

　こうしたなか、保険料方式をとる旭川市国民健康保険条例事件の第1審判決（旭川地判平成10・4・21判時1641号29頁）は、保険料を租税と同一視し、国民健康保険料にも租税法律主義の適用を認めた。学説も同判決を支持するものが大半で、国民健康保険料にも租税法律主義の適用を認めるのが通説的見解となりつつあった。しかし、同事件の控訴審判決（札幌高判平成11・12・21判時1723号37頁）は、こうした通説的見解を覆し、国民健康保険料の対価性を強調し、それが租税とは異なるとしたうえで、租税法律主義の直接適用を否定し、保険料率自体を条例に明記する必要はないとするとともに、国民健康保険料の減免の対象を、条例で災害等の突発的事由に限定しても、国民健康保険法（77条）の委任の範囲を超えて違法とはいえないとも判示した。

　学説は同判決に反対と支持とに分かれたが、最高裁判決（最大判平成

18・3・1民集60巻2号587頁）は、保険料は租税には該当せず、租税法律主義は直接適用されないとしつつも、一方で、賦課徴収の強制の度合いにおいては租税に類似する性質を有するから、憲法84条の趣旨は及ぶと解すべきとした。この最高裁判決が、国民健康保険料と租税法律主義をめぐる初の最高裁判所の判断となったが、これまでの判例学説の対立状況を解消し、社会保険財政の特殊性を肯定した点で、重要な意義を有するものと評価されている。[11] いずれにせよ、前記最高裁判決により、国民健康保険料は租税ではないという立場に立ちつつも、憲法84条を趣旨適用するという判例の立場はほぼ固まったといってよく、学説でも、最高裁判決を支持する説が有力である。もっとも、最高裁は、傍論的ではあるが、国民健康保険税については「憲法84条の規定が適用される」としている。しかし、国民健康保険料と保険税との間には、前述のように、賦課や免除、軽減の算定方法について本質的な差異はみられない。当然、国民健康保険税にも反対給付的性質があるにもかかわらず、法の形式の相違のみで、憲法84条の直接適用と趣旨適用という相違、つまりは法律による規制密度の相違を許容することには疑問が残る。[12]

### (3) 保険料滞納の場合の保険証返還と資格証明書の発行

　国民健康保険加入者には、高齢者や無職者が多く、それに加えて、高い保険料負担のため、保険料滞納世帯は、全国で361万世帯、全加入世帯の17.2％にのぼっている（2016年6月現在。厚生労働省調査）。滞納問題への対応として、市町村（保険者）は、保険料を滞納した被保険者に対し、被保険者証の返還を求め（国保9条3項）、代わりに被保険者資格証明書（以下「資格証明書」という）を交付する措置が行われている。この制裁措置は、1986（昭和61）年の法改正で、翌年1月より導入された。当初は、資格証明書の交付は、各市町村の裁量に委ねられていたが、介護保険法施行にともない国民健康保険法も改正され、2001（平成13）年度から、保険料の滞納につき「特別の事情があると認めら

---

11　倉田聡「判例批評」判時1944号（2006年）182頁参照。
12　同様の指摘に、増田英敏『リーガルマインド租税法』（成文堂、2008年）183頁参照。

れる場合」を除き、1年間保険料を滞納している者について、保険証の返還と資格証明書の交付が義務化された（国保9条3項・6項。国保則5条の6）。短期保険証（滞納期間が1年未満の場合に交付される有効期間が2～3か月と短い保険証）と資格証明書の交付世帯があわせて約125万世帯に達している（2016年6月現在。厚生労働省調査）。

　資格証明書保持者は、医療の給付を受けた場合、支払うべき自己負担金が10割となり、事後的に保険者に請求すれば給付分が返還される償還払いとなる（国保54条の3にいう特別療養費）。しかし、保険者から償還されるべき自己負担分は、実際には保険料滞納分と控除されて返還されない場合が大半である。保険料を払えず滞納しているような人が、窓口で医療費を全額負担できるはずもなく、受診は困難で、実質的に無保険者の状態に置かれているといってよい。少し古いが、全国保険医団体連合会の調査結果（2009年）では、資格証明書交付世帯の受診率は一般世帯の53分の1（全国平均）となっている。資格証明書保持者の中には、十分な医療が受けられず治療の手遅れにより死亡する人も出ている。国民皆保険を揺るがす事態であり、とくに資格証明書交付世帯の無保険状態の子どもたちの存在が問題となり、議員立法で、国民健康保険法が改正され（平成20年法律97号）、中学生以下（現在は高校生以下）の子どもがいる世帯に対しては、6カ月の短期証を交付することとされている。

　国民健康保険法上は、保険料滞納に「特別の事情があると認められる場合」は、資格証明書は交付されないが、「特別の事情」の存在については、市町村から保険証返還の求めがあった時点で、世帯主から届出をする必要があり（国保則5条の7）、この届出がなされないと、機械的に資格証明書が交付されている事例が多い。

　しかし、資格証明書の交付義務付け以降も、保険料収納率の向上はみ

---

13　「特別な事情」とは、①世帯主が財産につき災害を受け、または盗難にかかったこと、②世帯主又はそのものと生計を一つにする親族が病気にかかり、または負傷したこと、③世帯主がその事業を廃止、または休止したこと、④世帯主が事業につき著しい損失を受けたこと、⑤これらに類する事由があったことと規定されている（国保令1条の3）。

第 5 章　医療保障

られていない。滞納問題は国民健康保険の構造的問題といえ、多くの市町村国保が、保険料滞納者の増大→保険財政の逼迫→保険料の引き上げ→保険料滞納者の増大という悪循環に陥っている。

　そのため、資格証明書の交付は、収納率改善の手段ではなく、保険料滞納者への見せしめ的な制裁措置と化しており、交付制度そのものが意義を失っており、廃止すべきと考える。かりに資格証明書を交付する場合でも、市町村は、世帯主からの「特別の事情」の届出がなくても、状況を調査し、悪質な滞納者と認定したうえで、はじめて交付などの手続きに移るのが、国民健康保険法の趣旨（国保9条2項・3項）に合致すると解される。調査の過程で、生活保護が必要な困窮状態にある保険料滞納者であることが明らかになれば、医療扶助を行う責任が市町村の側に生じよう。近年では、批判の高まりの中で、資格証明書の交付は減ってきているが、一方で、財産調査の徹底化と財産の差押が増大している。

## 4　高齢者医療

### (1) 後期高齢者医療制度

　高齢者の医療制度としては、高齢者医療確保法に基づき、原則として、75歳以上の高齢者（後期高齢者）を加入者とする後期高齢者医療制度がある（本章第1節参照）。

　後期高齢者医療制度の被保険者は、原則75歳以上の者および65歳以上75歳未満の者であって、政令で定める程度の障害のある者で後期高齢者医療広域連合（以下「広域連合」という）の認定を受けた者である（高齢医療50条）。75歳に達すると、それまで加入していた医療保険（主に国民健康保険）から離脱し、同制度に強制加入となる。実施主体は、各都道府県の全市町村が加入する広域連合である（同48条）。従来の医療保険で使われている「保険者」という名称が用いられていないのは、広域連合は、都道府県全域に下部組織を持っておらず、保険料の徴収（特別徴収の場合は年金保険者が行う）、資格関係届けの受付、給付の申請受付などの業務は市町村が行うためである。保険業務を広域連合と市町村が分担するしくみだが、最終的な実施責任は広域連合にあるこ

とは間違いない。

　後期高齢者医療制度の財政構造は、1割の高齢者の窓口負担を除く給付費を、75歳以上の高齢者からの後期高齢者医療保険料（約1割）、各医療保険者からの後期高齢者支援金（約4割）、公費（約5割。国25％、調整交付金8％、都道府県と市町村で各8％の定率負担）で賄うしくみである（高齢医療93条1項等）。

　しかし、75歳以上の高齢者は、病気になりやすいうえに、保険料負担能力が低い。こうした高齢者のみを被保険者とする独立型の高齢者医療制度は世界でも類をみない。リスク分散が機能しないため、そもそも保険方式になじまないからである。実際、高齢者の保険料負担だけでは給付費の1割程度しか賄えず、後期高齢者医療制度は、公費や被用者保険など、いわゆる現役世代からの支援金に財政的に大きく依存する構造になっている。とくに、後期高齢者支援金は年々増大し、健康保険など被用者保険の財政を悪化させる大きな要因となっており、被用者保険側から改革要求が相次いでいた。すでに、協会けんぽへの時限的な財政支援措置として、後期高齢者支援金の3分の1が総報酬割とされ、協会けんぽへの国庫補助率も16.4％へ引き上げられていた。

　これを踏まえ、前述の医療保険制度改革法では、被用者保険の総報酬割の割合を段階的に引き上げ、2017（平成29）年度から全面総報酬割とし、協会けんぽへの国庫補助の割合も、本則で定める範囲を13〜20％と法定化し（健保153条）、附則で「当分の間」16.4％とされた。

　これにより、協会けんぽと健康保険組合との所得格差を平準化するために投入されている協会けんぽへの国庫補助（約2400億円）が浮き、そのうち1700億円を市町村国保の財政支援に投入することとされた。しかし、健康保険法の附則を含めた各規定のいずれをみても、国庫補助の割合と後期高齢者支援金の総報酬割との間に法令上の関係はなく、総

---

14　広域連合が実施主体とされた経緯については、伊藤周平『後期高齢者医療制度―高齢者からはじまる社会保障の崩壊』（平凡社新書、2008年）38頁参照。

15　従来は、後期高齢者支援金は、加入者の人数に応じて負担する加入者割方式であった。総報酬割方式は、加入者の収入（報酬）に応じて分担する方式で、報酬が高い加入者の多い組合健保などが負担増になる。詳しくは、伊藤・社会保障改革 121-122頁参照。

報酬割の導入による国庫補助の削減と国民健康保険への支援の拡充についても論理必然性はない[16]。協会けんぽの国庫補助の趣旨が、協会けんぽと組合健保等との所得格差への対応であるとするならば、総報酬割の導入で、それが不要になるとはいいがたいからである。

　後期高齢者医療制度の給付の種類は、健康保険の療養の給付とほぼ同じであるが、一部負担金は、原則として医療費の1割負担である（ただし、現役並み所得者は3割負担）。保険料は、介護保険料と同様、年金額が月1万5000円以上の被保険者については、特別徴収（年金からの天引き）となる。普通徴収の被保険者については、世帯主や配偶者の一方に連帯納付義務が課されている（高齢医療108条2項・3項）。保険料滞納世帯に対しては、資格証明書の交付が義務付けられているものの、現在までのところ、同証明書の交付はなく、短期証の交付にとどまっている（それでも、全国で約1万人に交付されている）。

### (2) 前期高齢者の財政調整制度

　65歳から74歳までの前期高齢者の医療費については、財政調整制度が導入されている。これは、保険者間の前期高齢者の偏在による負担の不均衡を調整するために、国民健康保険・被用者保険の各保険者が、その加入者数に応じて負担する費用負担の調整制度である。要するに、前期高齢者が多く加入する市町村国保に、加入者が少ない被用者保険から徴収した交付金を支給し、財政調整を行うしくみである。

　具体的には、どの保険者にも同じ率の前期高齢者が加入していると仮定して（各医療保険への前期高齢者の加入率は、全国平均で12％だが、これを調整対象の基準とする）、前期高齢者の加入率の低い協会けんぽ（平均加入率5％。以下同じ）や組合健保（2％）から納付金を徴収し、加入率の高い市町村国保（28％）に交付金として支給する。

　健保組合など前期高齢者の加入が少ない医療保険者は、後期高齢者医療制度への支援金のみならず、前期高齢者納付金の負担も加わったわけ

---

16　同様の指摘に、笠木映里「医療制度・医療保険制度改革―高齢者医療・国民健康保険を中心に」論究ジュリスト11号（2014年）15頁参照。

で、前期高齢者納付金は、結局は、健康保険などの加入者の保険料で賄われることになる（協会けんぽの場合、納付金についても、給付費同様に16.8％の国庫補助が行われる）。かくして、後期高齢者支援金と前期高齢者納付金による大幅な支出増で、赤字に転落する健保組合が続出し、健康保険組合連合会（健保連）は、後期高齢者支援金などの見直しを再三にわたって、要求しているが実現していない。

### (3) 医療費適正化計画と特定健診・特定保健指導

　高齢者医療確保法では、医療費の適正化を総合的かつ計画的に推進するため、厚生労働大臣が医療費適正化基本方針を定めるとともに、6年を1期とする全国医療費適正化計画を定めることとなっている（高齢医療8条）。都道府県についても、都道府県医療費適正化計画の策定が義務付けられている（同9条）。

　同時に、従来の老人保健法に基づいて実施されていた保健事業を再編し、40歳以上75歳未満の被保険者に対して、糖尿病など生活習慣病の予防に着目した特定健康診査・特定保健指導を行うことを医療保険者に義務付けた（高齢医療20条・24条）。特定健康診査は、メタボリック・シンドローム[17]の該当者・予備群をセレクトし、医師等による特定保健指導につなげるもので、特定保健指導は、積極的支援、動機付け支援、情報提供の3段階に分けられる。特定健康診査・特定保健指導の受診率、メタボリック・シンドロームの該当者・予備群の減少のそれぞれについては目標が設定され、達成状況に応じて、後期高齢者支援金が最大10％、加算ないし減算されるしくみが導入されている。しかし、これらのしくみは、医療費抑制を目的としたものなどさまざまな問題がある[18]。

---

17　メタボリックシンドロームとは、内臓脂肪症候群とも呼ばれ、内臓脂肪の増加が糖尿病、高血圧、動脈硬化などの根源であるという考えに基づいて提唱されたものである。日本内科学会などによる診断基準では、腹囲が男性85cm以上、女性90cm以上で、①空腹血糖110mg/dL以上、②中性脂肪150mg/dL以上か、HLDコレストロール40mg/dL未満、③血圧130/85mmHg以上、のうち2つを満たす場合に、メタボリックシンドロームと診断される（3つのうち1つを満たす場合にはメタボリックシンドローム予備群）。ただし、診断基準については、腹囲の判断基準が国際的な基準値と異なる点があるなど、問題点が指摘されている。詳しくは、伊藤・前掲注(14)197-200頁参照。

## 第4節　医療提供体制に関する法

### 1　医療提供施設と医療従事者

　医療提供体制に関する法としては、医療法が制定されており、同法は医療提供体制の確保と国民の健康の保持に寄与することを目的としている（医療1条）。

　国民に医療を提供する施設を医療提供施設といい（医療1条の2第2項）、病院、診療所、介護老人保健施設などが含まれる。病院と診療所はともに「公衆又は特定多数人のために医業又は歯科医業を行う場所」であるが、病床数に応じて区別されており、病院は入院施設が20床以上、診療所は同19床以下もしくは入院施設のないもの（無床診療所）をいう（同1条の5）。また、第3次医療法改正（1997年）[19]により制度化され、地域医療の確保を支援する役割をもち、原則として200床以上の入院施設のある地域医療支援病院、高度の医療提供等に関わる特定機能病院（400床以上で10科以上の診療科をもつ）がある（同4条・4条の2）。

　病院に設置させる病床は、精神病床、感染症病床、結核病床があり、これらの病床以外の病床で、長期療養の患者を入院させるものを療養病床といい（医療7条2項）、これら4種類以外の病床が一般病床である。病院等の人員配置基準は、たとえば一般病床では、看護師配置基準は、患者3人に対して看護師1人（3：1）となっている。

　他方、医療従事者については資格制度があり、前述の医師法や保助看法などの個別の法律で、資格の得失に関する要件や手続きを定めている。資格には、特定の業務に従事することを許可する業務独占と、特定の名

---

18　特定健康診査・特定保健指導の問題点については、伊藤・前掲注(14)193-195頁参照。
19　医療法は、制定以来、頻繁に改正が行われてきたが、そのうち大きな改正をそれぞれ、第1次（1985年）、第2次（1992年）などと呼んでいる。直近の大きな改革としては、医療・介護総合確保法による第6次医療法改正（2014年）がある。

称を用いることを許可する名称独占がある。医師、歯科医師、薬剤師、看護師などは業務独占と名称独占を備えている。これに対して、後述する介護福祉士などは名称独占にとどまる（第6章第1節参照）。

　医療従事者のうち、医師と歯科医師のみが包括的な医業（医療行為の実施）を行うことができ、医師は、すべての医療行為が可能である。医師以外の医療従事者の医療行為については、原則として医師の関与が必要とされ、指示や指導のほかに、同意、処方せんなどが必要となる。同様のことは、看護師の業務独占である「療養上の世話又は診療の補助」にも妥当する（保助看5条）。なお、医師には、正当な理由がないかぎり診療治療の求めを拒んではならないという応諾義務が課されている（医師19条）。

## 2　医療施設に関する規制

### (1)　医療施設の設置主体と病院開設許可、指定制度

　医師・歯科医師が診療所を開設する場合には、開設後10日以内に診療所所在の都道府県知事にその旨を届け出なければならない（医療8条）。医師以外の者による医療施設の開設は、開設地の都道府県知事の許可が必要で、営利を目的とする場合には、許可を与えないことができ（同7条6項）、株式会社が医療施設を開設することは認められていない。

　また、医療法は、医療施設の経営を目的とする社団や財団を医療法人として設置することを認めている（医療39条）。さらに、2006（平成18）年の医療法改正により、非営利性を徹底させた医療法人の中でも、小児救急医療、災害医療、へき地医療などを実施し、社会的ないし公共的機能を強化した社会医療法人が位置づけられた（同42条の2）。社会医療法人は、公共的な医療事業を経営する必要から、収益事業が認められている一方で、事業の透明性を確保するため、外部の公認会計士または監査法人による会計監査が義務付けられている（同51条3項）。

　医療法は、病院開設の際に、都道府県知事（診療所の場合は、保健所を設置する市・特別区の市長・区長）の許可を得ることを要求している（医療7条1項）。許可要件の中心は、施設の構造と人員で（同21条・

23条)、これを満たしていれば、許可を与えなければならない。一方、保険給付を行うためには、病院・診療所または薬局は、保険医療機関または保険薬局として、厚生労働大臣による指定を受けなければならない(健保63条3項)。

　保険医療機関や保険薬局で医療に従事する医師・歯科医師・薬剤師も、厚生労働大臣の登録(保険医・保険薬剤師)を受ける必要がある(健保64条)[20]。いわゆる二重指定制である。保険医療機関等の指定の法的性格については、公法上の契約と解する見解や裁判例(大阪地判昭和56・3・23判時998号11頁)[21]もあるが、指定が医療機関や薬局からの申請に基づいて行われ、指定の要件や効果は健康保険法等で詳細に定められていること、保険医療機関等の指定取消し(健保80条)については行政処分とされていること(大阪高決昭和57・2・23判タ470号187頁)などから、指定は行政処分であり、これにより契約関係が形成されると解するのが妥当であろう。

### (2) 医療計画と病床規制

　1985(昭和60)年の第1次医療法改正により、都道府県は、医療計画を策定することが義務付けられた。医療計画では、1次から3次までの医療圏[22]の設定と、それぞれの医療圏における医療提供体制の整備の目標に関する事項を定めるとともに、医療圏ごとの必要病床数(その後、基準病床数とされる)を確定し、病床数の規制が行われるようになった。ただし、都道府県知事は、公立病院については、基準病床数の超過を理由として開設不許可処分をすることができるが、民間病院に対しては、病床の削減や開設辞退の勧告できるにとどまる(医療30条の11)。勧

---

[20] 医師のみの個人指定制度に加えて二重指定制が採用された理由は、医療機器の発達や診療内容の細分化に伴い、医師周辺の人的・物的資源を把握している医療機関を指定したほうがより実態に合致するからとされる。国民健康保険中央会広報部編『国民健康保険法の解釈と運用』(社会保険出版社、2000年)279頁参照。

[21] 法研編集部編『健康保険法の解釈と運用(第11版)』(法研、2003年)482頁参照。

[22] 1次医療圏は、基本的に市町村区域、2次医療圏は広域市町村(現在、全国に370)、3次医療圏は、基本的に都道府県の区域とされている。

告は、法的拘束力をもたない行政指導であり、開設許可の取り下げを都道府県知事が執拗に働きかけることは違法になるとの判決（鹿児島地判平成9・12・5判例自治176号82頁）もあり、病床規制の実効性に限界があった。そこで、医療法上の病院開設許可は行うが、保険医療機関の指定は行なわないという方法がとられるようになり、1998（平成10）年および2002（平成14）年の健康保険法改正により、勧告の不服従が指定拒否事由として明文化された（健保65条4項2号）。

　こうした医療計画に基づく病床規制に関しては、憲法22条の職業選択の自由を侵害するとして、指定拒否処分を受けた医療機関が各地で取消訴訟を提起したが、最高裁は、過剰供給に需要創出効果がある医療については、病床制限を超える医療機関の指定は保険運営の効率性を著しく阻害するとして、その拒否は適法であり、憲法22条にも違反しないと判示している（最判平成17・9・8判時1920号29頁）[23]。また、最高裁は、病院開設中止勧告が指定拒否と結びついていることから、都道府県知事が、病院を開設しようとする者に対して、当該医療圏の必要病床数に達しているとの理由で行った病院開設中止勧告の処分性を肯定している（最判平成17・7・15民集59巻6号1661頁）。

　なお、2013（平成25）年4月からは、医療計画の必要記載事項として、5大疾病（がん・脳卒中・急性心筋梗塞・糖尿病・精神疾患）の治療・予防に関する事業、5事業（緊急医療・災害時医療・へき地医療・周産期医療・小児医療）に関する事項などが加えられている（医療30条の4第2項）。

## 3　医療・介護総合確保法（医療法改正部分）の内容と問題点

### (1)　病床機能報告制度と地域医療構想

　一方、2014（平成26）年6月に成立した医療・介護総合確保法（平

---

[23] 加藤ほか151頁（倉田聡執筆）は、どの医療機関の病床が過剰であるかは一概に判断できない以上、常にその責めを新規参入者に負わせることが、職業選択の自由を制限する態様として合理的といえるかは疑問と指摘している。

成26年法律83号）により医療法が大きく改正されている。

　主な改正内容は、①病床機能報告制度の創設（2014年10月から開始）、②地域医療構想（ビジョン）の策定（2015年度から実施）、③医療計画の見直し、④医療事故調査制度や地域医療支援センターの設置（2015年10月から）である。

　このうち、①の病床機能報告制度は、各病院・有床診療所（医療機関）が有している病床の医療機能（高度急性期、急性期、回復期、慢性期）を、都道府県知事に報告するしくみで、各医療機関は「現状」報告と「今後の方向」の選択（たとえば、今は回復期だが、今後は急性期とするなど）、構造設備・人員配置等に関する項目、具体的な医療の内容に関する項目を報告する（医療30条の13）。

　報告内容を受けて、都道府県は、構想区域（現在の2次医療圏が想定されている）における病床の機能区分ごとの将来の必要量等に基づく②の地域医療構想を策定する。あわせて、地域医療構想を実現するため、都道府県は、構想区域ごとに、診療に関する学識経験者の団体その他の医療関係者、医療保険者などとの協議の場を設け、協議を行うこと（医療30条の14）、都道府県知事が病院の開設等の申請に対する許可に地域医療構想の達成を推進するため必要な条件を付すことができること、都道府県知事が、病床削減（転換）などの要請、勧告（命令）、それらに従わない医療機関名の公表などの措置を発動できること（同30条の16、30条の17）などが定められている。

　地域医療構想によって「構想区域」ごとに医療機能別の必要量を定めれば、不足する病床機能も明らかになる一方で、過剰もしくは不要とされる病床も明確となる。同構想のねらいは、そうした病床（とくに看護師配置の手厚い高度急性期の病床）を他の病床機能に転換させ、過剰と判断された病床開設は認めないなどして計画的に削減し、入院患者を病院から介護保険施設や在宅に移すことにある。削減のターゲットにされているのは、高度急性期の担い手として位置づけられている現在の看護基準7対1の入院基本料算定病床であり、厚生労働省（国）は、現在約36万床ある7対1病床を、2025年までに18万床に削減する方針といわ

れる。[24]実際、2014（平成26）年および2016（平成28）年の診療報酬改定では、在宅復帰率の要件の追加など、7対1入院基本料の算定要件が厳格化されている。

　厚生労働省（国）は、地域医療構想の実現は、都道府県と地域の医療機関の協力のもとでの進めていくことが大原則とし、それが機能しない場合に、都道府県知事が措置を講じると説明しているが、法改正が、都道府県知事の権限を強化した「上からの機能分化」であることには間違いない。しかし、受け皿が整わないまま、機械的な病床削減の地域医療構想を策定し、それを実施していけば、早期退院を迫られ、必要な医療を受けることができない患者が続出することになろう。

　もっとも、これまでも国の病床規制に対しては、前述のように、医療機関からの訴訟が頻発しており、都道府県知事による所要の対抗措置も、訴訟リスクをともない、そう簡単に発動できるものではない。厚生労働省（国）の思惑どおりに、病床機能の再編が進むかは未知数である。

### (2)　医療計画の見直しなど

　③の医療計画の見直しでは、医療と介護の連携を強化するため、厚生労働大臣が地域における医療および介護を総合的に確保するための基本的な方針（総合確保方針）を定め、都道府県が医療計画を作成するに当たっては、この総合確保方針と都道府県介護保険事業支援計画との整合性の確保を図らなければならないことされた（医療30条の4第11項）。

　また、医療計画で定める事項に、居宅等における医療の確保の目標に関する事項および居宅等における医療の確保に係る医療連携体制に関する事項が追加された（同条2項）。さらに、医療計画の見直しサイクルを2018年度からはじまる第7次医療計画から6年（現在5年）とし、その中間年（3年）において在宅医療など介護と関連する部分の見直しを行うこととし（同法30条の6）、介護保険事業計画見直しのサイクル（3年）とそろえた。

---

24　詳しくは、伊藤・社会保障改革 101-102頁参照。

もっとも、これまでも、医療と介護の連携はしばしば強調されてきたことであり、2013（平成25）年からの第6次医療計画にも「在宅医療の体制構築」などが盛り込まれた。しかし、医療計画の策定主体が都道府県、介護保険事業計画の策定主体が市町村であることなどもあり、医療と介護の連携は遅々として進んでいない。実際、第6次医療計画をみると、在宅医療などについては、多くの医療計画では、都道府県が市町村と協議を積み重ねた形跡がみられないとの指摘もある[25]。地域医療構想にしても医療計画にしても、その策定を担う人材や取組体制の拡充がなされなければ、実態にあわない機械的な病床削減の数値目標となってしまう可能性が高い。

④の医療事故調査制度は、医療事故に関する情報を第三者機関が収集・分析して再発防止につなげるしくみである。また、地域医療支援センターは、地域医療を支える人材確保のための機関で、これまで予算事業として行われてきたものが都道府県の事務として法定化された。

## 第5節　公費負担医療

### 1　公費負担医療の特徴と種類

公費負担医療は、全額租税財源により、特定の集団や傷病を対象として医療給付を行うもので、国家補償的性格を有するものとして、原子爆弾被爆者に対する援護に関する法律（以下「被爆者援護法」という）、戦傷病者特別援護法、予防接種法による医療などがある。

また、公衆衛生的性格を有するものとして、感染症予防法、結核予防法、精神保健及び精神障害者福祉に関する法律（とくに措置入院）などがある（措置入院については第6章第4節参照）。さらに、生活保護法による医療扶助、障害者総合支援法による自立支援医療など、社会福祉各法において規定され、医療保険の患者負担分について公費により負担

---

25　島崎謙治『医療政策を問いなおす—国民皆保険の将来』（ちくま新書、2015年）181頁参照。

を軽減する福祉的医療がある（第2章、第6章第4節参照）。

福祉的医療に関しては、各章にゆずり、以下では、国家補償的性格を有する被爆者援護法と予防接種法による医療についてみていく。

## 2　被爆者援護法

被爆者援護法は、旧原爆医療法と旧原爆特別措置法を一本化し、総合的な被爆者援護対策を実施するための根拠法として、1994（平成6）年に制定された。同法は、原爆者に対する国家責任を明確化し、給付における国家補償の性格を強調するという観点から、旧原爆医療法にみられた給付に関する所得制限を撤廃した。

被爆者援護法は、被爆者健康手帳の交付、健康診断の実施、健康管理（健康診断の記録の管理および都道府県知事の指導）と医療の実施を規定している。被爆者健康手帳は被爆者（同法1条）に交付されるが、被爆者については国籍条項が置かれていない。最高裁も、旧原爆医療法の国家補償的な性格を根拠として、不法入国者である外国人被爆者であっても、法所定の要件を満たすかぎりは、被爆者に該当すると判断している（最判昭和53・3・30民集32巻2号435頁）。被爆者援護法についても、同法が、原爆の放射能に起因する健康被害の特異性および重大性にかんがみ、被爆者の置かれている特別の健康状態に着目してこれを救済するという目的から被爆者の援護について定めたものであり、日本国内に居住地または所在地を有する者であるか否かによって区別することなく同法による援護の対象としていると判示している（最判平成27・9・8賃社1653号65頁）[26]。

また、被爆者が出国したことを理由に、被爆者援護法の健康管理手当の支給が打ち切られたことを争った事案では、最高裁は、出国後も引き続き同法の給付義務が継続することを前提に、その支給義務は国ではなく、最終滞在地の都道府県にあるとしている（最判平成18・6・13民集60巻5号1910頁）。

---

26　同判決については、田村和之「医療費裁判」同編『在外被爆者裁判』（信山社、2016年）123-126頁参照。

## 3　予防接種法による医療

　予防接種法は、ジフテリア、百日せきなど予防接種の対象となる疾病を列挙している（2条2項）。そのなかでも、さらに指定を受けた者について、定期の予防接種が市町村長に（5条）、臨時の予防接種が都道府県知事に（6条）義務付けられている。予防接種にあたっては、接種によって健康に異常を生ぜしめるおそれのある者（禁忌者）を除外しなければならない（7条）。予防接種によって後遺障害が生じた場合には、特段の事由がない限り、被接種者が禁忌者に該当するとの推定が働くとするのが判例である（最判平成3・4・19民集45巻4号367頁）。

　予防接種に起因する疾病・障害・死亡に対しては、予防接種法において補償給付のしくみが設けられている。補償給付の実施機関は、市町村長とされ（11条1項）、給付を受けるには、健康被害が予防接種に起因していることの認定を受けなければならない。

　給付には医療を保障する医療費および医療手当、後遺障害が残った児童の養育者に支払われる障害児童養育年金、後遺障害の残った18歳以上の者に支払われる障害年金、死亡一時金ならびに葬祭料がある（12条）。ただし、給付水準が必ずしも十分でなく、補償とは別に国家賠償請求訴訟が提起される原因となっているとの指摘がある。[27]

## 4　難病医療法

　一方、従来の難病患者に対する医療費助成について、新たに消費税増収分を充てる形で、難病医療法が制定され（平成26年法律50号）、施行されている（2015年1月より）。

　難病医療法は、発病の機能が明らかでなく、かつ、治療方法が確立していない希少な疾病であって、長期にわたり療養を必要とするものを難病と定義し、難病患者に対する良質かつ適切な医療の確保および療養生活の質の維持向上を図り、もって国民保健の向上を図ることを目的とし

---

27　加藤ほか 202頁（倉田聡執筆）参照。

ている（1条）。

　都道府県知事は、申請に基づき、指定難病患者に対し、特定医療費を支給する（難病医療法7条）。支給の認定は、申請の日にさかのぼって、その効力が生じ、支給認定をしないときには、あらかじめ指定難病審査会に審査を求めなければならない。患者の自己負担額は原則2割とされるが、高額療養費を参考にした所得階層区分が設定されており、それに応じて自己負担限度額が定められ、負担の軽減が図られている。

　厚生労働省は、難病医療法の施行に当り、対象となる疾患数が56から約300に大幅に拡大し、医療費助成を受ける患者数は約78万人（2011年度）から約150万人（2015年度）に倍増すると試算していた。しかし、これまでの対象疾患の患者の自己負担が増え、また申請に費用と手間がかかることもあって、実際に給付を受けている患者は、2015（平成27）年度で約94万人と、前年度よりわずか2万人増えたにとどまり、難病医療法施行前から助成対象だった56疾患については、2015年度は前年度より減少している（厚生労働省調査）。患者自己負担の軽減や申請手続きの簡略化が課題となろう。

## 第6節　医療制度改革の展開と医療保障の課題

### 1　医療制度改革の展開
　　―国民健康保険の都道府県単位化と患者負担の増大

#### (1)　国民健康保険の都道府県単位化の問題

　医療・介護総合確保法に続き、2015（平成27）年5月には、国民健康保険法や健康保険法など9法律を一括して改正する医療保険制度改革法が成立した。医療保険制度改革法も複雑な内容で、多くの問題がある。

　主な問題点としては、まず、同法の最大の目的である国民健康保険の都道府県単位化の問題がある。医療保険制度改革法では、2018年度から、都道府県が、国民健康保険の財政運営の責任主体となり、国民健康保険の中心的な役割を担うこととされた（国保4条2項）。具体的には、都

道府県が、保険給付に要する費用の支払い、市町村事務の効率化・広域化等を促進し、市町村が保険料の徴収、資格管理・保険給付の決定、保健事業などを引き続き担う。その意味では、都道府県単位化といっても、都道府県と市町村が共同して国民健康保険を運営する方式といえる。そのため、最終的な責任の所在があいまいになっている。

国民健康保険料の設定は、都道府県が、域内の医療費全体を管理したうえで、市町村ごとの標準保険料率と都道府県全体の標準保険料率を定め、各市町村は、標準保険料率を参考にしながら、納付金を納めるのに必要な保険料率を定め、保険料を徴収して、都道府県に国民健康保険事業費納付金として納付する。したがって、保険料は、現在と同様に、市町村ごとに異なることとなる。そのうえで、市町村は、保険給付等に要する費用のうち市町村負担分を国民健康保険給付費等交付金として都道府県に請求し、都道府県から交付を受ける。交付金の財源は、市町村の納付金のほか、国や都道府県の公費負担で賄われる。

この方式だと、市町村による一般会計の繰入がなされなければ、ほぼ確実に、国民健康保険料が引き上げられることになる。市町村は、都道府県から割当てられた納付金を100％納める必要があり、全国の保険料収納実績は平均で約90％のため、市町村は、納付金を賄えるよう保険料引き上げが必要となるし[28]、もしくは都道府県に新設される財政安定化基金から納付金の不足分を借り受け、のちに保険料に上乗せして返済することになるからである。国民健康保険料が引き上げられれば、さらに保険料の滞納世帯が増えることとなり、給付制限や徴収が強化され、徴収業務の外部委託もすすむ可能性が高い（本章第3節参照）。

## (2) 国民健康保険の都道府県単位化のねらい

そもそも、国民健康保険財政の赤字は、加入者に高齢者や低所得者、無職者が集中していることによる構造的な問題であり、保険規模を大き

---

28　寺内順子『検証！国保都道府県単位化問題—統一国保は市町村自治の否定』（日本機関紙出版センター、2016年）10頁は、9割の収納率でも納付金100％納付になるようにするには、保険料は計算上は11.1％割増となるとし、今よりかなり高くなると指摘している。

くしたところで、赤字が解消されるわけではない。実際、政令市などの大規模な自治体ほど国民健康保険財政は苦しく、全国最大の加入者をかかえる横浜市の収支決算は赤字基調が続いている。小規模保険者の問題は、保険財政共同安定化事業により対応が可能で、保険規模の広域化や都道府県単位化の必要性は薄い。

　国民健康保険の都道府県単位化の本当の目的は、市町村の法定外繰入のような財政補填のための公費支出を廃止し、都道府県ごとに保険料負担と医療費が直結するしくみ、つまり介護保険や後期高齢者医療制度と同様のしくみをつくりあげることにある。保険料負担と医療費が直結するしくみが形成されれば、公費投入で、当面の保険料引き上げは回避されても、中長期的な医療費の上昇が保険料引き上げにストレートに跳ね返る。かりに、法律上、都道府県の税支出による財政補填が可能になっても、各都道府県は、その域内に医療提供水準などが異なる多くの市町村を抱えているため、支出に対する政治的合意を得ることは難しく、都道府県としては、医療費抑制を図らざるを得なくなる。

　そして、医療費抑制を図るため、医療・介護総合確保法で、都道府県は医療費適正化計画とともに地域医療構想を策定することとされ、病床削減などについての都道府県知事の権限を強化し医療供給体制をコントロールするしくみが組みこまれた。国民健康保険の都道府県単位化は、保険料の引き上げを抑制するため、いわば都道府県間で医療費削減を競わせるしくみを構築することを意図しているといえる。さらに、厚生労働省は、都道府県ごとに策定する医療費適正化計画に、医療費支出目標の設定を義務付け、それが達成できない場合には、診療報酬による特例などのペナルティを設定する構想も示している。

### (3) 患者負担の増大

　医療制度改革では、「負担の公平化」の名目で、患者負担の増大が加

---

29　国民健康保険財政の安定化を図るための事業で、国民健康保険団体連合会が実施し、交付事業と拠出事業がある。2012（平成24）年に、国民健康保険法が改正され、2015（平成27）年4月より、対象範囲が、国民健康保険の保険給付費すべてに拡大されている。

速している。

　第1に、医療保険制度改革法により、一般病床や65歳未満の療養病床に入院している患者への入院時食事療養費が縮小され、これまでの食材費相当分のみ食費自己負担（1食につき260円）であったものが、2016（平成28）年度から1食360円とされた。2018年度からは1食460円となる。低所得者および難病患者、小児慢性特定疾患患者の負担額は据え置かれるものの、入院時の食費は高額療養費の対象とならないため、食費の値上がりで、入院したときの患者負担は、一般の患者で、医療費と合わせて1カ月約12万円にのぼる。

　第2に、同じく医療保険制度改革法で、紹介状なしで特定機能病院および500床以上の病院を受診する場合に、2016（平成28）年4月から、保険外併用療養費制度の選定療養として、定額負担を患者から徴収することが義務化された。定額負担の額は、初診で5000円以上、再診でも3000円以上となる（選定療養としての位置づけは、つまり大病院の受診がぜいたくということを意味するのだろうか）。また、定額負担の導入は、小泉政権のときに導入が検討されたが頓挫した受診時定額負担（医療費窓口の自己負担分にさらに定額を上乗せする）の一種といえ、今後、これを先駆けとして、大病院でなくても受診する際に時定額負担が導入される可能性がある。

　第3に、政令改正により、後期高齢者医療保険料の特例軽減措置も段階的に廃止される。当面は、2017（平成29）年4月から、所得に応じて支払う所得割の軽減が5割から2割に、被扶養者であった高齢者の定額部分の軽減も9割から7割に引き下げられる。特例措置が全廃されれば、高齢者の保険料負担は従来の2〜10倍となり、深刻な影響が懸念される。

　第4に、これも政令改正により、70歳以上の高齢者の高額療養費の月額負担上限が段階的に引き上げられる。当面は、2017（平成29）年8月より、年収370万円未満の外来の負担上限が月額2000円上がり1万4000円に、入院を含む負担上限も1万32000円増の5万7600円に引き上げられる。同時に、療養病床に入院中の65歳以上の高齢者について、

水光熱費である居住費が、同年10月より、日額320円が370円に引き上げられる。

　加えて、2015（平成27）年12月末には、政府の経済財政諮問会議が「経済・財政再生計画改革工程表」（以下「改革工程表」という）を決定、さらに、2016（平成28）年末には「改革工程表」が改定され、湿布やかぜ薬など市販品類似の医薬品の保険給付の見直し、かかりつけ医以外を受診した場合の追加負担の導入、75歳以上の高齢者の窓口2割負担化などの改革案が提示されている。患者、とくに高齢者を狙い撃ちにした負担増の改革の方向が鮮明になっているといってよい。

　なお、前述の年金機能強化法により、2016（平成28）年10月より、短時間労働者の厚生年金加入とともに、健康保険の加入が実現している（第3章1参照）。国民健康保険から約15万人、健康保険被扶養者から約10万人が健康保険被保険者に移り、その内訳は、組合健保に約20万人、協会けんぽに約5万人となっている。これも、従来の健康保険被扶養者からみれば、新たな保険料負担が発生する負担増になっている（ただし、同時に、事業主の保険料負担も発生する）。

## 2　医療保障の課題

　以上のような医療提供体制改革に対しては、地域医療の実態を無視した、病床の機械的な削減をさせないため、自治体レベルで、地域医療構想に医療機関や住民の意見を反映させること、医療・介護関係者が中心となって、どのような医療需要があり、どの程度の病床が必要かを具体的に提言していく運動が必要であろう。そもそも、稼働していない病床が多数存在しているのは、病床自体が過剰というより、必要な医師・看護師が確保されないことに原因があるとの指摘もある。まずは、医師・看護師の確保を図る施策が求められる。2015（平成27）年6月には、政府の内閣官房の専門調査会が、2025年に必要な医療機関の入院病床数は115万から119万床で、30万人程度の患者を介護施設や在宅医療に移行させることで、高齢化で必要と見込まれる同時点の152万床の2割以上に当たる33〜37万床を削減できるとの報告書をまとめている。現

第5章　医療保障

在の134万7000床（2013年時点）からも、さらに病床を削減するという、きわめて強硬な「患者追い出し」による医療費削減策であり、早急に、それに対抗する提言作りの運動が求められる。

　将来的な医療保険の制度設計については、後期高齢者医療制度は廃止し、老人保健制度に戻したうえで、当面は、現在の国民健康保険、被用者保険の並列状態を維持しつつ、老人保健制度や国民健康保険への公費投入を増やしていくべきと考える。まずは減らしつづけてきた国民健康保険の医療費国庫負担を元の水準、少なくとも、1984（昭和59）年改正前の45％にもどすべきだろう。また、前期高齢者の医療費調整制度へ公費負担を導入し、協会けんぽの国庫補助率を従来の本則の20％にまで引き上げる必要がある。

　確かに、老人保健制度にも問題があるが、後期高齢者医療制度のように高齢者医療費と高齢者の保険料が直結するしくみは組み込まれておらず、高齢者は国民健康保険などに加入することになるため、拠出金の根拠も明確である。また、公費負担を増大させることで、健康保険などの拠出金負担を減らすことができるし、前述の生活習慣病予防に特化した問題の多い特定健康診査・特定保健指導を廃止し、すべての住民を対象に、市町村が行う基本健診などの老人保健事業を復活できる点でもメリットがある。[30]

　70歳以上の高齢者と乳幼児については医療費の無料化を、国レベルで実現する必要がある。そして、将来的には、政府を保険者とし、すべての国民を被保険者とする医療保険制度を構築し、収入のない人や生活保護基準以下の低所得者については保険料を免除し、国際的にも水準の低い公費負担と事業主負担を増大させることで10割給付の医療保障（つまり、すべての被保険者について医療費負担なし）を実現すべきである。

---

30　詳しい構想については、伊藤・前掲注(14) 238-239頁参照。

*167*

# 第6章 社会福祉

## 第1節 社会福祉法制総説

### 1 社会福祉法制の展開と措置制度

#### (1) 公的責任の確立と措置制度の確立

　第2章でみたように、1946（昭和21）年2月に、連合国最高司令官総司令部（GHQ）が日本政府に示した「社会救済」覚書は、公的扶助における①無差別平等原則、②公的（国家）責任の原則、③必要充足の原則（扶助費の総額に制限を設けないこと）を示すものであった。GHQは、1949（昭和24）年には、社会福祉行政6原則を示し、社会福祉の公的責任の確立と、これを実施するための行政体制の整備を日本政府に強く要求した。同時に、民間の社会福祉事業に対する公的責任の転嫁、国の関与や援助を禁止することを指示した。1951（昭和26）年に制定・施行された社会福祉事業法（昭和26年法律45号。現在の社会福祉法）は、こうした公的責任および公私分離を法制化したものであった。

　そして、戦後の日本の社会福祉法制は、生活保護法から専門分化していくという過程を辿る。まず、1947（昭和22）年に児童福祉法が制定され、1949（昭和24）年には、身体障害者福祉法が制定される。これらは、1950（昭和25）年に全面改正された生活保護法とともに、福祉3法と称された。こうした社会福祉法制の特徴は、各法に定められた措置（福祉サービスの提供という現物給付）を国・自治体の責任（公的責任）で実施するというもので、措置制度といわれた。

　もっとも、当時、施設をはじめ福祉供給体制は整備途上にあったため、社会福祉事業法によって、民間事業者を社会福祉法人として措置委託の

形で公的補助を行うしくみがとられた。同法によって、各都道府県に社会福祉事務所が設置され、福祉事務に従事する専門公務員が誕生する。実施体制は、機関委任事務（現在は法的受託事務）として、自治体が事務処理を行っていたが、サービス提供は施設入所が中心で、供給量が限られていたため、措置の対象とされたのは、緊急性の高い人や低所得者層であった。

1960年代に入ると、1960（昭和35）年に知的障害者福祉法（1998年に名称変更）、1963（昭和38）年に老人福祉法、1964（昭和39）年に母子福祉法（1981年に母子及び寡婦福祉法、2016年に母子及び父子並びに寡婦福祉法に名称変更）が相次いで制定され、先の3法とあわせて、いわゆる福祉6法体制が確立した。

高度経済成長のもと、保育所などの施設整備が進み、1973（昭和48）年は「福祉元年」と称され、普遍的な福祉サービス供給体制が確立するかにみえたが、その年の秋の第1次石油危機により、高度経済成長が終わり、低成長期が到来すると、一転して福祉見直しが叫ばれ、福祉予算の削減の方向へ舵が切られることとなった。1981（昭和56）年には、臨時行政調査会が、ついで第2次臨時行政調査会が発足、行財政改革の答申を出し、医療・年金・社会福祉部門の抑制の方向が打ち出された（「臨調・行革路線」と称された）。1986（昭和61）年以降は、社会福祉に関する国庫負担割合を従来の8割から最終的には5割に引き下げる改革が断行された（生活保護の国庫負担については75％）。同時に、機関委任事務が廃止され、施設入所に関する事務が自治事務とされた。[1]

1990年代に入ると、少子高齢化の進展への対応が政策課題とされるようになり、1990（平成2）年の老人福祉法および老人保健法（現在は高齢者の医療の確保に関する法律）の改正により、全国すべての地方公共団体は、老人福祉計画・老人保健計画（両者は一体のものと作成され、老人保健福祉計画といわれた）の策定が義務付けられた（老福20条の8以下）。

---

1　1980年代以降の福祉抑制策については、伊藤・権利 188頁以下参照。

同時に、老人福祉法と身体障害者福祉法に基づく入所措置の権限を市町村に移譲し、市町村を在宅サービスの実施主体とすることなどを主な内容とする改正が行われた。また、民間活力の利用という政策動向に沿って、措置委託先の拡大と供給主体の多元化が図られた。

(2) 措置制度の批判の展開とその見直し

措置制度では、利用希望者の申し込みを契機として、措置権者（地方公共団体またはその長）が受給資格を認定して措置決定を行い、措置（保育や支援などの現物給付）がなされる。受給資格の認定は、受給要件に該当するか否かを認定するもので、必要度や緊急性に応じて優先順位が決定される。措置決定は行政処分と構成され（したがって、決定に不服がある場合は、取消訴訟など行政訴訟の提起が可能となる）、措置決定がなされれば、措置権者は、受給資格者に措置を実施する義務を負う。民間事業者に委託する場合にも、社会福祉各法により、受諾者に対する措置の受託義務および規制監督が規定されている。

こうした措置制度は、第1に、措置権者である市町村が、措置の実施という現物給付義務を負い、民間事業者に委託する場合にも、事業者に対して委託費を支給する方式をとっていること（現物給付・市町村委託方式）、第2に、市町村（行政）の責任により入所・利用が保障されること（市町村責任方式）、第3に、費用負担は無償もしくは、利用者の所得に応じた応能負担であること、第4に、財源は、国・自治体の公費負担であること、に特徴がある。しかし、行政解釈では、措置決定は行政処分であり、措置の実施は職権主義によるもので、利用者の申請権は否定され、同時に、サービスを受ける利益は、措置の実施の結果として生じる反射的利益であるとして、措置請求権も否定されてきた[2]。判例も、同様の解釈を示すものが大半であった（申請権を否定する大阪高判平成13・6・21判例自治228号72頁、措置請求権を否定する大阪地判平成10・9・29賃社1245号30頁、養護老人ホームの個室入所請求訴訟に対

---

2 厚生省社会局老人福祉課監修『改訂・老人福祉法の解説』（中央法規、1987年）88-89頁参照。

する最判平成5・7・19判例集未登載など)。

　そして、1990年代に入ると、措置制度に対して、①措置決定は一方的・権力的で、利用者は従属的な立場に置かれ、施設やサービスの選択ができない。②供給量の不足により、サービス提供を拒否する行政裁量が認められ、多数の待機者の存在を理由に、利用の申出を受け付けない運用もみられる。③施設最低基準や措置費の算定基準が低く設定されているため、処遇面での質の確保が十分できていない、などの問題点が指摘され、改革の必要性が主張されるようになった。もっとも、これらの問題点の多くは、措置制度のしくみを前提としながら、公費を投入し、施設などの供給量の増大を図り、施設最低基準や措置費の引き上げを行うことなどで解決しうる問題といえた（②③の問題）。また、法解釈論を通じて運用を改善する途もあった[3]。とくに、保育所入所については、多くの自治体で、保護者が特定の保育所を選択した上で、入所希望先を明記し、市町村に申し込みを行う方式が常態化しており、申請権と措置請求権を認めることは十分可能であった。

　しかし、社会福祉基礎構造改革と称し、2000（平成12）年に施行された介護保険法によって先鞭をつけられた改革は、措置制度の見直しというより解体であった。これにより、主な社会福祉の給付は、サービスそのものの給付（現物給付）ではなく、サービス利用に必要な費用（給付金）の助成という金銭給付に変わり、高齢者や障害者などが事業者・施設と直接契約してサービスを利用するしくみが導入された。

## 2　社会福祉の給付方式とサービス利用関係

### (1)　介護保険方式

　措置制度からの転換が最も劇的に行われたのが高齢者福祉分野である。
　すなわち、介護保険法施行により、老人福祉法に基づく高齢者福祉措置制度（現物給付・市町村委託方式、市町村責任による入所・利用のしくみ、利用者負担は応能負担、財政方式は税方式）は解体され、①給付

---

　3　同様の指摘に、加藤ほか258頁（前田雅子執筆）参照。

第6章　社会福祉

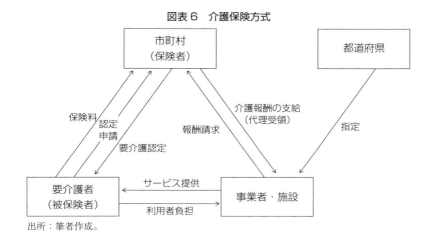

図表6　介護保険方式

出所：筆者作成。

金方式（要介護・要支援認定を受け給付資格を認められた要介護者・要支援者への金銭給付の支給）、②直接契約方式（要介護者と指定事業者・施設との契約、要介護者の自己責任による利用のしくみ）、③利用者負担は応益負担、④財政方式は社会保険方式へと転換した（以下「介護保険方式」という）。

　介護保険の給付を受けるには、被保険者が市町村（保険者）に申請して、要介護・要支援認定（以下「要介護認定」と総称）を受けた上で、指定事業者・施設との間で利用契約を締結する（②の方式）。そして、サービス利用に要した費用の9割について、要介護者・要支援者（以下、とくに区別する必要がある場合を除いて「要介護者」と総称）に保険給付が行われる（①の方式）。ただし、サービス費用は、通常は、要介護者ではなく、介護報酬の形で指定事業者・施設が要介護者に代わって受給する（代理受領。介保41条6項以下など）。要介護者は自己負担分の1割（応益負担）を直接、指定事業者・施設に支払う（③の方式。以上につき図表6参照）。

**図表7　障害者支援方式**

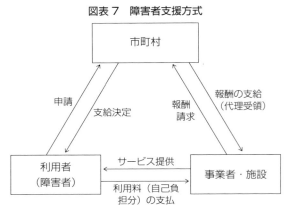

出所：筆者作成。

### (2) 障害者支援方式

　こうした介護保険方式をモデルに、障害者福祉分野においても関係各法が改正され、措置制度からの転換がなされた。

　すなわち、2003（平成15）年に、身体障害者福祉法や知的障害者福祉法などが改正され（支援費制度）、障害福祉サービスの利用方式が①給付金方式、②直接契約方式に転換、さらに、2006（平成18）年の障害者自立支援法の施行によって、同サービスの利用者負担に③応益負担が持ち込まれた。しかし、同法の応益負担を違憲とする訴訟が提起され、厚生労働省（国）と原告団・弁護団の基本合意書が締結されるに至り、同法が改正され、利用者負担が原則応能負担となった上で、「障害者の日常生活及び社会生活を総合的に支援するための法律」（以下「障害者総合支援法」という）と名称変更し、2013（平成25）年より施行されている（以上の障害者福祉法制の展開については、本章第4節参照）。

　障害者総合支援法に基づく自立支援給付を受けるためには、障害者が市町村に申請して、その支給決定を受ける必要がある（障害総合19条・20条）。支給決定では、サービスの種類ごとに介護給付費等が支給されるサービスの量（支給量）が月単位で決められ、支給決定を受けた障害者は、指定事業者・施設と利用契約を締結することでサービスを利用す

第6章 社会福祉

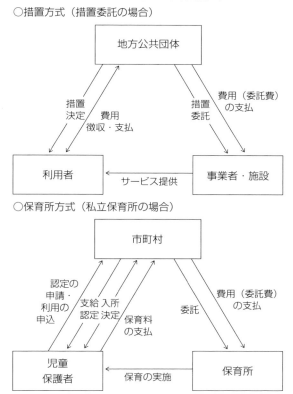

図表8 措置方式と保育所方式

出所：筆者作成。

る。これに要した費用について、市町村は支給額を限度額として利用者（支給決定障害者）に代わって指定事業者・施設に支払い（代理受領）、利用者は自己負担分を指定事業者・施設に支払う（障害総合29条4項・5項など。以上につき図表7参照）。介護保険方式と比べて、①給付金方式、②直接契約方式である点は同じだが、③利用者負担は原則応能負担、④財政方式は税方式である点に相違がある（以下「障害者支援方式」という）。

175

### (3) サービス給付（措置）方式と保育所方式

これに対して、従来どおり措置として実施されるサービス給付方式（現物給付方式・市町村責任方式）も残っている。要保護児童に対する施設入所措置（児福27条1項3号）、やむを得ない理由により、介護保険のサービスを利用することが著しく困難な高齢者に対して、市町村が老人福祉法に基づいて行う入所措置（老福11条など）などがこれに該当する。これらの措置は、申請を前提とせず職権で行われ、市町村（行政）責任によりサービスが提供（現物給付）される点に特徴がある（以下「措置方式」という。図表8）。

一方、児童福祉法に基づく保育所入所の場合は、1997（平成9）年の児童福祉法改正により、措置から市町村と保護者との契約に基づく利用に転換されたとされる（本章第3節参照）。すなわち、保護者が市町村に対し申込みを行い、両者の契約関係を前提に保育が提供されるが、市町村が保育の実施義務を負う点では、措置方式の場合と変わりがない。市町村が、私立保育所に保育の実施委託した場合の法律関係については議論があるが、この場合、市町村と私立保育所との間で第三者のためにする契約（民法537条）が成立しており、その効果として子ども・保護者は入所している私立保育所に対して、保育の実施に関して直接権利主張することができるとみる見解（三面関係説）が有力とされる。[4] 第三者のためにする契約は、子ども・保護者のために保育を実施する市町村と私立保育所との間の準委任契約である（以下「保育所方式」という。図表8）。

2015（平成27）年から、子ども・子育て関連3法が施行され、認定子ども園や地域型保育事業の利用については、①給付金方式と②直接契約方式の導入が図られたが、保育所については、市町村の保育の実施義務が維持されたため（児福24条1項）、保護者と市町村との契約という形をとる保育所方式のしくみは変わらない。ただし、保育所の利用の場合も、新たに支給認定を受けなければならなくなった（本章第3節参照）。

---

[4] 前田雅子「社会保障の法関係」高木光・宇賀克也編『行政法の争点』（有斐閣、2014年）266頁参照。

## 3　社会福祉法

### (1) 社会福祉法の目的と基本理念

　社会福祉全般の共通的基本事項を定めるのが社会福祉法である（社福1条）。同法は、2000（平成12）年に、社会福祉事業法を全面的に改正して名称変更したもので、社会福祉全般の理念に関わる規定が盛り込まれている。

　第1に、社会福祉法は、個人の尊厳の保持と自立を福祉サービス全般の基本理念として位置づけている（3条）。ここで「自立」とは、他からの援助を受けないという意味ではなく、援助を受けつつも自身の意思決定や行動に他者の干渉を受けないという意味に解すべきであろう。[5]

　第2に、「地域福祉の推進」という理念が規定された（社福4条）。その目的は、福祉サービスを必要とする住民が、地域社会の構成員として日常生活を営み、あらゆる分野に参加する機会が付与されることにある。その推進主体として、地域住民、社会福祉を目的とする事業の経営者および社会福祉に関する事業を行う者が列挙されている。また、「地域福祉の推進」の章（第10章）を設け、地域福祉推進の中心的な担い手として、市町村および後述する地区社会福祉協議会、そして都道府県社会福祉協議会を位置づけ直した（同109条・110条）。

　第3に、社会福祉サービスの提供の原則として、利用者の意向を十分に尊重することが求められる（社福5条）。この要請は、社会福祉事業の経営者の情報提供、福祉サービスの質の向上のための措置などの努力義務として具体化されている（同75条・78条など）。

　第4に、国および地方公共団体の責務として、福祉サービスの提供の確保、福祉サービスの適切な利用の推進に関する施策などが上げられている（社福6条）。福祉サービスの利用方式が介護保険方式・障害者支援方式が主流になったことを踏まえて、国・自治体の公的責任を直接的なサービス提供ではなく、その後方支援に限定している点に特徴がある

---

5　同様の指摘に、加藤ほか 259-260頁（前田雅子執筆）参照。

といえよう。

(2) **社会福祉事業と施設・運営の最低基準**

社会福祉法は、社会福祉事業全般を規制の対象としているが、2条2項と3項に、限定列挙する社会福祉事業（第1種事業、第2種事業）に対して、とくに強い規制を及ぼしている。

第1種社会福祉事業の多くは、特別養護老人ホームや児童養護施設など社会福祉施設の経営事業であり、施設入所者の権利擁護のために、同事業の経営主体は、国、地方公共団体または社会福祉法人に限定されている（社福60条）。それ以外の者でも都道府県知事の許可を受けて経営することができるが（同62条2項以下・67条2項以下）、無許可で社会福祉事業を運営した者には罰則がある（同131条）。これに対して、第2種事業は、保育所の経営なども含むが、経営主体に制限がなく、事業を開始する者は届出義務を負うにとどまる（同69条）。

社会福祉施設の設備・運営についての最低基準は、従来は、厚生労働大臣が省令で定めていたが、自治事務の義務付け・枠付けの見直しを図る「地域の自主性及び自立性を高めるための改革の推進を図るための関係法律の整備に関する法律」（とくに、2011年公布の第1次・第2次一括法）により、都道府県が条例で定めることとなった。ただし、①施設に配置する職員およびその員数や居室の床面積については、省令で定める基準に従い、②利用定員については同基準を標準として定めるものとされ、③その他の事項については、同基準を参酌することが求められる（社福65条）。①が「従うべき基準」であり、省令の基準を下回ることができない（人員の増員や床面積の拡大といった上乗せは可能）。②は「標準とすべき基準」であり、これを標準としつつも、合理的な理由がある範囲内で異なる内容を定めることができる。③は「参酌すべき基準」であり、地域の実情に応じて、これと異なる内容を定めることができる。しかし、こうした最低基準の地方条例化は、自治体間格差の拡大やとくに③の参酌すべき基準について、歯止めのない基準の低下をもたらす可能性があるなど、問題が多い。

社会福祉法に従って社会福祉事業がなされているかを監督するため、都道府県知事は、社会福祉事業の経営者に対して、必要と認める事項の報告を求め、またはその役員に施設、帳簿、書類等を検査させ、その他事業経営の状況を調査させることができる（社福70条）。施設が都道府県の定める基準に適合しないと認められるに至ったとき、都道府県知事は、経営者に対して必要な措置をとるよう命じることができる（同71条）。経営者が、この命令に従わない場合、立入調査を拒否した場合、またはサービスの利用者の処遇について不当な行為をした場合には、都道府県知事は、事業の経営を制限し、事業の停止を明示、または許可を取り消すことができる（同72条）。

### (3) 社会福祉法人

民間の事業者が公の助成により社会福祉事業を行う目的のもと、旧社会福祉事業法で設けられたのが、社会福祉法人である。社会福祉法は、社会福祉法人に対し、かなり厳格な公的規制（業務監査、措置命令、解散命令など）を及ぼすことで、「公の支配」に組み込み、憲法89条後段違反の問題をクリアーし、公的助成の途を開いたことは前述したとおりである（第1章第2節参照）。

2016（平成28）年には、社会福祉法が改正され、それまで任意設置であった社会福祉法人の評議員会が必置となったほか（社福36条）、一定規模以上の法人への会計監査人の設置義務（同37条）を定め、公益を目的とする事業（公益事業）と収益事業の実施を社会福祉法人の責務として法律上位置付けた（同26条1項）。また、社会福祉施設職員等退職者共済制度を見直し、障害者施設等に係る公費助成が廃止された（介護保険施設等と同様の扱い）。

これらの社会福祉法人制度改革は、社会福祉事業に営利企業が参入しやすい環境（いわゆる「イコールフッティング」の確立）を生み出そうとの意図がある。しかし、そもそも、社会福祉法人が行っている社会福

---

6　最低基準の地方条例化の問題点については、伊藤・子ども・子育て支援法 59 頁以下参照。

祉事業そのものが公益事業であり、公益事業で予定されている生活困窮者対策などは、本来は、公費により国の責任で行うべき事業であり、国の責任の社会福祉法人への転嫁といってよい。[7]

　一方、社会福祉を目的とする事業に関する調査・連絡・調整・助成や社会福祉に関する活動への住民参加のための援助等を行うことを目的とする団体（社会福祉法人）として、社会福祉協議会が都道府県および市町村に設置されており、社会福祉法に、組織・運用に関する規定が置かれている（社福109条以下）。社会福祉協議会には、その区域内の社会福祉事業を経営する者の過半が参加し、NPO（民間非営利団体）や住民のボランティア組織などの参加も予定されており、これらの連絡調整も行う。従来は、主として社会福祉事業の経営を行ってきた社会福祉協議会も多かったが、現在では、民間事業者の進出が困難な地域でのサービス提供や日常生活自立支援事業などの業務を担うようになってきている。

## 4　社会福祉の実施体制と業務従事者

　社会福祉の事務や給付決定を担うのは、地方公共団体である。介護保険の給付の決定、自立支援給付の支給決定、入所措置等の権限は、市町村にあり、一部の給付・措置決定、社会福祉法人の設置認可、事業者・施設の指定および規制監督の権限は都道府県にある（指定都市・中核市にも一部委譲されている）。社会福祉分野では、地方公共団体への権限委譲が進んでおり、大部分の事務が自治事務となっている。ただし、社会福祉法人に対する一般的監督など、一部は法定受託事務に該当するものもある。

　直接住民に対して社会福祉全般に対する相談指導や給付などの業務（現業といわれる）を行う専門機関が福祉事務所である。都道府県と市（特別区も含む）は福祉事務所を設置しなければならない（社福14条）。そのほか、各福祉分野に専門分化した業務を行う機関として、児童相談

---

　7　社会福祉法人改革の問題点については、伊藤・社会保障改革 163-164 頁参照。

所、身体障害者更生相談所、知的障害者更生相談所が法定されており、都道府県に必置である。これらの機関には、所定の資格を有する公務員を配置することが法律上規定されている。これを任用資格といい、福祉事務所には、社会福祉主事の資格を有する職員を条例で定数を定めて配置しなければならない。また、原則として法定された職務にのみ従事させる専任規定がある（社福15条）。

福祉事務所の業務や社会福祉主事の職務への協力機関として、民生委員が位置づけられている。民生委員は、民生委員法（昭和23年法律198号）に基づき、都道府県知事の推薦を経て厚生労働大臣から委嘱される民間人であり、無償で（交通費程度は支給される）、社会福祉業務の協力のほか、援助を必要とする者の相談・助言、福祉サービスの利用援助なども行う。しかし、近年、委員の高齢化が進み、担い手不足が深刻化している。

社会福祉事業の従事者の専門資格としては、社会福祉士、介護福祉士、精神保健福祉士、保育士がある。このうち、社会福祉士は、日常生活に支障がある者の福祉に関する相談に応じ、助言、指導、その他の援助を行うこと（相談援助）を業務とし、介護福祉士は、日常生活に支障がある者に対して入浴・排泄、食事などの介護を行うことを業務とする（社福士2条）。精神保健福祉士は、精神科病院その他の医療施設において精神障害の医療を受けている者等の社会復帰に関する相談援助を業務とする（精福士2条）。これらの資格は、いずれも業務独占ではなく、名称独占のみとなっている（社福士2条、精福士2条）。

## 第2節　高齢者福祉と介護保険法

### 1　高齢者福祉施策の展開

日本では、高齢化が急速に進み、65歳以上の総人口に占める割合（高齢化率）が1994（平成6）年に14％を超える高齢社会に突入して以降、2013（平成25）年には、高齢化率が25％を突破、75歳以上人口の割合

も12.3％に達し、人口の4人に1人が65歳以上の高齢者という本格的な超高齢社会になった。こうした状況のもと、公的年金、雇用保障、保健医療、住宅などの高齢者施策を推進していくことが急務となり、1995（平成7）年に、それらの諸施策の目的や基本理念を定めた高齢社会対策基本法が制定された。

　高齢者施策のなかでも緊急の課題とされてきたのが、介護保障である。高齢化の進展とともに、介護を必要とする高齢者が増加してきたが、圧倒的な福祉施設の不足の中、特別養護老人ホームなどの計画的な整備の必要性が認識され、前述のように、1990（平成2）年の老人福祉法および老人保健法の改正により、全国すべての地方公共団体に、老人保健福祉計画の策定が義務付けられた。すべての市町村が、サービスの種類ごとに目標数値を設定したうえで、施設の整備や人材確保に向けた計画を策定した意義は大きいとの指摘もあるが[8]、計画の検証が十分になされてきたかは疑わしい。

　また、高齢者の権利擁護という観点から、高齢者に対する虐待が深刻化している状況を踏まえ、「高齢者虐待の防止、高齢者の養護者に対する支援等に関する法律」（高齢者虐待防止法）が2005（平成17）年に制定された。同法には、家族などの養護者、および施設居宅サービスや介護施設の従事者による虐待を受けた高齢者を保護するため、通報、立入調査や一時保護などの措置、後見開始等の請求、事業者・施設への老人福祉法や介護保険法に基づく規制監督権限を適切に行使すべきことが規定されている。

## 2　介護保険法の概要

### (1) 介護保険法の目的と基本理念

　従来の高齢者への介護保障は、老人福祉法に基づいて措置という形で行われてきたが、1997（平成9）年に介護保険法が成立、2000（平成12）年4月に施行され、措置制度から介護保険方式への転換が行われた

---

8　加藤ほか283頁（前田雅子執筆）参照。

ことは前述したとおりである（本章第1節参照）。

　介護保険法は、要介護者等が、自らの尊厳を保持し、その有する能力に応じ自立した日常生活を営むことができるよう、必要な保健医療サービスおよび福祉サービスにかかる給付を行うことを目的とする（介保1条）。給付の内容・水準は、被保険者が要介護状態になっても可能な限り居宅において自立した生活を営むことができるよう配慮すべきものとされており、居宅での生活が優先される（同2条4項）。同時に、給付は、要介護状態の軽減または悪化の防止に力点を置くこと、被保険者の選択に基づくことが要求される（同条3項）。

　一方で、介護保険法は、自ら要介護状態となることを予防するため、加齢に伴って生ずる心身の変化を自覚したうえでの国民の健康保持増進義務、要介護状態になった場合の能力の維持向上義務を定める（介保4条1項）。社会保障立法は、憲法25条に規定する生存権を具体化する立法と考えられるが（第1章第2節参照）、介護保険法は、国民が要介護状態になった場合の介護給付等を受ける権利ではなく、要介護状態にならないための健康増進義務を強調する点で、特異な法律といえよう。同時に、国民は共同連帯の理念に基づき、介護保険事業に要する費用を公平に負担するものと規定されている（同条2項）。憲法25条の生存権の理念ではなく、この「共同連帯の理念」が介護保険法の基本原則とされ、後述する介護保険料の設定や保険料滞納者への制裁などにおける基本理念として作用している点に問題がある。

### (2) 介護保険の給付と地域支援事業

　介護保険の被保険者が、介護保険の給付を受けるには、①被保険者として介護保険料を納付し、②保険者である市町村の行う要介護認定を受け（介保19条）、給付資格を認められ、③介護（予防）サービス計画を作成して市町村に提出し、④指定居宅サービス事業者や介護保険施設（指定介護老人福祉施設、介護老人保健施設と指定介護療養型医療施設）と介護保険の給付対象となるサービスの利用契約（以下「介護保険契約」という）を結び、それに基づきサービスを利用する必要がある。

**図表9　介護保険の保険給付の対**

| | 居宅サービス | 地域 |
|---|---|---|
| 介護給付 | 訪問介護（ホームヘルプサービス）<br>訪問入浴介護<br>通所介護（デイサービス）<br>短期入所生活介護（ショートステイ）<br>特定施設入居者生活介護<br>（有料老人ホーム等の入居者に対する介護）<br>訪問介護<br>居宅療養管理指導（訪問診療等）<br>訪問リハビリテーション<br>通所リハビリテーション（デイケア）<br>短期入所療養介護<br>福祉用具貸与（車いす・特殊ベットなど）<br>特定福祉用具販売（入浴や排泄用などの用具） | 定期巡回・随時<br>夜間対応型訪問<br>地域密着型通所<br>認知症対応型通<br>小規模多機能居<br>認知症対応型共<br>地域密着型特定<br>地域密着型介護<br>複合型サービス |
| 予防給付 | 介護予防訪問入浴介護<br>介護予防短期入所生活介護（ショートステイ）<br>介護予防特定施設入居者生活介護<br>介護予防訪問介護（2017年度より市町村事業に）<br>介護予防居宅療養管理指導（訪問診療等）<br>介護予防訪問リハビリテーション<br>介護予防通所リハビリテーション（デイケア）<br>介護予防短期入所療養介護<br>介護予防福祉用具貸与<br>介護予防福祉用具販売 | 介護予防認知症<br>介護予防小規模<br>介護予防認知症<br>プホーム） |

出所：加藤ほか292頁（前田雅子執筆）。一部修正

　①の被保険者は、市町村（東京23区も含む）の区域内に住所を有する65歳以上の者（第1号被保険者）と、市町村の区域内に住所を有する40歳から64歳までの医療保険加入者（第2号被保険者）からなる（介保9条）。65歳以上の生活保護受給者も、住所を有する市町村の第1号被保険者となるが、この場合は、保険料分が加算して支給されるので、実質的な負担はない。第2号被保険者の場合は、医療保険加入が被保険者の要件となっているので、市町村国保に加入していない生活保護受給者は、介護保険の被保険者となっていない。

象となるサービス

| 密着型サービス | 施設サービス |
|---|---|
| 対応型訪問介護看護 | 介護老人福祉施設 |
| 介護 | （特別介護老人ホーム） |
| 介護 | 介護老人保健施設 |
| 所介護 | 介護療養型医療施設 |
| 宅介護 | |
| 同生活介護（グループホーム） | |
| 施設入居者生活介護 | |
| 老人福祉施設入所者生活介護 | |
| 対応型通所介護 | |
| 多機能型居宅介護 | |
| 対応型共同生活介護（グルー | |

　②の要介護認定は、保険者である市町村が、認定を申請した被保険者において、要支援・要介護状態（介保7条1項・2項）および程度（介護保険法上は要支援・要介護状態区分。以下「要介護度」という）を判定するものである。第1号被保険者の場合には、要支援・要介護状態になった原因は問われないが、第2号被保険者の場合は、特定疾病により要支援・要介護状態になったことが、保険給付の要件とされる。要介護認定で、要支援・要介護状態にあると判定された被保険者は、それぞれ「要支援者」と「要介護者」とされる。

③の居宅サービス計画については、居宅介護支援事業者（所属の介護支援専門員）が計画の作成を行った場合、作成費用は、居宅介護（支援）サービス計画費として、保険給付の対象となり、10割給付で利用者負担はない（介保46条1項・2項、58条1項・2項）。要支援者に対する介護予防サービス計画については、地域包括支援センターの保健師等が作成する。施設サービス計画は、介護保険施設に所属する介護支援専門員が作成するが、作成費用は、施設サービス費の給付に包摂され、独立の保険給付とされていない。

　以上の手続きを経たうえで、要介護者が、指定居宅サービス事業者や介護保険施設（以下、両者を総称し「介護事業者」という）と介護保険契約を結び、③の計画に基づき介護給付の対象となるサービスを利用することで、介護給付（「要介護」判定の場合）を受給することができる（④の要件。介保18条）。この場合、当該サービスの費用（厚生労働大臣が定める基準により算定する支給額。以下「介護報酬」という）の9割が給付されるが（居宅介護サービス費の支給につき同41条1項参照）、その費用は、要介護者に代わり介護事業者に、介護報酬として直接に支給される（代理受領）。

　介護給付の対象となるサービスには、居宅サービスとして、訪問介護（ホームヘルプサービス）や通所介護（デイサービス）などが、地域密着型サービスとして、定期巡回・随時対応型訪問介護看護、認知症対応型共同生活介護（グループホーム）などが、施設サービスとして、介護老人福祉施設（特別養護老人ホーム）、介護老人保健施設、介護療養型医療施設（いわゆる「介護保険3施設」）がある（図表9）。

　同様の手続きで、要支援者は予防給付を受給することができるが、予防給付には、施設サービス費が含まれていないので、施設は利用できな

---

9　特定疾病には、現在、以下の16の疾患が定められている（介保令12条）。
　　1　がんの末期　2　関節リュウマチ　3　筋萎縮性側索硬化症　4　後縦靱帯骨化症　5　骨粗鬆症（骨折を伴う）　6　認知症（初老期における）　7　パーキンソン病など　8　脊髄小脳変性症　9　脊柱管狭窄症　10　早老症　11　多系統委縮症　12　糖尿病性神経障害など　13　脳血管疾患　14　閉塞性動脈硬化症　15　慢性閉塞性肺疾患　16　変形性関節症

い。また、訪問介護と通所介護の利用については、後述のように、2017（平成29）年4月より、すべての保険者において、予防給付から外され、介護予防・日常生活支援総合事業に移行させられている。

### (3) 介護保険給付の特徴

　介護保険の給付は「居宅介護サービス費」（介保41条1項）のように、費用支給の形態をとっており、医療保険の「療養の給付」（健保63条1項、国保36条1項）のような現物給付ではなく、サービス費用の償還給付（現金給付）といえる。ただし、実際は、要介護者が介護事業者から介護保険サービスの提供を受けた場合に、代理受領の方式をとるため、要介護者にとっては、医療保険のような現物給付と同様の形にみえる。これをさして「現物給付」化といわれているが、この場合も、介護保険法上は、保険者である市町村が、サービス費用（9割）を要介護者に支給し、本人が自己負担分（1割）と併せて、介護事業者に費用を支払う形態が基本とされており、保険給付それ自体は現金給付である[10]。

　また、医療保険の場合は、被保険者が保険医療機関に被保険者証を提示し、医療機関の医師が、治療の必要性等を判断する方式をとり（要介護認定のような行政処分は介在していない）、医師が行った治療等の医療行為は、療養の給付として現物給付され、保険給付部分と自由診療部分を組み合わせる「混合診療」は原則として禁止されている（第5章3参照）。しかし、介護保険の場合は、保険給付の支給限度額を超えた部分のサービス利用は全額自己負担となり、介護保険サービスと自費によるサービスとの併用、いわゆる混合介護が認められている（もっとも、実際に支給限度額を超えるサービスを利用しているのは、利用者全体の1.5％にとどまる）。保険給付で不足するサービスについては、自費で購入することが想定されているのである（サービスの商品化）。

---

　10　同様の指摘に、加藤ほか277頁（前田雅子執筆）参照。

### (4) 受給権の保障と給付制限

　介護保険給付の受給権については、他の社会保障給付の受給権と同様に、譲渡や担保、差押えが禁止され（介保25条）、保険給付として支給を受けた金品に対して租税その他の公課が禁止されるなど（介保26条）、受給権の保護規定がおかれている。

　一方、被保険者が介護保険料を滞納している場合には、給付制限がなされ、受給権が制約される。具体的には、第1号被保険者に対して、①1年間滞納の場合は、保険給付の償還払い化（支払方法の変更。介保66条）。②1年6か月滞納の場合は、保険給付の一時差止、一時差止をしている保険給付額からの滞納保険料額の控除（介保67条）、③2年間滞納の場合は、保険給付の額の減額（9割から7割）、高額介護（予防）サービス費等の不支給（保険料を徴収する権利が消滅した場合の保険給付の特例。同69条）の措置がとられる。

　ただし、被保険者が原爆一般疾病医療やそのほか厚生労働省令で定める公費負担医療を受けることができる場合には、①の償還払い化は行われない（介保66条1項。②の一時差止については規定がないが、償還払い化が行われないことから、同様に行われないと解される）。また生活保護の境界層該当者には、③の給付減額等は行われない（公費負担医療の受給者には行われる）。さらに、保険料滞納について「特別な事情」がある場合には償還払い化などの給付制限は行われないが、この事情は、災害など突発的事情により一時的に収入が減少した場合に限定され、恒常的な生活困窮（低所得）の場合は含まれない（介保令30条・31条）。なお、前述の受給権保護規定により、受給権の差押が禁止されている結果、一般的には相殺も禁止されるが（民法510条）、介護保険法67条3項により民法の法効果は解除されると解されている。[11]

　第2号被保険者については、医療保険料を滞納している場合に（介護保険料は医療保険料と一体で徴収される）、第1号被保険者と同様の給付制限が行われる（介保68条）。また国民健康保険の加入者に対しては、

---

11　社会保険研究所編『介護保険の実務―保険料と介護保険財政〔第4版〕』（社会保険研究所、2015年）244頁参照。

第 6 章　社会福祉

図表 10　地域支援事業として実施される各種事業の内容

| 介護予防・日常生活支援総合事業 | 包括的支援事業 | 任意事業 |
|---|---|---|
| ①第1号事業（介護予防・生活支援サービス事業）：<br>○訪問型サービス<br>○通所型サービス<br>○その他の生活支援サービス（配食・見守り等）<br>○介護予防支援（介護予防ケアマネジメント）<br><br>②一般介護予防事業<br>　○介護予防把握事業<br>　○介護予防普及啓発事業<br>　○地域介護予防活動支援事業<br>　○一般介護予防事業評価事業<br>　○地域リハビリテーション活動支援事業 | ①被保険者の心身の状況や居宅での生活実態などの把握、施策に関する総合的な情報の提供、関係機関との連絡調整などの総合的な支援（介護予防ケアマネジメント、総合相談支援）<br>②虐待の防止・早期発見、その他の被保険者の権利擁護のための必要な援助<br>③保健医療・福祉の専門知識をもつ者による被保険者のサービス計画の検証、定期的な協議などを通じた包括的かつ継続的支援（ケアマネジメント支援）<br>④医療に関する専門知識をもつ者と、介護サービス事業者・居宅で医療を提供する医療機関などとの連携（在宅医療・介護連携の推進）<br>⑤日常生活の支援、介護予防の体制の整備など（生活支援サービスの体制整備）<br>⑥認知症である被保険者などへの総合的な支援（認知症施策の推進） | ○介護給付費の適正化<br>○家族介護支援<br>○その他 |

出所：加藤ほか 296 頁（前田雅子執筆）。

1 年間納付がない場合の国民健康保険の被保険者証の返還が義務的措置とされるなど、制裁措置が強化されている。

　以上のように、介護保険法では、保険料滞納の場合の給付制限が強化されており、介護保険給付の受給権は、介護保険料の納付ときわめて密接に結び付けられている。しかし、介護や医療といった社会保障給付が制限されることは、生活保障という社会保障法本来の目的や趣旨に反する。しかも、介護や医療ニーズが高い低所得者ほど、保険料が負担できず、給付制限を受ける可能性が高いことからすれば、保険料滞納者に対

する給付制限は、とくに滞納が悪質であるような場合に限って必要最小限にとどめられるべきである。

　介護保険法の規定する保険料滞納者への給付制限とそれと連動する形で強化された国民健康保険料滞納者への給付制限は、保険料を徴収する権利が時効消滅した場合も給付制限の対象としていること、給付制限が解除される特別の理由に恒常的生活困窮が含まれていないことなど、必要最小限の範囲を超えているのではないかという疑問が残る。

### (5)　地域支援事業

　介護保険の第1号被保険者を対象とする市町村の事業として、地域支援事業が導入されている（介保115条の45）。2011（平成23）年の介護保険法改正により、要支援と非該当を行き来する高齢者などを対象として、一定の予防給付と介護予防事業とを総合的・一体的に行う介護予防・日常生活支援総合事業が地域支援事業の中に盛り込まれた。

　地域支援事業にはそのほか、認知症施策の推進などの包括的支援事業があり（介保115条の45第2項）、家族の介護支援などの任意事業も規定されている（同条3号。図表10）。包括的支援事業の実施機関は地域包括支援センターである（同115条の46以下）。地域包括支援センターは、市町村またはその委託を受けた一定の要件を満たす法人により設置され、介護予防のケアマネジメントも担当する（介護予防支援。同115条の22）。ここには、その担当区域における第1号被保険者数に応じて、原則として保健師、社会福祉士、主任介護支援専門員が配置される。

## 3　生活保護法と老人福祉法による介護保障

### (1)　生活保護法による介護保障

　介護保険法施行にともなう生活保護法の改正で、介護扶助が設けられた（生保11条1項5号）。介護扶助は医療扶助と同じく介護券を発行する現物給付方式で行われ、居宅介護および施設介護は、指定介護機関に委託して行われる（生保34条の2）。これにより、国民健康保険の被保険者および介護保険の第2号被保険者とされていない40歳から64歳の

被保護者に対しても、介護保険と同一のサービスが介護扶助として給付され、65歳以上の要介護・要支援者となる被保護者の場合には、利用者負担なしで介護扶助が現物給付される（第2章5参照）。

　介護扶助がカバーするのは、介護保険の給付の範囲で、居宅サービスの場合は、支給限度額の範囲内になるが、最低生活を維持するために必要な介護ニーズが支給限度額を超える被保護者の場合には、厚生労働大臣が設定する介護扶助の特別基準により、支給限度額を超えたサービスの提供を行う余地がある。さらに、生活保護の障害者加算の一種である他人介護料で、支給限度額を超えたサービス提供も可能である。

　もっとも、実務上、他人介護費の特別基準には、あらかじめ厚生労働大臣が上限を設定している。この他人介護費特別基準が、重度障害者である原告に必要な介護を保障するものではないと争った事例について、他人介護費特別基準の設定について、厚生大臣（当時）の裁量を認めたうえで、施設保護が可能であることなどを理由に、特別基準の水準や上限額の設定を違法とまではいえないとした裁判例がある（名古屋高裁金沢支判平成12・9・11 賃社1285号64頁）。

### (2) 老人福祉法の措置による介護保障

　一方、老人福祉法は「福祉の措置」として、居宅における介護および老人ホームへの入所を市町村責任で行うことを規定している。市町村によるこれら措置によるサービス提供は、65歳以上で身体上または精神上の障害があるために日常生活や在宅生活が困難な高齢者が、やむを得ない事由により、介護保険サービスを利用することが著しく困難な場合とされている（老福10条の4、11条）。法令上の規定の仕組みからみて、介護保険法施行後は、老人福祉法の措置は、申請を前提としない職権主義に一本化されたといえる。[12]

　ただし、厚生労働省は、この「やむを得ない事由」を①本人が家族等の虐待・無視をうけている場合、②認知症等の理由で意思能力が乏しく、

---

12　同様の指摘に、前田・前掲注(4)267頁参照。

かつ本人を代理する家族等がいない場合、と限定的に解し、これらの場合も、特別養護老人ホームへの入所等で家族等の虐待・無視の状況から離脱し、または成年後見人制度等に基づき、本人を代理する補助人等を活用することができる状態となり、利用の契約等が可能となった時点で措置が解消され、通常の契約による介護保険サービスの利用に移行するとしている。

しかし、老人福祉法の「やむを得ない事由」を厚生労働省の解釈（行政解釈）のように限定して解する必然性はなく、利用者負担ができずにサービスを利用することが困難な場合も「やむを得ない事由」で介護保険サービスを利用することが著しく困難な場合に当たり、措置による給付が可能ではないかと思われる。とくに、特別養護老人ホームへの入所の場合には、市町村が「措置を採らなければならない」と規定されており（老福11条1項）、当該要件に該当する場合には、措置義務が市町村に生じると解される。

また、介護保険の支給限度額（給付上限）を超える給付が必要な場合にも、介護サービスの提供という現物給付の形で「福祉の措置」による給付の余地がある。ホームヘルプサービス（訪問介護）サービスに関しては、より濃密なサービスが必要であると認められる全身性障害者について、社会生活の継続性を確保する観点から、介護保険では対応できない部分は引き続き障害者施策から必要なサービスを提供することができるとされており（「介護保険制度と障害者施策との適用関係等について」2007年3月24日通知）、実際に支給限度額を超えたサービス提供が行われている。この場合は、市町村は介護事業者に措置費を支払い、措置対象者（または扶養義務者）から、その負担能力に応じて費用徴収することとされており、利用者負担は応能負担の原則が貫かれている（老福28条）。

そして、最終的には、十分な介護保障がなされず「健康で文化的な最低限度の生活」が侵害される急迫性がある場合には、市町村の側に、老人福祉法に基づき、特別養護老人ホーム入所などの措置義務が生じると考えられる。また、成年後見制度等の利用が必要な場合には、それを徹

底させるとともに、サービスの中断なしに、同制度につなげていくためにも（後見人等の選任には時間がかかるという問題がある）、福祉の措置が積極的に活用される必要がある。福祉の措置の拡充は、判断能力が不十分な要介護者や虐待を受けている要介護者の権利擁護のしくみとしても大きな意義をもつ。

　しかし、現実には、老人福祉法による措置の事例はわずかで、2000年度から措置の予算的裏付けをしていない市町村も多い。何より、介護保険法施行以後、高齢者担当の自治体ソーシャルワーカーが激減、高齢者福祉行政における責任主体としての市町村の能力が低下したとの指摘があり[13]、措置入所に大半の市町村が消極的な現状がある（いわゆる「措置控え」と呼ばれる）。老人福祉法による介護保障は、現状ではきわめて不十分といわざるをえず、市町村責任の強化と措置の対象範囲の拡大が課題となる。

## 4　介護保険の財政構造と介護保険料

### (1)　介護保険の財政構造

　介護保険に関する収支につき市町村は特別会計を設ける（介保3条2項）。介護保険の費用は、利用者負担部分を除いた給付費（保険給付に必要な費用）と事務費におおむね区分される。給付費については、その50％を公費で賄い、残りを保険料で賄う。50％の公費負担の内訳は、国が25％（定率20％と調整交付金5％）、都道府県12.5％、市町村12.5％となっている。ただし、介護保険施設および特定施設入居者生活介護にかかる給付費については、国庫負担は20％で、都道府県の負担が17.5％となっている（介保121条・123条）。

　介護予防・日常生活支援総合事業については、国庫負担および市町村・都道府県の費用負担に関する規定が設けられている（同122条の2）。

　調整交付金は、75歳以上高齢者人口の割合や被保険者の所得格差などに起因する市町村間の財政力格差を調整するものである。また、給付

---

[13]　豊島明子「高齢者福祉法制の大転換と公的介護保障の課題」三橋良士明・村上博・榊原秀訓『自治体行政システムの転換と法』（日本評論社、2014年）84頁参照。

費の増加や第1号被保険者の保険料収納率の低下による介護保険財政の悪化に備えて、都道府県ごとに財政安定化基金が設置され、資金の貸付・交付を行っている。交付は災害などの場合に限られ、ほとんどが貸付となっており、その場合は、市町村は次期介護保険料に上乗せして返還する。財政安定化基金の財源は、国、都道府県、市町村がそれぞれ3分の1ずつの拠出による。

### (2) 介護保険料の設定と徴収方法

介護給付費の半分は介護保険料で賄い、第1号被保険者と第2号被保険者の保険料負担割合は、それぞれの総人口で按分して算定し、3年ごとに政令で定める（介保125条2項）。現在の負担割合は、第1号被保険者が22％、第2号被保険者が28％となっている。

第1号被保険者の介護保険料は、市町村介護保険事業計画に定めるサービスの見込量に基づく給付費の予想額等に照らして、おおむね3年を通じ財政の均衡を保つことができるよう算定され、政令の定める基準に従って条例で定める（介保129条）。介護保険料の全国平均は、第1期（2000〜2002年度）は月額2911円であったが、第5期（2015〜2017年度）は同4972円と、上昇し続けている。しかも、保険料の設定が所得段階別の定額負担のため、低所得者ほど負担が重く逆進性が強い[14]。保険料額の上昇に伴い、2015（平成27）年4月から、保険料の所得段階が6段階から9段階に細分化されたが（介保令38条1項）、低所得者の負担は依然として重い。

月額1万5000円以上の公的年金受給者の保険料は、年金保険者が支給時に天引きし市町村に納付する（特別徴収）。所得がなくても、無年金で収入がなくても保険料は賦課され、この場合は市町村が個別に徴収する（普通徴収）。普通徴収においては、世帯主および配偶者が連帯納付義務を負う（同132条）。

これに対して、第2号被保険者の介護保険料は、それぞれの医療保険

---

14 第1号被保険者の介護保険料の構造については、伊藤・介護保険法 248頁参照。

の保険者が医療保険の保険料とあわせて徴収する。具体的には、社会保険診療報酬支払基金が医療保険者から介護給付費・地域支援事業支援納付金を徴収し（介保150条以下）、市町村に対してその給付費の一定割合を乗じた額を介護給付費納付金として交付するというしくみで収納される（同125条。地域支援事業支援交付金については同126条）。この場合の医療保険者は、保険料の徴収代行者ではなく、納付義務者と解されている。[15]

　市町村は、条例で定めるところにより、「特別の理由がある者」について保険料の減免または徴収の猶予を行うことができる（介保142条）。行政解釈では、減免等の要件となる「特別な理由」は、災害など突発的な事情により著しい損害が生じた場合に限定され、恒常的な生活困窮は含まない趣旨とされている。しかし、高齢者の生活実態に配慮して、一定基準以下の収入しかない低所得者について独自の減免措置を実施する市町村が相当数出てきた。これに対して、厚生労働省は、①保険料の全額免除、②収入のみに着目した保険料の一律減免、③一般財源の投入による保険料減免分の補填は、介護保険制度の趣旨に照らして不適当であるという見解を示している（これらを行わないことが「3原則」といわれる）。厚生労働省は、全国の担当課長会議の場や都道府県を通じ「3原則」を遵守するよう市町村を指導している。しかし、介護保険料の減免も含めた介護保険事務は市町村の自治事務であり、厚生労働省のこうした指導は、地方自治の趣旨から問題がある。介護保険法の定める減免事由は、利用者負担のような明確な規定を欠いており、同法142条の委任の範囲はかなり広いと解されるからである。[16]

### (3) 介護保険料をめぐる法的問題と現状

　以上のような介護保険料をめぐっては、さまざまな法的問題があり、

---

15　社会保険研究所編・前掲注(11)273頁参照。結果的に、市町村は保険料を徴収しなければならないとされているが（介保129条1項）、第2号被保険者からは保険料を徴収しないことになる（同条4項）。

16　同様の指摘に、前田雅子「分権化と社会福祉サービス」日本社会保障法学会編『講座・社会保障法・第3巻／社会福祉サービス法』（法律文化社、2001年）303頁参照。

裁判でも争われてきた。

　まず、年金以外に収入がなく、生活保護基準以下で住民税非課税の被保険者に対して介護保険料を免除する規定を設けていないことは、憲法14条および25条に違反しないかが争われた旭川市介護保険条例事件では、最高裁は「介護保険制度が国民の共同連帯の理念に基づき設けられたものであること（介護保険法1条）にかんがみると、本件条例が、介護保険の第1号被保険者のうち、生活保護法6条2項に規定する要保護者で…市町村民税が非課税とされる者について、一律に保険料を賦課しないものとする旨の規定又は保険料を全額免除しない旨の規定を設けていないとしても、それが著しく合理性を欠くということはできないし、また、経済的弱者について合理的な理由のない差別ということはできない」と判示している（最判平成18・3・28判時1930号80頁）。最高裁判決は、ほとんど何も説明することなく、合憲性を認定しているが、確実に「健康で文化的な最低限度の生活」水準を下回るといえる高齢者に対する保険料賦課については適用違憲となる余地があると考える。[17]

　また、介護保険料の設定についても、第2号被保険者の介護保険料率の設定は、その算定過程が行政庁内部の作業に委ねられており、租税法律主義（憲法84条）が直接適用ではなく趣旨適用されるとしても、同主義の趣旨に反すると考えられる（第1章第2節参照）。

　現在、介護保険料の引き上げが続き、普通徴収の保険料の滞納が増加している。厚生労働省の調査では、介護保険料を滞納し、給付制限を受けた人はのべ1万3263人にのぼり、市町村から差押処分を受けた高齢者も1万人を超えている（2014年度）。普通徴収となる高齢者は、年金額が月額1万5000円を下回る低年金や無年金の高齢者が大半であり、そうした人々が必要なサービスを利用できていない現状がある。

---

17　詳しくは、伊藤・介護保険法268頁参照。

## 5 介護保険制度改革の動向とゆくえ

### (1) 2014年介護保険法改正

　介護保険については、介護保険自体が社会福祉改革の先駆けと位置づけられ、それをモデルとして社会福祉法制の再編が行われてきた経緯があり、また、介護分野では、医療分野の日本医師会のような強力な圧力団体がなく、当事者団体も脆弱なことから、制度改定のたびに、徹底した給付抑制と負担増の改革が行われてきた。直近の大きな改革では、医療・介護総合確保法による2014（平成26）年の介護保険法改正（以下「2014年改正」という）がある（2015年4月施行）。

　2014年改正では、第1に、要支援者（約160万人）の訪問介護と通所介護を保険給付から外し、市町村の介護予防・日常生活支援総合事業（以下「総合事業」という）に移行させる改正がなされた。2017（平成29）年4月までに、すべての市町村で総合事業への移行が完了したが、総合事業には、統一的な運営基準はなく、訪問介護、通所介護の現行の報酬以下の単価で、利用者負担も1割負担を下回らない範囲で市町村が決め、ボランティアや無資格者などを活用して低廉なサービスを提供することが奨励されている。サービスの質の低下は避けられず、無資格者でもできる仕事ということで、ただでさえ劣悪な介護労働者の労働条件の引き下げにもつながる。しかし、簡単にボランティアが集まるわけもなく、多くの市町村では、従来のサービス事業者を総合事業の指定事業者として利用し続けているのが現状である[18]。ただし、将来にわたって現行の単価設定を維持できなければ、これらの事業者の撤退が懸念される。

　第2に、特別養護老人ホームの入所資格が、要介護3以上の認定者に限定された。厚生労働省の調査結果（2013年10月1日時点で、都道府県が把握している入所申込状況。14年3月に発表）では、特別養護老人ホームの入所待機者は、52万1688人にのぼり、そのうち要介護1・2の認定者は17万7526人（34％）であった。これらの人は、2014年改正

---

[18] 伊藤周平・日下部雅喜『新版・改定介護保険法と自治体の役割―新総合事業と地域包括ケアシステムへの課題』（自治体研究社、2016年）第5章（日下部執筆）参照。

の施行で、もはや待機者にすらカウントされなくなった(実際、後述する施設費用の負担増もあり、各地で、特別養護老人ホームの入所待機者が激減している)。これまで、国は、特別養護老人ホーム建設への国庫補助を廃止して一般財源化し、介護保険の施設給付費への国の負担を減らし自治体の負担を増大させるなど、特別養護老人ホームの増設を抑制し、サービス付き高齢者向け住宅など有料老人ホームの増設を進めてきた。しかし、サービス付き高齢者向け住宅は、家賃、共益費、食費、生活費に加え外付けサービスの利用料が必要で月20万円程度の自己負担がかかる。住民税非課税などの低所得の高齢者が入所できる負担水準ではない。低年金・無年金の高齢者が増える中、特別養護老人ホームの増設を抑制し、入所者を限定する政策では、低所得の高齢者が行き場を失うだけである。

　第3に、費用負担について、①年金収入で年間280万円(120万円の公的年金控除があるので、年間所得では160万円)以上の第1号被保険者にかかる利用者負担の割合を2割に引き上げ、②補足給付(特定入所者介護サービス費)の支給要件について、所得のほか資産の状況も斟酌する見直しが行われた。中でも、②の補足給付は、特別養護老人ホームなど介護保険施設入所者や短期入所利用者に対して、食費や居住費を軽減するもので、特別養護老人ホームの入所者の約8割の人(住民税非課税の人)が受給していた。この補足給付の支給要件に資産なども勘案されることとなり(2015年8月より)、補足給付の申請時に、預金通帳の写しなどの提出が求められ、市町村は必要に応じて預貯金額を金融機関に照会できることとされたため、補足給付の申請を断念する人が続出した。非課税年金(遺族年金や障害年金)も収入とみなされ(2016年8月より)、世帯分離して施設入所しても、配偶者に所得があり課税されている場合は、補足給付の対象外になるという徹底ぶりである(補足給付の対象外となれば、月約3～4万円が一挙に10万円超の負担となる)[19]。

---

19　実際に、この要件に該当し、補足給付が打ち切られたため、入所費用が負担できなくなり、特別養護老人ホームに入所していた妻を自宅に引き取り、先のみえない老老介護をはじめた高齢者もいる(2016年11月14日の熊本県高齢者大会での当事者発言)。

## (2) 2015年の介護報酬改定

さらに、介護保険施設や事業者に支払われる介護報酬も、2015（平成27）年の改定（以下「2015年改定」という）で、全体2.27％のマイナス改定となった。介護職員処遇改善加算の拡充分（プラス1.65％）などを除けば、基本報酬は4.48％のマイナス改定で、過去最大の引き下げ幅である。

なかでも、小規模通所介護の基本報酬は最大で9.8％も引き下げられ、特別養護老人ホームも全体で約6％の引き下げとなった。また、要支援者の総合事業への移行を見越し、要支援者の通所介護サービスは20％以上のかつてない引き下げとなったほか、他のサービスについても、要介護1、2が要介護3以上よりも引き下げ幅が大きく、軽度者の冷遇があからさまである（そのため、露骨に軽度者はお断りという事業者も現れている！）。

介護職員の処遇改善加算の増額がなされたが、基本報酬の引き下げで、多くの介護事業者は軒並み減収となり運営が苦しくなっている。これでは、介護職員の処遇改善は進まず、むしろ後退し、平均月収が全産業の平均よりも約10万円も低い介護職員の賃金がさらに低下し、介護現場の深刻な人手不足を加速させることは必至である。実際、2015年改定の影響で、2016年の介護事業者の倒産は108件と過去最多を記録、中でも、従業員数5人未満の小規模事業者の倒産が目立ち全体の7割を占めている（東京商工リサーチ調べ）。倒産に至る前に廃業した事業者を含めればさらに大きな数となろう。

## (3) 介護保険制度改革のゆくえ

安倍政権は「介護離職ゼロ」を掲げ、「一億総活躍社会」をめざす緊急対策で、介護サービスの整備計画を2020年までに50万人分以上に拡大するとしている。しかし、50万人分といっても、すでにある38万人分の計画に12万人分を上積みしただけで、そのうち2万人分は、前述の高額の費用がかかるサービス付き高齢者向け住宅であり、入所待機者が多い特別養護老人ホームは、15万人分の増設にとどまる。

また、いくら施設などの「箱もの」を増やしたとしても、介護の担い手が集まらないのでは要介護者の受入れはできない。特別養護老人ホームの中には、職員の不足で受入れ人数を制限し、待機者が多数いるにもかかわらず、空きベッドが生じている施設も出てきている。厚生労働省の委託調査でも、特別養護老人ホームで職員不足など体制の不十分さを理由にベッドに空きがある施設が1割以上あることが明らかになっている。現場の人手不足に対応するため、介護保険施設の基準省令が改正され、人員配置基準の緩和がなされたが、介護職員にとっては労働強化となり、職員の離職や介護事故の増大、さらには、ストレスから高齢者（利用者）への虐待の増大をもたらす懸念がある。実際、厚生労働省の調査（高齢者虐待防止法に基づく対応状況等に関する調査）によれば、介護施設の職員による虐待は、2015（平成27）年度中に408件にのぼり過去最多を更新、前年度と比べても100件以上の増大となっている。

　そして、安倍政権は、さらなる給付抑制・負担増を内容とする介護保険制度改革を断行している。2017（平成29）年5月には、現役並み所得の高齢者の利用者負担割合を3割にするなどの介護保険法の改正法（「地域包括ケアシステムの強化のための介護保険法等の一部を改正する法律」）が成立、加えて、2018年の介護報酬改定では、生活援助や通所介護について報酬単価の大幅な引き下げを行う予定で、給付抑制の方向を鮮明にしている。

　いずれにせよ、このままでは、重い利用者負担のために、また軽度者（要支援者、要介護1・2）と判定されたために、必要なサービスが利用できない高齢者が、さらに特別養護老人ホームにも入所できず、行き場のない「介護難民」が増大することは避けられない。今後、とくに低所得の高齢者の餓死や孤立死、家族崩壊、介護心中・自殺が多発することが予想される。いまですら、介護心中・自殺件数は、2006（平成18）年以降、毎年50件を超えており、毎週1件の割合で発生している（この件数も氷山の一角と推定される）。

　いま介護現場は、職員の献身的努力に支えられて、なんとか支えられているのが現状である。しかし、それにも限界がある。現場の献身的努

力に支えられている制度に「持続可能性」があるとは思われず、2015年改定のように、加算の拡充や創設、人員配置基準の緩和など小手先の対応策に終始し、基本報酬は引き下げるといった施策を続けていけば、早晩、施設・事業者不足が深刻化し、介護保険は制度崩壊の危機に直面するだろう。

## 6 介護保険法と高齢者福祉の課題

### (1) 介護保険のジレンマ

　もともと、介護保険については、介護保険料と介護給付費が直接に結びつくしくみであり、制度が理念として掲げている「介護の社会化」が進んで、介護保険施設や高齢者のサービス利用が増え、また、介護職員の待遇を改善し、人員配置基準を手厚くして、安心できる介護を保障するため介護報酬を引き上げると、介護給付費が増大し、介護保険料の引き上げにつながるしくみになっている。介護報酬単価の引上げは、1割の利用者負担の増大にもはねかえる。

　しかし、現在の介護保険の第1号被保険者の保険料は、前述のように、定額保険料を基本とし、低所得の高齢者ほど負担が重いうえに、月額1万5000円以上の年金受給者から年金天引きで保険料を徴収するしくみで（特別徴収）、保険料の引き上げには限界がある。同時に、公費負担部分も消費税で賄われているため、結果として、給付抑制が政策的にとられやすく、現にこれまでも改革のたびにとられてきた。介護保険のジレンマといってよい。

　こうした介護保険のジレンマを解決するための当面の課題（介護保険の抜本改革）と介護保険法の廃止を含めた将来的な課題を提示する。

### (2) 介護保険の抜本改革

　まず、介護保険料を所得に応じた定率負担にし、賦課上限を撤廃するなどの抜本改革が不可欠となる。そのうえで、住民税非課税の被保険者については介護保険料を免除とすべきである（そもそも、住民税も課税されないような低所得の人から保険料を徴収すべきではない）。実際、

ドイツの介護保険では、保険料は所得の2％程度の定率になっている。

また、人員配置基準を引き上げたうえで、介護報酬とは別枠で、公費で負担する処遇改善交付金を、介護職員だけでなく、看護職員や事務職員などにも対象を拡大して創設すべきである。さらに、施設建設費補助への国庫補助を復活させ、不足している特別養護老人ホームの増設を進めるべきと考える。

加えて、家族介護者に対する現金給付を介護保険の給付として制度化すべきである。日本の介護保険は、サービスを利用したときの給付しかないが、ドイツでは、現金給付が制度化されており、現金給付とサービス給付とは選択でき、あるいは併用することも可能である（ただし、現金給付を選択した場合には支給額はサービス給付よりも低くなる）。現金給付を選択した場合でも、保険者である介護金庫は、適切な介護がなされているかを調査するため、介護等級に応じて、定期的にソーシャルステーションの職員を、現金給付受給者宅に派遣することが義務付けられている。同時に、家族介護者を社会的に評価し、家族介護者と要介護者との間に就労関係を認め、自治体が家族介護者の労災保険料を全額負担することで、介護者が介護に基づく傷病に遭遇した場合には、労災の給付対象とするしくみが導入されている。日本では、介護保険導入当初、現金給付の制度化が検討されたが、一部の女性団体や研究者から「女性を介護に縛り付ける」など情緒的な批判が展開され、結局、制度化は見送られた。もっとも、厚生労働省の本音は、現金給付を認めれば、サービスを利用していない（できない）要介護者のすべてが給付を申請するため、現金給付額を抑えたとしても、給付費が膨らみ、介護保険料の高騰が避けられないと考えたからだろう。しかし、ドイツのような現金給付を導入すれば、家族介護者の労働法的権利を保障することができるし、家族介護者の支援にもなる。介護保険料の高騰については、前述の定率保険料の導入のような抜本改革で対応すべきである。

### (3) 将来的な介護保険法の廃止、総合福祉法の構想

私見では、社会福祉を「福祉」の名に値しない制度へと変えてしまっ

た介護保険法は廃止し、訪問看護や老人保健施設の給付などは医療保険の給付にもどしたうえで、高齢者や障害者への福祉サービスの提供は、自治体の責任（現物給付）で全額公費負担により行う総合福祉法を制定すべきと考える[20]。

　介護保険の導入には、医療の給付から訪問看護や老人保健施設の給付を切り離すことで、医療費（とくに高齢者医療費）の抑制を図る目的があったことは前述のとおりである。それゆえ、医療制度改革により、必要な医療やリハビリが受けられなくなった高齢者の受け皿として介護保険の給付を再編していく方向がみられる（いわゆる「地域包括ケアシステム」の構想）。しかし、こうした方向は望ましいとはいえず、介護保険の給付のうち、訪問看護などは医療の給付に戻すべきである。そうすれば、特別養護老人ホームや老人保健施設の入所者への診療の制約もなくなり、福祉サービスと同時に必要な医療を受けることができるようになる。また、介護保険による医療の安上がり代替も防げる。ただし、高齢者医療費をはじめ、医療保険の負担が増えることになるので、それについては、公費負担や事業主負担の増大により対応していくべきである。

　また、給付金方式・直接契約方式を廃止し、市町村と高齢者・障害者との契約という形で、市町村が直接的な福祉サービス提供の責任を負う方式にすべきである。それにより、市町村（行政）による高齢者・障害者の受給権が保障され、行政手続法の適用、行政訴訟による権利救済が可能となる。市町村委託方式に戻すことで、社会福祉事業は、給付費を代理受領するのではなく、委託費を受けて運営することになり、運営の安定性を確保することができる。委託費の額を増額していけば、職員の労働条件の改善も可能となる。この点は、子ども・子育て支援新制度の導入に際して、保育所については給付金方式・直接契約方式の導入を阻止し、市町村の保育所保育の実施義務（児福24条1項）を残すことに成功した保育運動の経験に学ぶべきであろう（本章第3節参照）。

---

20　総合福祉法の構想について詳しくは、障害者生活支援システム研究会編『権利保障の福祉制度創設をめざして―提言・障害者・高齢者総合福祉法』（かもがわ出版、2013年）第3章（伊藤周平執筆）参照。

## 第3節　児童福祉のしくみと法

### 1　児童福祉法の目的と理念

　児童福祉法（昭和22年法律164号）は、1947（昭和22）年、戦後社会福祉立法の先駆けとして、「憲法25条の生存権の理念を児童について具体化するために制定された児童の福祉に関する総合的基本法」である[21]。

　児童福祉法第1章（総則）の節には属さない児童福祉法の理念を定めた規定（1条〜3条）は、同法制定以来、これまで一度も改正されてこなかったが、2016（平成28）年5月の改正において、はじめて大きな改正が加えられた。

　まず、従来の1条の2つの項が1項にまとめられ、「全て児童は、児童の権利に関する条約の精神にのっとり、適切に養育されること、その生活を保障されること、愛され、保護されること、その心身の健やかな成長及び発達並びにその自立が図られることその他の福祉を等しく保障される権利を有する」と規定された。児童の権利条約の批准（1994年）から20年以上経てようやく、「児童の権利に関する条約の精神にのっとり」の文言が入り、児童が権利主体であることが明記された点は評価できるが、「福祉の権利」ではなく「福祉を等しく保障される権利」となっており、児童が能動的な権利行使の主体とされていない点で課題が残る。後述のように、子ども（児童）の保育を受ける権利など、権利行使の主体として規定する必要があろう。

　ついで、2条では、1項に児童の権利条約に沿って、児童の年齢および発達の程度に応じた児童の意見の尊重と、その最善の利益の優先考慮が盛り込まれたうえで、2項に「児童の保護者は、児童を心身ともに健やかに育成することについて第一義的責任を負う」という条文が新たに加えられた。改正前の児童福祉法2条は「国及び地方公共団体は、児童

---

21　桑原洋子・田村和之編『実務注釈・児童福祉法』（信山社、1998年）31頁（桑原執筆）。

の保護者とともに、児童を心身ともに健やかに育成する責任を負う」（2条）と規定しており、国・地方公共団体と保護者は別個の児童の健全育成責任があり、これを順位の問題と捉えるのは適切ではなく、国・地方公共団体が保護者と同等の児童の健全育成の責任を負うと解されてきた。[22] これに対して、今回の改正では、保護者が「第一義的責任を負う」と明記した。保護者が第一義的に健全育成責任を負う者であり、国および地方公共団体は、保護者がこれを果たしえない場合にそれを援助する責任を負うという規定になっており、公的責任の後退といえる。

さらに、新たに第1節として「国及び地方公共団体の責務」が設けられ、国・地方公共団体の責務が細かく規定された。市町村は基礎的な地方公共団体として「保育の実施」その他児童の福祉に関する支援にかかる業務を行うとする一方で、国の責務は体制の確保など後方的支援に退いてしまっている（児福3条の3）。

児童福祉法3条の規定は改正されておらず、1条、2条に規定する児童福祉の理念（原理）は「すべて児童に関する法令の施行にあたって、常に尊重されなければならない」としている。これは、児童福祉法1条・2条が児童福祉法の上位規定であること、他の児童に関するすべての法令に対する上位規定であることを明らかにしたものである。後者は、児童に関する法律のみならず「施行令、施行規則の制定の場合はもちろん、それらの法令にもとづく処分」も含むとされる。[23] そのため、たとえば、児童の健全育成についての国・地方公共団体（自治体）の責任を放棄（もしくは大幅に縮小）するような法改正は、基本的に許されないと解される。

## 2　児童福祉法制の展開と少子化対策

### (1)　1997年の児童福祉法改正

児童福祉法は、1997（平成9）年に大幅な改正が行われた（以下「1997年改正」という）。すなわち、同法24条1項の「保育所への入所

---

22　桑原・田村編・前掲注(21)38頁（桑原執筆）参照。
23　松崎芳伸『児童福祉法』(1948年、日本社会事業協会)53頁。

の措置」の文言が「保育の実施」に変更され、行政解釈では、措置制度から契約制度への転換がはかられたとされる。つまり、法改正により、保護者が市町村に申込みを行い、市町村が、申込み保護者の子どもが保育を必要とするかを審査し、必要とする場合には入所決定を行い、市町村と保護者との間に利用契約が結ばれ、それに基づき保育が提供されるしくみに転換されたというわけである。[24]

学説には、市町村長が、保育所入所要件の審査と入所の優先順位の判断を行ったうえで、保育所入所の決定をするが、この決定は行政処分と解され、改正後の市町村と保護者の関係は契約関係である旨の厚生省（当時）の説明の論拠は明らかでないとの批判もある。[25]もっとも、市町村の行う入所決定は行政処分であっても、その後の保育の実施については、市町村と保護者との間に公法上の契約関係が成立しているとみることは可能であろう。[26]市町村には保育の実施義務があり、保育の実施は公立保育所で行うのが基本であるが、私立認可保育所に委託することも可能で、この場合には、市町村と私立保育所との間に委託契約（準委任契約）が結ばれるが、保育料の徴収は、市町村が行うこととなる（保育所方式。本章第1節参照）。

また、1997年改正により、要保護児童の入所措置等に先立ち、児童の意向の聴取を前提とすることとされ（児福26条2項）、自立支援という機能が、母子生活支援施設（旧母子寮）、児童養護施設、児童自立支援施設（旧救護院）に付加された。さらに、子育て家庭の支援機能を果たすものとして、児童家庭支援センターが児童養護施設等に付置された（同44条の2）。

### (2) 児童福祉法制と少子化対策の展開

一方で、合計特殊出生率（ひとりの女性が産む子どもの数の平均）の

---

24 児童福祉法規研究会編『最新児童福祉法・母子及び寡婦福祉法・母子保健法の解説』（時事通信社、1999年）167頁参照。
25 桑原・田村編・前掲注(21)142頁（田村執筆）参照。
26 いわゆる「処分・契約並存説」といわれる解釈である。詳しくは、古畑淳「私立保育所の廃止・民営化」賃社1501号（2009年）7頁参照。

低下による少子化が問題となり、少子化対策も進められる。1994（平成6）には、国が「今後の子育て支援のための施策の基本的方向について」（エンゼルプラン）を策定、一部の自治体も地方版のエンゼルプランを策定した。これは、保育サービスや子育て相談・支援体制などの具体的な数値目標を定める計画であったが、法的根拠はなく、自治体の計画策定も任意にとどまっていた。

　その後も、少子化の急速な進展に歯止めがかからない中、2003（平成15）年には、少子化に対処するために講じるべき施策の基本的事項などを定める少子化社会対策基本法が、地方公共団体および事業主が次世代育成支援のための行動計画を策定して実施することを定める次世代育成支援対策推進法がそれぞれ成立した。後者は10年間の時限立法であったが、2014（平成26）年の改正により、同法の有効期限は2025年3月末までさらに10年間延長された。同時に、地域における子育て支援策を強化するため、児童福祉法が改正されて、待機児童が多く保育需要が増大している市町村について、保育の実施事業その他子育て支援事業等の供給体制の確保に関する計画（市町村保育計画）を定めることが義務付けられた。

　2010（平成22）年には、子ども・子育てビジョンが閣議決定され、これを受けて保育制度改革の議論が活発化した。そして、2012（平成24）年8月、社会保障・税一体改革関連法として、①子ども・子育て支援法、②就学前の子どもに関する教育、保育等の総合的な提供の推進に関する法律（以下「認定こども園法」という）の一部改正法、③児童福祉法の改正など関係法律の整備に関する法律の3法（子ども・子育て関連3法）が成立した（以上の経緯につき年表4）。

## 3　子ども・子育て支援新制度

### (1) 子ども・子育て支援新制度の導入とその本質

　子ども・子育て関連3法は、2015（平成27）年より施行され、これにより、都市部で深刻化している待機児童の解消と子育て支援の充実を掲げた子ども・子育て支援新制度（以下「新制度」という）がスタート

### 年表4　児童福祉・社会福祉制の沿革と少子化対策

| 年 | 内容 |
|---|---|
| 1947（昭和22）年 | 日本国憲法公布。児童福祉法制定 |
| 1949（昭和24）年 | 児童福祉施設最低基準の制定。身体障害者福祉法の制定 |
| 1951（昭和26）年 | 社会福祉事業法－社会福祉法人の制度化 |
| 1960（昭和35）年 | 知的障害者福祉法 |
| 1963（昭和38）年 | 老人福祉法－ホームヘルプサービス（家庭奉仕員）の制度化等 |
| 1964（昭和39）年 | 母子福祉法（現在、母子及び寡婦並びに父子福祉法） |
| 1970年代 | 保育所緊急整備計画により、保育所増大 |
| 1989（平成元）年 | 消費税導入。国の補助金等の整理・合理化法により、保育所措置費など福祉措置費の国庫負担が5割に削減 |
| 1994（平成6）年 | 保育問題研究会の報告書。介護保険構想の登場 |
| 1997（平成9）年 | 改正児童福祉法（契約制度に転換したが、市町村に保育の実施義務あり。施行は1998年）と介護保険法が成立 |
| 2000（平成12）年 | 介護保険法施行。社会福祉事業法等改正法の成立（「社会福祉事業法」を「社会福祉法」に名称変更。支援費制度の導入決定など）。厚生省（当時）の通知で、社会福祉法人以外の保育所認可認める |
| 2001（平成13）年 | 厚生労働省の通知で、保育所定員の超過入所が、年度後半は理由を問わず認められる |
| 2003（平成15）年 | 身体障害者福祉法等改正で支援費制度が導入される。障害者保育が一般財源化される。地方自治法改正で、指定管理者制度を導入 |
| 2004（平成16）年 | 公立保育所運営費・整備費が一般財源化される。公立保育所の民営化が加速 |
| 2005（平成17）年 | 延長保育促進事業（基本分）が一般財源化される。 |
| 2006（平成18）年 | 改正介護保険法と障害者自立支援法施行。「就学前の子どもに関する教育、保育等の総合的な提供の推進に関する法律」が成立し、認定こども園が創設される |
| 2008（平成20）年 | 改正児童福祉法が成立－家庭的保育事業などを法定化 |
| 2010（平成22）年 | 子ども・子育て新システム検討会議が「子ども・子育て新システム基本制度案要綱」を決定。児童福祉施設最低基準の地方条例化 |
| 2012（平成24）年 | 子ども・子育て関連3法が成立 |
| 2014（平成26）年 | 次世代育成支援対策推進法の改正－次世代育成支援対策推進計画の見直し。子ども・子育て関連3法が成立 |
| 2015（平成24）年 | 子ども・子育て支援新制度はじまる |
| 2016（平成28）年 | 児童福祉法改正（保護者の第一義的責任を明記） |

出所：各種資料より筆者作成。

した。しかし、新制度になっても、待機児童は減少どころか増大し、また、保育の質の改善もほとんどなされず、3歳児の保育者の配置基準が改善されたにとどまる（従来は、子ども20人に保育士1人で単価設定されていたが、15対1に改善した施設に加算がなされる）。さらに、各地で保育料の値上げが続き、保護者の経済的負担が増大している。

　以上のことをみても、新制度が、子育て支援の充実や待機児童解消を目的とした制度ではないことがわかる。新制度導入の目的は、従来の保育制度（市町村委託・施設補助方式、自治体責任による入所・利用のしくみ）を解体し、介護保険のような給付金方式・直接契約方式に転換することにあった。給付金方式にすることで、これまでの補助金を廃止し、使途制限をなくして企業参入（保育の市場化）を促して保育提供の量的拡大を図るとともに、市町村の保育実施義務（保育の公的責任）をなくすことを意図して構築された制度といえる。

　同時に、新制度では、保育所以外に認定こども園や地域型保育事業も給付対象とすることで、多様な施設・事業が並存するしくみとなった。これにより、現在の待機児童の9割近くを占める0～2歳児の受け皿となる小規模保育事業などを増やし、規制緩和と企業参入に依存して、安上がりに、供給量を増やし待機児童の解消を図ろうというわけである。

　こうした政策意図のもと、児童福祉法24条1項に定められていた、市町村の保育所保育実施の義務は、当初の児童福祉法改正案では削除されていた。しかし、多くの保育関係者の批判と反対運動の結果、国会の法案審議過程で復活することとなった[27]。すなわち、改正された児童福祉法24条1項は、市町村が「保護者の労働又は疾病その他の事由により、その監護すべき乳児、幼児その他の児童について保育を必要とする」児童を「保育所において保育しなければならない」と規定し、市町村の保育実施義務は、少なくとも保育所の利用（入所）児童については、新制度のもとでも維持されることとなったのである。

　とはいえ、児童福祉法24条1項には「子ども・子育て支援法の定め

---

27　この経緯については、伊藤・子ども・子育て支援法 70頁以下参照。

るところにより」との文言が新たに加えられた。子ども・子育て支援法は、次にみるように、認定こども園、幼稚園、保育所を「特定教育・保育施設」とし、支給認定を受けた子どもが、特定教育・保育施設を利用した場合に、施設型給付費（給付金）を支給するしくみで、給付金方式・直接契約方式を基本としている（給付金は、法律上は、認定を受けた子どもの保護者に支給されるのが基本だが、施設が代理受領する。子育て支援27条5項）。保育所入所（利用）の場合のみ、市町村の保育実施義務が維持されたことで、保護者と市町村との契約という形をとり、保育料も市町村が徴収し、私立保育所には委託費が支払われるしくみが残った（ただし、委託費は、施設型給付費の算定方法で計算された額を支給する。同附則6条1項）。このように、新制度は、市町村委託方式と給付金方式という相異なるしくみを併存させており、法的な不整合や矛盾が随所にみられる複雑な法制度となっている。

### (2) 子ども・子育て支援給付と子育て支援事業

　子ども・子育て支援法は、児童手当を子どものための現金給付として位置づけるとともに（同法9条。第4章3参照）、子どものための教育・保育給付を創設し、これらを子ども・子育て支援給付と総称している（同法8条）。

　子どものための教育・保育給付には施設型給付費と地域型保育給付費があり、前者は、前述のように、支給認定を受けた子どもが、認定こども園など特定教育・保育施設を利用した場合に支給され、後者は、小規模保育、家庭的保育、居宅訪問型保育、事業所内保育（以下、総称して「地域型保育事業」という）を利用した場合に支給される（子育て支援27条・29条）。支給認定により、小学校就学前の子どもは①満3歳以上の子ども（子育て支援19条1項1号に該当するので「1号認定子ども」という。以下同じ）、②満3歳以上で家庭において必要な保育を受けることが困難である子ども（2号認定子ども）、③満3歳未満の子どもで家庭において必要な保育を受けることが困難である子ども（3号認定子ども）に区分され、地域型保育給付費の支給対象は、③の3号認定子ど

もに限定される。つまり、小規模保育などの利用は3歳までであり、3歳以上になれば、保育所などを探して移らなければならなくなる。そのため、現在、3歳児の保育所入所が難しくなるという問題が顕在化しつつある。いずれの支給に対しても、都道府県または市町村の定める認可基準を満たした上で、市町村が条例で定める運営に関する基準に適合し、市町村長の確認を受けた施設・事業者（それぞれ「特定教育・保育施設」、「特定地域型保育事業者」と呼ばれる。子育て支援31条・34条・43条・46条）を利用することが必要となる。

　一方で、子ども・子育て支援法は、市町村事業である地域子ども・子育て支援事業として、①認定時間外保育の費用の全部または一部を助成する事業（延長保育事業）、②学用品購入や行事参加などに要する費用の全部または一部を助成する事業、③企業参入等を促進するための事業、④放課後児童健全育成事業（通称は学童保育。以下「学童保育」で統一）、⑤子育て短期支援事業、⑥乳児家庭全戸訪問事業、⑦養育支援訪問事業、⑧地域子育て支援拠点事業、⑨一時預かり事業、⑩病児保育事業、⑪子育て援助活動支援事業、⑫妊婦健診、⑬利用者支援事業の13事業を法定している（子育て支援59条）。

　このうち、市町村が必ず行う必須事業とされているのが①④である。④の学童保育については、対象者が小学校就学児に拡大され（児福6条の3第2項）、市町村が、最低基準に当たる設備・運営基準を、国の定める基準を参考に条例で定めることとされた（同34条の8の2）。国が定める基準のうち、学童保育に従事する者とその員数については「従うべき基準」とされ、その他の事項（開所日数・時間など）は「参酌基準」とされている。また、事業者に対する指導・監督権限は、市町村長にある（同34条の8の3）。利用手続きは市町村が定め、利用状況を随時把握し、利用調整も行うこととなる。これまで明確な基準がなかった学童保育の基準が児童福祉法体系に位置づけられた点は評価できるものの、「従うべき基準」とされたのは、職員の資格、員数のみで、開所日数・時間等の基準は、市町村が独自に設定することができるため、市町村間の格差は残されたままである。

### (3) 新制度のもとでの保育の利用手続き

新制度では、給付金方式・直接契約方式（保育所利用の場合を除く）の導入によって、保育所を含め保育の利用の手続が、従来の保育制度から大きく変わっている。

新制度のもとでの保育所の利用の手続き・流れは次のようになる。①保護者は、まず、市町村に支給認定を申請する。②市町村が、当該申請にかかる保護者の子どもについて給付資格（保育の必要性）と保育必要量（時間区分）を認定し、支給認定証を交付する（子育て支援20条）。③保護者が、保育所利用を希望する場合には、支給認定証をもって市町村に利用の申込みを行う。④市町村が保育所利用を承諾、利用決定を行う。⑤市町村は、子どもに対して保育所で（もしくは私立の認可保育所に委託し）保育を提供する（図表11）。

従来の保育制度では、保育所入所を希望する場合、保護者が入所を希望する保育所を書いて市町村に申込みをすれば、市町村が入所要件（「保育に欠ける」要件）に該当するかを審査して、該当する場合は、入所先の保育所を決め（入所決定）、入所承諾書を交付していた。この場合、申込みから保育所入所までは一連の手続でなされていた。しかし、保育所定員に空きがないような場合には、「保育に欠ける」要件を満たしていても不承諾となる場合があった。これが「待機児童」といわれる子どもたちの存在である。

新制度では、法律（子ども・子育て支援法）上、利用要件の審査を利用決定の手続きと分離している。これは、新制度が給付金方式・直接契約方式を基本としているからである。したがって、保護者は、支給認定の申請→保育所の利用の申込みという2段階の手続きを踏まなくてはならなくなった。ただし、実務上は、保護者は、支給認定の申請の際に、申請書に、希望する保育所名を一緒に記入し利用申込みも同時に市町村にできる形となっている（図表11参照）。

これに対して、保育所以外の認定こども園や小規模保育事業など（以下、これらの施設・事業を総称して「直接契約施設・事業」という）を利用する場合には、直接契約が基本となるので、利用決定を行う契約当

第 6 章　社会福祉

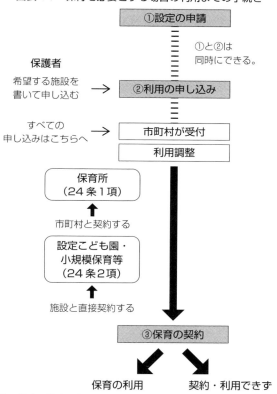

図表 11　保育を必要とする場合の利用までの手続き

出所：全国保育団体連絡会パンフレット「よりよい保育の実現をめざして──子ども・子育て支援新体制改善の課題」(2014 年 12 月) 7 頁をもとに作成。

事者は、その認定こども園などとなる。したがって、本来であれば、保護者は、支給認定の申請は市町村に行い、利用の申込みは当該施設・事業者（所）に行わなければならない。しかし、新制度では、保育を必要とする子ども（2号・3号認定子ども）については、支給認定の申請書に「保育の利用」として、希望する施設・事業者名も記載させ、直接契約施設・事業の利用申込みまで市町村に行わせ、保育所のみならず直接契約施設・事業の利用についても、定員超過の場合は、市町村が利用希

213

望者の選考を行い、利用施設・事業者を決めて保護者に提示する利用調整のしくみを採用した（児童福祉法附則73条1項による同法24条3項の読み替え）[28]。

### (4) 児童福祉法24条1項と2項の違い

　児童福祉法の改正についてみると、従来の児童福祉法では、認可保育所の不足などで保育所保育ができない「やむを得ない事由」がある場合には、市町村は、保育所保育に代えて、家庭的保育事業による保育を行うなど「その他の適切な保護」を行う義務（代替義務）があると規定していたが、このただし書きは、改正により削除された。ただし書きが削除されたのは、行政側の説明では、改正後の同法24条1項に「次項の定めるところによるほか」と規定されていることから、保育所保育を原則とする従来の制度と異なり、新制度では、認定こども園や家庭的保育事業など、保育所以外の多様な保育施設・事業が並存しており、保護者が、それらの中から希望の施設・事業を選択することができることを踏まえたためとされている[29]。

　もっとも、現実には、新制度になっても、多くの保護者は、これまで通り、保育条件の整った保育所を選択・希望している。こうした保護者の保育所選択権は、尊重されなければならず、たとえば、市町村が、利用調整の段階で、保育所のみを希望している保護者に、保育所以外の認定こども園などの希望を記さないと申込みを受け付けないとしたり、保育所以外の施設を利用するよう圧力をかけたりすることは、保護者の保育所選択権の侵害にあたり違法となる。

---

28　もっとも、子ども・子育て支援法の定める市町村の利用調整は、あくまでも契約の締結を促すものにすぎず、法解釈上は、明文の根拠なしに、公権力の行使として強制力のある行政処分と解することには無理がある。何よりも、直接契約施設・事業（者）への申込みも市町村に行い、定員超の場合の選考も、利用調整の名目で市町村が行うとなれば、もはや新制度が基本とする直接契約方式を逸脱しており、明文の根拠が必要と考える。法律の根拠規定もなく、通知や解釈で、こうした運用を行うのは、法律による行政の原理に反し、あまりに強引な制度運用といえよう。伊藤・社会保障改革 68頁参照。

29　筆者を含めた保育団体と内閣府・厚生労働省との懇談の場（2014年9月9日）での厚生労働省担当者の発言。

前述のように、新制度でも、保育所を利用する子どもに対しては、市町村は、保育の実施義務を負う（児福24条1項）。しかし、認定こども園や家庭的保育事業等を利用する子どもについては、児童福祉法24条1項の射程の範囲外であり、同条2項が適用される。この場合、保育の実施義務を負うのは、市町村ではなく、契約の当事者である認定こども園などの直接契約施設・事業（者）となり、市町村の義務は、直接的な保育実施義務ではなく、「必要な保育を確保するための措置を講じなければならない」という間接的な保育確保義務にとどまる。

このように、児童福祉法24条1項と2項とでは、市町村の義務の内容が異なっている。このことは、保育が必要と認定された子どもたちのうち、保育所を選択し利用する子どもには、市町村が保育実施義務を負うのに対して、他の認定こども園など直接契約施設・事業を選択・利用する（せざるをえなかった）子どもには、市町村は保育の実施義務を負わないということになり、子どもの保育に格差を持ち込むことを意味する。今回の改正により、保育所保育が提供できない場合、市町村は、認定こども園、あるいは家庭的保育事業等による保育を確保するために必要な措置を講じる必要があり、従来の「その他の適切な保護」より、市町村の裁量が限定され、質の保障された保育を受給できる可能性が高まったと評価する見解もある。[30]しかし、こうした見解は、家庭的保育事業等において、保育士資格のない者による保育が行われることを質の保障が高まったといえるのか、従前の「その他の適切な保護」について解釈を誤った違法な運用（保育所保育の代替である以上、保育所保育と同様の保育が提供されなければならないのに、認可外保育施設の紹介でも足りるとされてきたことなど）が行われてきたことを追認することになるなど問題がある。

また、児童福祉法24条1項と2項とで、市町村の果たすべき義務の内容に違いがあるということは、それぞれ別個の義務であり、市町村は、2項の義務を果たしたからといって、1項の義務を免れるわけではない。

---

[30] 倉田賀世「乳幼児と保育の質」週刊社会保障2912号（2017年）54頁、および菊池497頁参照。

したがって、保護者が、保育所を希望しているのに入れず、市町村による利用調整の結果、やむなく直接契約施設・事業を利用することになっても、保育所利用を希望し続けることはできる。保育所に入れなかったことを不服として、市町村に集団で不服申立てを行い、場合によっては行政訴訟（後述の義務付け訴訟など）に訴えることは、新制度のもとでも可能である。

## 4　児童福祉法の障害児に対する給付と要保護児童に対する措置

### (1)　障害児に対する給付

　児童福祉法は、障害児（身体に障害のある児童、知的障害のある児童、精神に障害のある児童、一定の難病に伴う障害のある児童。児福4条2項）に対する給付も規定している。

　2010（平成22）年の障害者自立支援法（現在の障害者総合支援法）の改正にともない、児童福祉法も大幅に改正され（以下「2010年改正」という）、障害種別に分かれていた施設が一元化され、障害児通所支援と障害児入所支援に再編されるとともに、新たに障害児相談支援が設けられた（2012年4月より施行）。

　障害児通所支援は、児童発達支援、医療型児童発達支援、就学している障害児に対する放課後等デイサービス、および保育所などに通う障害児に対する保育所等訪問支援をいう（児福6条の2の2第1項）。これらの支援に関する給付は、前述の障害者支援方式をとっている（本章第1節参照）。すなわち、障害児通所支援については市町村に、障害児入所支援については都道府県に申請し、給付決定を得たうえで（ただし、障害支援区分認定は行われない）、指定事業者・施設と契約を締結し支援を受けた場合に、それに要した費用が障害児通所給付費、障害児入所給付費などとして支給される（児福21条の5の3以下、24条の2以下）。自己負担分は費用の1割を上限とした応能負担となっている（本章第4節参照）。

　やむを得ない事由により、障害児通所給付費および障害者総合支援法

に規定する介護給付費の支給を受けることが著しく困難であると認めるときは、市町村は障害児通所支援もしくは障害福祉サービスを提供し、またはそれを委託（措置委託）することができる（児福21条の6）。

### (2) 要保護児童に対する措置

保護者のいない児童、または保護者に監護させるのが不適当であると認められる児童は「要保護児童」（児福6条の3第8項）といわれ、要保護児童を発見した者による通告（児福25条）を受けて、措置がとられる。

具体的には、市町村による指導、児童相談所への送致、通知等（児福25条の7以下）のほか、児童相談所長または都道府県知事による指導、里親等への委託、児童養護施設など児童福祉施設への入所措置、家庭裁判所の審判に付するための送致等がある（同26条・27条）。これらの措置をとるに至るまで、児童相談所長は、児童の安全を確保するため、保護者および児童の同意なしに、短期（2カ月。ただし延長あり）の措置として、児童を一時保護することができる（同33条）。一時保護については、行政処分であると解されている（大阪地判平成23・8・25判例自治345号70頁参照）。

保護者がその児童を虐待し、著しく監護を怠るなど保護者に監護させることがその児童の福祉を著しく害する場合は、保護者の意に反するときでも、児童福祉法27条1項3号に基づく児童養護施設への入所措置をとることができる。ただし、保護者が親権を行うものまたは後見人であるときは、家庭裁判所の承認を得る必要がある（同28条）。児童福祉法27条の措置をとる場合には、児童と保護者の意向を確認することが前提とされる（同26条2項）。その趣旨は、児童の権利条約12条にいう児童の意見表明件の具体化にあり、児童の手続的権利を確認したものと解されている[31]。

入所措置は2年を超えてはならないが、保護者に対する指導措置の結

---

[31] 加藤ほか 314頁（前田雅子執筆）参照。

果等に照らして、入所措置を継続しなければ保護者がその児童を虐待するなどのおそれがあると認めるときは、都道府県は家庭裁判所の承認を得て入所期間を更新することができる（児福28条2項）。

　また、児童相談所長は、家庭裁判所に対する親権喪失および親権停止の請求（民法834条・834条の2）、親権者のいない児童について未成年後見人選任等の請求（同840条）、一時保護中の児童に対する親権代行または監護を行う権限を有する（児福33条の2・33条の7以下）。児童養護施設に入所中の児童については、施設長が親権代行または監護を行う（同47条）。親権者・未成年後見人は、児童相談所長等の監護措置を不当に妨げてはならない旨の規定が置かれている（同33条の2第2項）。

　都道府県知事等が措置を解除する場合は、行政手続法第3章（同法12条の処分基準の定立と14条の理由の提示は必要）の規定は適用されず、聴聞等の手続は不要となるが（児福33条の5）、解除の理由についての説明義務・意見聴取が義務付けられている（同33条の4）。

## 5　児童虐待防止法

　現在、児童虐待の増加が問題となっている。虐待を受けた児童をより迅速に保護するために、前述の要保護児童に対する措置に加えて、児童虐待の防止等に関する法律（以下「児童虐待防止法」という）が制定されている（平成12年法律82号）。

　同法は、児童虐待の定義（身体的虐待、性的虐待、心理的虐待、ネグレクト）についての規定（児童虐待防止法2条）を置くとともに、「児童虐待を受けたと思われる児童」についても通告義務の対象としている（同6条）。また、児童虐待を行った保護者が児童福祉法27条1項2号の指導を受けないときは、都道府県知事はその保護者に対し指導を受けるよう勧告でき、保護者がこれに従わない場合は、一時保護や入所措置等をとることができる（同11条）。さらに、児童の安全確保を図るため、虐待事実等を調査するため、児童の住所等への立入調査・質問（児福29条）に加え、保護者への出頭要求等を経て、裁判所の許可状を得て実力による住居への強制立入調査を行う権限（児童虐待防止法9条の3

以下）や、保護者に対し児童の接近禁止命令を出す権限（同12条の4）が都道府県知事に認められている。

## 6　児童福祉の行政組織と児童福祉施設

　児童の特殊性に対応した専門機関として、都道府県は児童相談所を設置し、そこに児童福祉司を必置しなければならない（児福12条1項・13条1項）。児童相談所の業務は、児童に関する家庭等からの相談、児童とその家庭についての調査、医学的・心理学的その他の知見からの判定、これらに基づく指導、および児童の一時保護である（同12条）。

　市町村は、児童の福祉に関し、必要な事情の把握、情報の提供を行うとともに、家庭その他からの相談に応じ、必要な調査・指導を行うなどの業務を担う（児福10条）。また、保健所も、児童の健康相談、療育相談などの業務を行う（同12条の6）。児童委員は、民間人に委嘱された民生委員がこれを兼ねている（同16条）。

　児童福祉法には、児童福祉施設として、助産施設、乳児院、母子生活支援施設、保育所、児童養護施設、児童発達支援センターなど14施設が規定されている（児福35条以下）。このうち、2010年改正で創設された児童発達支援センターは、障害児通所支援を担うほか、身近な地域における障害児支援の中核として位置づけられている（同43条）。児童福祉施設の設置は、市町村は都道府県に届出を行い、市町村以外の者は、都道府県の認可を得る必要がある（同35条3項・4項）。設備・運営に関する基準（最低基準）が都道府県の条例で定められており（同45条）、都道府県知事は、同基準の遵守に関して報告聴取・質問・立入調査、基準に達しない場合には改善勧告、改善命令および業務停止命令を行う権限を有する（同46条）。

　2006（平成18）年に、認定こども園法が制定され、所定の要件を満たした保育所または幼稚園を都道府県知事が認定こども園として認定するしくみが導入された。認定こども園のうち、幼保連携型認定こども園は、義務教育およびその後の教育の基礎を培うものとしての満3歳以上の子どもに対する教育・保育を一体的に行う施設として位置づけられて

いる（認定こども園法2条7項。児福39条の2）。学校であると同時に、児童福祉施設でもあり、設置者は、国や地方自治体、社会福祉法人、学校法人に限定され（認定こども園法12条）、国・地方自治体以外の法人が設置する場合には、都道府県知事による認可が必要となる（同17条）。幼保連携型認定こども園以外の認定こども園の類型については、認定こども園法3条2項に規定されているが、各類型名が明示されているわけではなく、基盤となる施設名からの通称で、保育所型、幼稚園型、地方裁量型の3つがある。このうち、保育所型と幼稚園型は、それぞれ、すでに保育所や幼稚園として認可を受けている施設を、認定こども園として認定するものだが、地方裁量型は、認可基準を満たしていない認可外保育施設を自治体が独自に認定するものである。[32]

認可保育所の待機児童の増大に伴い、認可を受けていないが、児童福祉施設と同様の業務を行う施設（認可外保育施設）が全国で増加、そこでの入所児童の死亡事件が続発したため、入所児童の福祉の観点から規制監督の規定が設けられるに至っている。すなわち、認可外保育施設は、事業開始・休廃止について都道府県知事に届出なければならず、都道府県知事は、報告聴収や立入調査を実施し、施設の設備・運営等の改善等の勧告、それに従わない場合のその旨の公表、さらに事業改善命令や施設閉鎖命令を行う権限を有する（同59条）。

## 7　児童福祉関連の裁判例

### (1) 保育所入所をめぐる裁判例

保育所入所をめぐっては、1997年改正前の児童福祉法の下でも、保護者と私立保育所との間に契約関係（準委任契約）の成立を認めた裁判所の決定もある（松江地裁益田支決昭和50・9・6判時805号96頁）。ただし、学説では、同決定の法律構成については無理があるとの批判が多い。[33]

---

32　認定こども園について詳しくは、伊藤周平『子ども・子育て支援法と保育のゆくえ』（かもがわ出版、2013年）21頁参照。
33　たとえば、堀勝洋『福祉改革の戦略的課題』（中央法規、1987年）195頁参照。

有力学説である「処分・契約並存説」に立つならば、市町村による入所不承諾は行政処分と構成され、保育所に入所できなかった場合、義務付け訴訟（行訴3条6項）および仮の義務付け（同37条の5）による救済が可能となる。障害のある子どもの保育所入所の不承諾処分が争われた事案では、不承諾により、保育所に入所して保育を受ける機会を喪失するという損害は、その性質上、現状回復ないし金銭賠償による填補が不可能な損害であり「償うことのできない損害」に該当し、現に保育所に入所することができない状況に置かれているのであるから、損害の発生が切迫しており、社会通念上、これを避けなければならない緊急の必要性もあるなどとして、裁判所は、入所を仮に承諾することを求める仮の義務付けを認容した（東京地決平成18・1・25判時1931号10頁）。また、その本案でも、不承諾処分について市の裁量権の逸脱または濫用を認めてこれを取り消すとともに、入所を承諾すべき旨を命じる義務付けの判決を行った（東京地判平成18・10・25判時1956号62頁）。

　さらに進んで、保育所に入所している児童が、児童福祉施設最低基準に基づく保育を受ける権利を有するかが問題となる。憲法25条および児童福祉法1条ないし3条の趣旨から、これを肯定した裁判所の決定がある（神戸地決昭和48・3・28判時707号86頁）。学説も、最低基準が憲法25条と児童福祉法1条ないし3条を具体化・実定化した法規であり、保育所に入所した児童には、最低基準による保育を受ける権利が認められるとする説が有力といえる[34]。これに対して、近年の判例は、この権利を認めないものが多くなっている。たとえば、名古屋地裁判決（平成21・11・5賃社1526号51頁）は、①児童福祉法には、児童福祉施設の入所児童またはその保護者が、最低基準を確保するよう請求する権利を有すると定めた規定は存在しない、②市の条例や規則に自園調理を定めた規定がない、ことなどを根拠に、最低基準に基づく保育を受ける権利を認めていない。しかし、児童福祉法に最低基準による保育を請求する権利を定めた明文の規定がないからといって、これを否定することは

---

34　田村和之「児童福祉施設最低基準をめぐる法的諸問題―保育所の最低基準を中心に」賃社1526号（2010年）43-44頁参照。

できず、憲法25条や児童福祉法の趣旨からすれば、学説の多数が唱えるように、最低基準に基づく保育を受ける権利を認めるべきと考える。

### (2) 費用負担をめぐる問題

児童福祉施設の費用負担については、とくに保育所の保育料をめぐるいくつかの裁判例がある。

従来の保育料についての国の費用徴収基準は、保護者の所得に応じた応能負担とはいえ、「全額徴収原則」に基づいていた。「全額徴収原則」とは、保育料について、保護者が保育にかかる費用を全額負担することを標準にして、負担能力に応じて、その額を段階的に減らしていく方式をいう。同方式の違法性が争われた事例では、最高裁は、保育料負担の原則について「(旧児童福祉)法56条1項・2項の規定は、原則として全額を本人又は扶養義務者……に負担させることとして、市町村長がこれを扶養義務者……に負担させることとして、市町村長がこれを扶養義務者等から徴収することとし、例外的に市町村長において扶養義務者等の負担能力が不足又は欠缺すると認めるときは、その分につき軽減又は免除して市町村がこれに代わって負担することとしているものと解するのが相当」(括弧は筆者)とし、「全額徴収原則」を認め、その違憲性を否定している(最判決平成2・9・6保情165号34頁)。

同時に、保育料は、保育所へ入所して保育を受けることに対する反対給付として徴収されるものであるから、租税には該当せず、租税法律主義(憲法84条)の適用はないとする(前掲最判平成2・9・6、最判平成2・7・20保情163号23頁)。

こうした「全額徴収原則」のゆえに、国基準の保育料最高額(保育単価限度額)は、3歳未満児の場合で、月額10万4000円にのぼっていた。そのため、すべての自治体で、自治体が独自の負担をして、国基準の高い保育料を軽減してきた。また、第2子は5割から7割程度まで保育料を減免し、第3子は無料となる軽減措置がとられてきた。たとえば、東京都杉並区では、自治体独自負担で、国基準の最高額をほぼ半額の5万7500円まで軽減している。新制度でも、国基準は、これまでの費用徴

収基準を踏襲し、同一世帯の複数の子どもが保育等を利用する場合も、これまでと同様の多子軽減措置を導入し、自治体の独自軽減も、各市町村の判断により行うことができるとされている。[35]

### (3) 公立保育所の民営化をめぐる裁判

一方、1990年代以降、地方行財政改革の一環として、公立保育所の民営化が各地で進められ、今でも続いている。それに伴う保育環境の変化や保育の質の低下に対して、保護者らが、公立保育所を廃止する条例の取消訴訟を提起する事例が各地で相次いだ。

このような訴訟では、廃止条例の制定行為が行政処分に当るかどうかが問題となった。横浜市立保育所廃止処分取消訴訟判決（横浜地判平成18・5・22判例自治284号42頁）は、横浜市が、その設置する市立保育所4園を廃止し、民営化したことについて、条例制定行為の処分性を認め、拙速な市立保育所の民営化は、市の裁量の範囲を逸脱、濫用したもので違法であるとし、事情判決（行訴31条）により廃止処分の取消しを求める請求は棄却したが、国家賠償請求は認容した。これに対して、控訴審判決（東京高判平成20・1・29判例集未登載）では、本件条例の制定は抗告訴訟の対象となる行政処分には当たらず、条例の内容が被控訴人の利益を侵害するものであることが明白とまでいえないから、国家賠償法1条の適用上の違法と評価すべき点があるものとはいえないとして、取消請求に当たる部分を却下、損害賠償請求をいずれも棄却した。その後、最高裁は、上告審において、賠償請求については、上告不受理

---

35 ただし、新制度では、保育料徴収の根拠規定であった児童福祉法56条3項が改正されており、保育所保育料の決定・徴収の根拠規定とはなりえなくなっている。この点について詳しくは、田村和之「新保育制度における保育所保育料制度―法的視点からの検討」賃社1655号（2016年4月上旬号）21頁参照。なお、公立の保育所や幼保連携型認定こども園、幼稚園の保育料は、地方自治法上の公の施設の使用料（地自225条）に該当するから、その額は条例によって定めることとなる（同288条1項）。公立保育所等の保育料については、学説では、地方自治法225条の使用料ではなく、社会福祉各法が定める特別の負担金と解する見解もある（堀・総論294頁参照）。ただし、前述のように、新制度では、児童福祉法56条の根拠規定がなくなっているので、公立保育所等については、公の施設の使用料と解するほかない（したがって保育料は条例で規定する必要がある）。

とし、取消請求については、条例の処分性を認めたうえで、原告の保育の実施期間が満了した現時点においては訴えの利益は失われたとして上告を棄却し（最判平成21・11・26判時2063号3頁）、条例廃止という制定行為について、一定の要件のもとで処分性を認める初めての判断を下した。

また、大阪府大東市が、その設置する市立保育所を廃止し民営化したことにつき、市と保護者との関係を公法上の利用契約関係ととらえ、市は、引継ぎ期間を少なくとも1年程度設定し、民営化の後も数カ月程度、従前の保育士を新保育園に派遣するなどの十分な配慮を怠ったとして義務違反を認定し、慰謝料を認容した事例がある（大阪高判平成18・4・20賃社1423号62頁）。さらに、移管先との共同保育などの引き継ぎが性急で十分でない保育所廃止には裁量権の逸脱または濫用があり、児童らの保育所選択権を侵害するとして、神戸市による保育所廃止・民間移管を仮に差し止める決定がなされた事例もみられる（神戸地決平成19・2・27保情365号6頁）。

地方自治法上の指定管理者方式（地自244条の2第3項）による公立保育所の民営化については、指定管理者の指定処分の取消訴訟が提起され、保育所において保育を受けている児童およびその保護者らについて原告適格を認めた上で、市（川崎市）の指定処分には一応の合理性があり、裁量権の逸脱・濫用はないとして請求が棄却された事例がある（横浜地判平成21・7・15賃社1508号42頁）。

## 8　児童福祉の課題

これまでみてきたように、児童福祉分野における子ども・子育て支援法を機軸とする新制度は「子ども・子育て支援新制度」といいつつ、子どもの権利保障の法とはいいがたく、実態は、きわめて複雑で、随所に法的整合性を欠く法制度といえる。また、新制度のもとでは、保育の必要量に保育短時間と標準時間の2区分があるが、この区分の判断基準が、法令ではなく、内閣府等が発した通知（「子ども・子育て支援法に基づく支給認定並びに特定教育・保育施設及び特定地域型保育事業者の確認

に係る留意事項等について」2014年9月9日）で示されるなど、「法律による行政の原理」（法治主義）の形骸化が、他の社会保障立法以上に顕著である。

　新制度の実施主体である市町村も、国（内閣府、厚生労働省）から通知などで示された新制度の形式を具体化する（整える）ことに追われ、法的不整合や違法の疑いがある条例・規則が散見される。いわば法的不整合や違法状態が恒久化しているともいえ、早急な是正が必要である。

　当面の改善課題としては、法的な整合性をとるためにも、児童福祉法24条2項を改正し、認定こども園や地域型保育事業など直接契約施設・事業を利用する場合も、保育所利用の場合と同様に、市町村が保育の実施義務をもつ形とすべきだろう。同時に、保育所保育より低い保育水準の設定によって、子どもの保育に格差を持ち込む仕組みは妥当とはいえず、少なくとも、地域型保育事業について、保育者はすべて資格を有した保育士とするなど、保育所保育に準じた基準を設定すべきと考える。

　将来的には、子ども・子育て支援法を廃止し、児童福祉法に一元化し、同法に子どもの保育を受ける権利を明記するとともに、子どもの保育や療育については、市町村が実施責任をもつ市町村委託方式に統一させるべきであろう。保育の供給体制は、保育所整備を基本にするべきだが、基準を保育所保育に準じるものとすることを前提に、必要に応じ、認定こども園、小規模保育や家庭的保育事業の整備も進めていくべきである。

## 第4節　障害者福祉のしくみと法

### 1　障害者福祉法制の沿革と展開

　日本の障害者福祉は、第2次世界大戦後の身体障害者福祉法（昭和24年法律164号）を先駆けとする。同法は、当初は訓練等によって経済的自立が可能な身体障害者を対象とする更生法であったが、その後、重度の障害者を対象とする福祉法に転換し、1960（昭和35）年には、精神薄弱者福祉法（1998年に知的障害者福祉法に名称変更）と障害者

の雇用の促進に関する法律（障害者雇用促進法）が制定された。後者は、障害者の法定雇用率を定め、事業主に雇用義務を課すもので、対象範囲は、現在は身体・知的・精神障害者にまで拡大されている。

1970（昭和45）年には、障害者施策を総合的に推進するため、心身障害者対策基本法が成立、1975（昭和50）年には、国連総会で「障害者の権利宣言」が決議され、障害者の「完全参加と平等」を掲げ、1981（昭和56）年を国際障害者年とすることとされた。同年の『厚生労働白書』では、障害者も社会において等しく権利を享受できるよう保障されるべきというノーマライゼーションの思想が紹介され、日本でも次第に普及することとなった。

1993（平成5）年には、障害者の自立と参加を基本理念とする障害者基本法が制定され、障害者の医療・介護、年金、教育、雇用の促進、住宅の確保、公共的施設等の利用におけるバリアフリー化など多岐にわたる施策の基本方針が定められた。2004（平成16）年の改正では、障害者に対する差別禁止の理念が明示されたほか、国が障害者基本計画を、地方公共団体が障害者計画を策定することが義務づけられた（同4条・11条）。また、2006（平成18）年には、公共的施設や公共交通機関の利用について、高齢者や障害者に配慮するよう求める「高齢者、障害者等の移動等の円滑化の促進に関する法律」（バリアフリー新法）が施行されている。

精神障害者については、1950（昭和25）年の精神衛生法以降、精神障害者を長らく公衆衛生・保健医療の対象とし、強制入院による隔離を中心とした施策が行われてきた。しかし、こうした強制入院中心の精神保健法制は、精神障害者の社会参加を阻害し、閉鎖的な病棟内での虐待を招くなど、多くの問題を抱えていた。1984（昭和59）年に、看護職員の暴行により2名の入院患者を死亡させた「宇都宮病院事件」の発覚を契機として、ようやく精神保健法制の見直しが行われ、入院中心の医療保護体制からの転換が促進され、1987（昭和62）年に、精神衛生法が精神保健法に改められた。その後、精神障害者を同法の「障害者」と明確に位置づけた障害者基本法の成立を受けて、1995（平成7）年に、

精神保健及び精神障害者福祉に関する法律（以下「精神保健福祉法」という）が制定され、精神障害者に対する福祉施策として社会福祉事業が法定化された。

さらに、障害者の権利に関する条約（障害者権利条約）の採択（2006年）を受けて、国内法の整備が求められ、障害者基本法の改正（2011年）、障害者虐待防止法（障害者虐待の防止、障害者の養護者に対する支援等に関する法律）の制定（2011年）につづき、障害者雇用促進法の改正（2013年）および障害者差別解消法（障害を理由とする差別の解消の推進に関する法律）の制定（2013年）が実現、2014（平成26）年に、障害者権利条約が発効するに至っている。

## 2　障害者福祉法制の改革

### (1) 支援費制度から障害者自立支援法へ

一方、介護保険制度の導入で先鞭をつけられた措置制度から契約制度の転換は、障害者福祉にも及び、身体障害者福祉法などが改正され、2003（平成15）年4月から支援費制度が実施された。支援費制度は、従来の措置制度から給付金方式・直接契約方式への転換を図るものであったが、サービスの利用者負担については、障害者の所得に応じた応能負担となっていた。支援費制度は、導入後にサービスの利用が急増したものの、居宅生活支援費が国庫補助金の対象（裁量的経費）にとどまっていたため（施設訓練等支援費は国庫負担金の対象で義務的経費となっていた）、財源不足で行き詰まりをみせた。そのため、介護保険の被保険者の範囲を拡大し、支援費制度と介護保険との統合案が模索されたが実現せず、結局、2005（平成17）年、居宅生活支援費も義務的経費とする一方で、サービスの利用者負担を介護保険と同じ応益負担（サービス費用の1割が利用者の負担となる）とする障害者自立支援法が成立した（2006年施行）。

しかし、障害者自立支援法による応益負担の導入の結果、サービス利用を控える人が続出、応益負担に対する批判は、同法の応益負担を違憲とする訴訟にまで発展した。その後、2010（平成22）年には、同訴訟

の原告・弁護団と国(厚生労働省)との間で基本合意書が締結され、事実上の和解となった。これを受けて、障害当事者が参加した障がい者制度改革推進本部総合福祉部会が、障害者自立支援法に代わる新法の検討を進め、2011 (平成23) 年 8 月に、新法の構想を「障害者総合福祉法の骨格に関する総合福祉部会の提言—新法の制定を目指して」(以下「骨格提言」という) としてまとめ公表した。

　立法的には、議員立法の形で、2010 (平成22) 年12月に、障害者自立支援法が改正された。厚生労働省の行政解釈では、この法改正により、障害者等の家計の負担能力に応じた負担 (応能負担) が原則となったとされる。[36] 条文の構成をみると (障害総合 29 条 3 項 2 号)、負担上限額が原則、サービス費用の 1 割が例外と解するのが素直な読み方なので、応能負担が原則という解釈が一般的とされている。[37] しかし、この法改正は、障害福祉サービスなどの利用者負担の月額上限額を、障害者等の家計の負担能力に応じて (政令で) 設定するもので、障害福祉サービス・補装具の利用については、住民税非課税世帯は負担上限額がゼロとされ負担がなくなったため、応能負担のようにみえるだけで、利用に応じた負担 (応益負担) のしくみは残っている。このことは、サービスの利用量が少なく、政令で定める月額上限額よりも 1 割相当額の方が低い場合は、1 割負担相当額を負担することとなることからも明らかである。医療保険や介護保険でも負担上限額が設定されているが、こちらは応能負担が原則とはいわれていないことを考えると、応能負担を加味した応益負担のしくみとする方が正確であろう。

### (2) 障害者総合支援法の成立と改正

　先の「骨格提言」は、障害福祉サービスの利用者負担の原則無償化や

---

36　中央法規編集部編『速報・障害者自立支援法の改正』(中央法規、2011年) 5 頁参照。また、障害者福祉研究会編『逐条解説・障害者総合支援法』(中央法規、2013年) 117 頁も、「障害者のサービス利用にかかる負担については、原則、障害者の所得 (負担能力) に応じて定める仕組み (いわゆる「応能負担」) になっている」と解説している。

37　福島豪・永野仁美「障害と社会保障法」菊池馨実・中川純・川島聡編著『障害法』(成文堂、2015年) 193 頁参照。

障害程度区分（現在の障害支援区分）の廃止などを提言していたが、提言の多くは無視され（もしくは骨抜きにされ）、結局、改正障害者自立支援法を一部手直ししただけの「障害者の日常生活及び社会生活を総合的に支援するための法律」（以下「障害者総合支援法」という）が成立した（2013年より施行）[38]。

　障害者総合支援法は、その目的条項に、地域生活支援事業その他の必要な支援を総合的に行うことを加え（1条）、法に基づく日常生活・社会生活の支援が、共生社会を実現するため、障害者の社会参加の機会の確保および地域社会における共生、社会的障壁の除去に資するよう総合的かつ計画的に行われることを基本理念に掲げている。また、そのほかに、①障害者の範囲に難病等を加えること（児童福祉法における障害児の範囲も同様の対応）。②重度訪問介護の対象を「重度の肢体不自由者等であって常時介護を要する障害者として厚生労働省令で定めるもの」に拡大、③共同生活介護（ケアホーム）を共同生活援助（グループホーム）へ一元化、④地域生活支援事業に手話通訳者等を養成する事業などを追加、⑤サービス基盤の基本指針・障害福祉計画について、定期的な検証と見直しを行う、などの改定が加えられた。しかし、改正障害者自立支援法（児童福祉法の障害児の療育部分も含む）の給付金方式・直接契約方式、応能負担を加味した応益負担といった構造（障害者支援方式。本章第1節参照）を変えるものではなく、実質的には、障害者自立支援法の廃止ではなく、恒久化といってよい。しかも、介護保険との統合を前提としてか、介護保険の優先適用規定は残っており（障害総合7条）、障害者が65歳になると、応益負担が課され、給付上限の存在により、サービスの利用量が制約されることになるという、いわゆる「65歳問題」は解消されていない。

　以上のような経緯から、障害者総合支援法の附則には、前述の基本合意書や「骨格提言」を反映させる見直しを行うとの趣旨で、施行3年後の見直し規定がおかれた。しかし、3年後の見直しに当たる2016（平成

---

38　障害者総合支援法の成立までの経緯については、伊藤・社会保障改革156頁以下参照。

28）年の法改正でも、一定の改善はなされたものの、基本合意書や「骨格提言」はまたもやほとんど無視された。法案成立に当たり、衆議院10項目、参議院17項目もの附帯決議がなされたことは問題の多さを如実に物語っている[39]。

## 3 障害者の定義と障害者手帳制度

　2011（平成23）年に改正された障害者基本法では、障害者権利条約の社会的障壁という考え方に基づき、障害者を「身体障害、知的障害、精神障害（発達障害を含む。）その他の心身の機能の障害（以下「障害」と総称する。）がある者であって、障害及び社会的障壁により継続的に日常生活又は社会生活に相当な制限を受ける状態にあるものをいう」と定義している（同2条1号）。ここで、社会的障壁とは「障害がある者にとって日常生活又は社会生活を営む上で障壁となるような社会における事物、制度、慣行、観念その他一切のもの」（同条2号）をさす。そして、障害者差別解消法は、社会的障壁の除去の実施について、これに伴う負担が過重でないことを前提に、必要かつ合理的な配慮をすることを求めている（同7条2項）。

　これに対して、身体障害者福祉法は、同法にいう身体障害者を、別表に掲げる身体上の障害がある18歳以上の者で、都道府県知事から身体障害者手帳の交付を受けたものと規定している（身障4条）。都道府県知事は、申請に基づき別表に掲げる障害に該当すると認定したとき身体障害者手帳を交付する。身体障害者手帳には、身体障害者福祉法施行規則5条3項により定められる障害等級（1級から7級）が別表5号で具体化されており、等級の認定は行政処分に該当し、同等級の引き下げを決定する処分の取消し請求が棄却された裁判例がある（静岡地判平成7・1・20判例自治142号58頁）。しかし、身体障害者手帳については、生活上の制約や困難さに重点を置くものではなく、あくまでも身体機能の喪失・低下が基準となっており、手帳交付決定とサービス給付が結び

---

[39] 改正障害者総合支援法については、伊藤周平「障害者総合支援法の改正とその問題点」住民と自治643号（2016年）8頁参照。

ついている現行制度および運用の見直しが求められる[40]。

ついで、知的障害者福祉法には、知的障害者について具体的な定義規定がないが、児童相談所等で知的障害があると判定された者に対して療育手帳を交付する制度がある。療育手帳の交付は法令に根拠規定がなく、通達ないし要綱に基づいて行われているが、その処分性を認めた裁判例がある（東京高判平成13・6・26判例集未登載）。もっとも、処分性が否定されたとしても、判定結果に不服がある場合には、公法上の当事者訴訟（行訴4条後段）または民事訴訟を通じた救済は可能である。

さらに、精神保健福祉法は、精神障害者を、統合失調症、精神作用物質による急性中毒またはその他の依存症、知的障害、精神病質その他の精神疾患を有する者と定義している（精神5条）。精神障害者の申請に基づき、都道府県知事が精神障害者保健福祉手帳を交付する（同45条）。なお、障害児については児童福祉法4条に定義規定が置かれている（本章第3節参照）。

## 4　障害者総合支援法

### (1) 自立支援給付および地域生活支援事業の概要

障害者総合支援法は、障害者福祉各法で分立して規定されていた給付および事業を一元化し、自立支援給付と地域生活支援事業を設けた。

自立支援給付の対象となるのが、①障害福祉サービス、②地域相談支援・計画相談支援、③自立支援医療、④補装具である（障害総合6条）。このうち、①の障害福祉サービスは、介護給付費と訓練等給付費の2つに類型化され（同28条以下）、前者には介護保険サービスと同じサービスが含まれている（図表12）。

②の相談支援は、基本相談支援に加えて、主にサービスの利用計画の作成を行う計画相談支援、従来は補助事業として行われていたものを法定給付化した地域相談支援がある。計画相談支援は、障害福祉サービスなどの利用計画の作成と見直しが含まれ、市町村長の指定を受けた特定

---

[40] 同様の指摘に、加藤ほか331頁（前田雅子執筆）参照。

図表12　障害福祉サービスの種類

| | | |
|---|---|---|
| 障害福祉サービス | 介護給付費 | 居宅介護（ホームヘルプ）<br>重度訪問介護（常時介護を要する障害者の日常生活支援・外出時の介護）<br>同行援護（視覚障害者の外出時の同行、移動の援護など）<br>行動援護（知的障害者や精神障害者が行動する際の危険等を回避するための援護、外出時の介護）<br>療養介護（昼間、病院で行う機能訓練、療養上の管理、看護医学的管理の下での介護など）<br>生活介護（障害者支援施設での昼間における介護や創作的活動等の機会の提供）<br>短期入所（ショートステイ）<br>重度障害者等包括支援（常時介護を要する障害者等に対する居宅介護その他の障害福祉サービスの包括的提供）<br>施設入所支援（障害者支援施設での夜間における介護） |
| | 訓練等給付費 | 自立訓練（機能訓練・生活訓練）<br>就労移行支援<br>就労移行支援（雇用型・非雇用型）<br>共同生活援助（グループホームでの夜間における相談その他の日常生活上の援助） |

出所：加藤ほか332頁（前田雅子執筆）

相談支援事業者から受けた場合は、それに要した費用は、計画相談支援費として給付される（障害総合51条の17。10割給付で利用者負担はない）。地域相談支援は、障害者が施設・病院から退所・退院して住居の確保をはじめ地域での生活に移行するための準備に関わる地域移行支援、および居宅で単身生活する障害者について常時連絡体制を確保し緊急時における相談等を行う地域定着支援を内容とする。都道府県知事の指定を受けた一般相談支援事業者からこれらの支援を受けた場合、市町村に申請してその支給決定により地域相談支援給付費を受給できる（同51条の5）。③の自立支援医療は、従来の身体障害者福祉法に基づく更生医療、児童福祉法に基づく障害児への育成医療、精神保健福祉法に基づく精神通院医療を統合したものである（同52条以下）。④の補装具に関する給付は、補装具の購入費または修理費の支給である（同76条）。

地域生活支援事業は、相談・情報提供・助言、虐待の防止など障害者の権利擁護に必要な援助、成年後見制度の利用に要する費用の支給、手話通訳の派遣や日常生活用具の給付または貸与、移動支援などの事業で、市町村がこれを行う（障害総合77条）。

(2) 支給決定とサービス利用、利用者負担

　自立支援給付を受けるには、障害者がサービスの種類ごとに市町村に申請して、支給決定を受ける必要がある（障害総合19条・20条等）。障害福祉サービスにかかる自立支援給付については、支給決定に当たって、市町村職員の面接により調査が行われる（指定一般相談支援事業者に委託可）。自立支援給付のうち介護給付費の申請については、同調査の結果に基づく第1次判定、外部有識者からなる市町村審査会の第2次判定を経て、障害支援区分（6区分）の認定が行われる。

　市町村は、障害支援区分だけでなく、その障害者の置かれている環境など総合的な状況を勘案して、支給要否決定を行う（障害総合22条1項）。これらの項目は「勘案事項」といわれ、障害の種類・程度その他心身の状況、介護を行う者の状況、障害者のサービス利用の状況や利用に関する意向などのほか、障害福祉サービスの提供体制の整備状況などが厚生労働省令で規定されている（障害者総合支援法施行規則12条）。介護保険の要介護認定では、もっぱら心身の状態に即して要介護状態区分および支給限度額が設定されるが（認定にあたって市町村の裁量の余地はほとんどない。本章第2節参照）、障害者総合支援法では、市町村は、障害者の特性に応じた支給決定の判断をすることが求められ、市町村に裁量の余地がある点に特徴がある。また、市町村は、申請者に対して、サービス等利用計画案の提出を求め、これも勘案して支給要否決定を行う（同22条4～6項）。

　支給決定においては、障害福祉サービスの種類ごとに介護給付費が支給される同サービスの量（支給量）が月単位で決められ、個々の障害者

---

41　障害者福祉研究会・前掲注㊱103頁参照。

についての勘案事項の考慮などには市町村に裁量が認められるものの、考慮すべき事項を考慮しないなど、裁量を適切に行使しない場合には、その逸脱または濫用にあたり支給決定は違法となる。違法性を認めた裁判例として、1日24時間の重度訪問介護を求める申請の一部拒否決定について、障害者の心身の状況を適切に勘案せず裁量権の範囲を逸脱濫用したとして、これを取り消し、重度訪問介護の支給量1カ月578時間を下回らない介護給付費支給決定を義務付けた判決（大阪高判平成23・12・14賃社1559号21頁）、同じく重度訪問介護の支給量1カ月542.5時間を下回らない支給決定を義務付けた判決（和歌山地判平成24・4・25賃社1567号85頁）がある。

支給決定を受けた障害者は、指定事業者・施設に提示して、これらと契約を結ぶことで、サービスを利用する。これに要した費用について、市町村は、支給額を限度に、利用者に代わって指定事業者・施設に支払うことができ（法定代理受領）。利用した障害者は、障害者の家計の負担能力等を斟酌して政令で定める額（利用者負担額）を指定事業者・施設に支払うことになる（障害総合29条3項・4項・5項）。

介護給付費、地域相談支援給付費、自立支援医療費、補装具の支給については、市町村が支弁した費用のうち、国は2分の1、都道府県は4分の1を負担する。市町村が行う地域生活支援事業に要する費用については、予算の範囲内で補助金としての支出にとどまる（障害総合94条、95条）。

### (3) 障害福祉計画と事業・施設

2004（平成16）年の障害者基本法の改正により、国、都道府県、市町村は、障害者福祉計画を策定する義務を負うこととされた（同11条）。そして、障害者総合支援法でも、障害者福祉計画と調和を保ちつつ、障害福祉サービス、相談支援・地域生活支援事業の提供体制を整備し、同法に基づく給付・事業を円滑に実施するため、障害福祉計画を、3年を1期として策定することを義務付けている（障害総合87条以下）。

市町村障害福祉計画では、厚生労働大臣の定める基本指針に即して、

障害福祉サービス、相談支援および地域生活支援事業の提供体制の確保の目標、種類ごとの必要な量の見込み、地域生活支援事業の種類ごとの実施に関する事項を定め、必要な見込量の確保のための方策などを定めるよう努めなければならない（障害総合88条）。都道府県障害福祉計画では、そのほかに、広域的な見地から、従事者の確保または資質の向上のために講ずる事項のほか、各年度の指定障害者支援施設の必要入所定員総数が定められる（同89条）。計画の策定と変更に際しては、都道府県および市町村に設置される協議会の意見を聴く努力義務がある（同88条8項）。この協議会（自立支援協議会と称される）の設置は努力義務であるが、関係機関・団体のほかに、障害者とその家族も構成員となる（同89条の3）。

　障害者総合支援法に基づく事業としては、障害福祉サービス事業、一般相談支援事業および特定相談事業、移動支援事業、地域活動支援センターを経営する事業、福祉ホームを経営する事業が法定されており、国・都道府県以外の者が、これらの事業を開始・休廃止する場合には届出義務が課されている（障害総合79条）。また、施設を必要とする障害福祉サービス事業、地域活動支援センター、福祉ホームの設備・運営については、都道府県が条例で基準を定める（同80条）。事項に応じて厚生労働省令による拘束を受ける（本章第1節参照）。

　障害者総合支援法に基づく施設は、障害者支援施設と包括的に規定され、その設備・運営についての基準は、都道府県条例で定められる（同84条）。国・都道府県・市町村以外の者の設置については、同条1項に基づく基準は社会福祉法65条1項の最低基準とみなされる[42]。これらの事業者・施設が、自立支援給付の対象となるサービスを行うには、さらに都道府県知事による指定を受ける必要がある（障害総合36条以下・51条の19以下・59条以下）。これに伴い、指定の取消しなどを含む規制監督を受けることとなる。

---

42　障害者福祉研究会・前掲注(36) 242頁参照。

## 5 身体障害者福祉法、知的障害者福祉法、精神保健福祉法

　身体障害者福祉法と知的障害者福祉法は、市町村が従前の措置を行う規定を残している。

　すなわち、障害者総合支援法の障害福祉サービスおよび障害者支援施設への入所を必要とする障害者が、やむを得ない事由により、介護給付費または訓練等給付費などの支給を受けることが著しく困難であると認めるときは、市町村は、その障害者につき、政令で定める基準に従い、障害福祉サービスを提供し、障害者支援施設などに入所・入院させ、またはこれを委託することができる（身福18条、知福15条の4・16条）。

　身体障害者福祉法または知的障害者福祉法に基づく援護または更生援護の実施者は、市町村となっている（身福9条、知福9条）。その業務を行う市町村の機関は福祉事務所で、社会福祉主事が必置となっている。都道府県は、身体障害者更生相談所および知的障害者更生相談所の設置義務があり（身障11条、知障12条）、それぞれ、所定の資格を有する身体障害者福祉司または知的障害者福祉司を配置しなければならない。

　精神保健福祉法は、精神障害者の福祉の増進および国民の保健福祉の向上を目的とし（同1条・5条）、都道府県は精神保健福祉センターと精神医療審査会を置くこととされている（同6条・12条）。精神保健福祉センターは、精神保健および精神障害者の福祉に関する知識の普及、調査研究、複雑・困難な相談・指導等を行うほか、精神医療審査会の事務局となる。また、精神障害者やその家族の相談に応じ指導等を行うため、所定の資格を備えた精神保健福祉相談員を置くことができる（同48条）。

　精神障害者に対する「医療及び保護」としての入院形態のうち、本人の同意に基づく入院であり、本人が退院を希望する場合には、退院させなければならないのが任意入院である（精神22条の3）。そのほか、2人以上の指定医の診察の結果、医療保護のために入院させなければ、その精神障害のために自身を傷つけまたは他人に害を及ぼす（自傷・他

害）のおそれがあると認められた者を、指定の精神科病院に強制的に入院させる措置入院（同29条）、指定医の診察の結果、医療保護のために入院させる必要のある精神障害者を、家族等のうちいずれかの者の同意に基づいて、本人の同意がなくても指定の精神科病院に入院させる医療保護入院（同33条）、急迫で家族等の同意を得ることができない場合において、指定医の診察の結果、直ちに入院させなければ医療保護を図る上で著しく支障がある場合、72時間以内に限り入院させる応急入院（同33条の7）が認められている。

　2013（平成25）年には、精神保健福祉法が改正され、従来の医療保護入院における保護者制度が廃止され、家族等の同意に切り替えられた。また、厚生労働大臣が、精神障害者の医療の提供を確保するための指針を定めることとされた。さらに、精神科病院の管理者に対し、医療保護入院者の退院後の生活環境に関する相談および指導を行う者の設置（精神33条の4）、退院促進のための体制整備（同33条の6）を義務付けるなど、退院による地域生活移行の促進を図るための措置が講じられた。しかし、精神障害者の地域生活を支える受け皿づくりは進んでいない。

## 6　障害者福祉法制の課題

　障害者福祉の中核をなす障害者総合支援法については、2015（平成27）年の報酬改定で、障害福祉サービスの報酬単価は据え置かれたものの、事業者への報酬は実質1.78％の引き下げとなっており、サービス事業者の運営に少なからず影響が出ているものの、前述の基本合意書や「骨格提言」が歯止めになって、いまのところ介護保険のような厳しい給付抑制策はとられていない。

　とはいえ、前述したように、障害者総合支援法のサービス利用方式（障害者支援方式）は、給付金方式と直接契約方式という点で、介護保険方式と共通した利用のしくみとなっている（本章第1節参照）。そして、従来の障害者福祉措置制度から給付金方式への転換の結果、高齢者福祉分野と同様、市町村が障害福祉サービスの提供に責任を負わなくなり（公的責任が後退し）、市町村の障害者福祉行政における責任主体と

しての能力が低下した。相談支援事業も民間の相談支援事業者に丸投げされているところが多く、自治体では高齢者・障害者担当の専門ワーカーが姿を消しているのが現状である。

　こうした公的責任の後退の中、厚生労働省は、介護保険料の高騰や介護保険の給付抑制（利用者負担の増大、要支援者の切り捨てなど。本章第２節参照）に、多くの高齢者が悲鳴を上げ、被保険者の範囲の拡大を求める声がわき起こるのを待ち、障害者総合支援法と介護保険法の統合へと舵をとろうともくろんでいると推察される。その意味で、障害者総合支援法の介護保険優先原則は残しておく必要があったといえる。しかし、障害者の高齢化とともに、前述の「65歳問題」は深刻化しており、65歳に達した障害者が介護保険の申請をしなかったことを理由に、重度訪問介護給付費不支給決定がなされたことを違法として取消訴訟が提起されている（浅田訴訟）。[43]

　私見では、前述のように、訪問看護や老人保健施設などの給付は医療保険に戻したうえで、介護保険法と障害者総合支援法は廃止し、施設補助（現物給付）方式、自治体責任による入所・利用、税方式の総合福祉法を制定し、年齢に関係なく（65歳で区切ることなく）、必要な障害福祉サービスを利用できるしくみに再編すべきと考える（本章第２節参照）。「65歳問題」を根本的に解決し、障害者権利条約を生かすには、介護保険法と障害者総合支援法の廃止と総合福祉法の制定しかない。

## 第５節　母子・父子・寡婦福祉のしくみと法

### １　母子・父子・寡婦福祉の沿革
　　　──母子福祉法から母子及び父子並びに寡婦福祉法へ

　母子家庭に対する福祉施策は、1964（昭和39）年に制定された母子福祉法からはじまる。同法は、1981（昭和56）年に改正されて母子及

---

43　詳しくは、藤岡毅「65歳以上障害者の『介護保険優先原則』が生み出す権利侵害」賃社1630号（2015年）9-10頁参照。

び寡婦福祉法となり、収入や就業等の面で不利な状況に置かれている、配偶者が死亡した寡婦に対して、母子家庭の母に準じた福祉施策が規定された。

その後、2002（平成14）年の児童扶養手当法の改正にあわせて（第4章3参照）、母子及び寡婦福祉法も大幅に改正された。同改正では、まず、母子家庭ですでに実施されていた、乳幼児の保育・食事の世話その他の日常生活等を営むのに必要なサービスの提供が、父子家庭にも拡大され（母福17条）、就労支援事業や母子家庭自立支援給付金などの各種施策が盛り込まれた。また、母子家庭の多くが離別した父親からの養育費を継続的に受け取ることができておらず経済的に不安定な状況におかれていることから、扶養義務の履行を実効的に確保する手段を設ける民事執行法の改正が行われたが、これにともない、母子及び寡婦福祉法にも、扶養義務の履行を図る努力義務の規定が置かれた（同5条）。さらに、母子家庭と寡婦の生活を安定させるための施策の基本となるべき、事項等に関する基本方針を厚生労働大臣が策定し、福祉サービスの提供や職業能力の向上の支援の措置に関する事項等について、都道府県・市等がその基本指針に即して、自立促進計画を策定することとされた（同12条）。2014（平成26）年には、父子家庭への支援を拡大することを目的として、母子及び父子並びに寡婦福祉法に名称が変更された。[44]

しかし、日本はOECD（経済協力開発機構）加盟32カ国の中で、ひとり親世帯の貧困率が54.6％と最悪である。とりわけ、母子家庭の母親の就労率は8割以上で他の国に比べて高水準であるにもかかわらず、母子家庭の年間平均所得は、社会保障給付を含め243万円と、子どものいる全世帯の年間所得の36％にすぎない（2013年の国民生活基礎調査による）。つまり、大半の母親たちが低賃金労働にしか就けず、典型的なワーキングプアといえる。手当の増額を含めた経済的支援の拡充が必要である（第4章6参照）。

---

44　ただし、父子家庭への適用は、居宅等における日常生活支援、母子家庭自立支援給付金などに限られており、さらなる適用拡大が必要である。同様の指摘に、菊池 501頁参照。

## 2 母子・父子家庭等に対する福祉の措置、福祉資金の貸付

　現に児童を扶養している母子・父子家庭の親および寡婦に対する相談支援は、福祉事務所が対応するほか、都道府県知事・市長等が委嘱する母子・父子自立支援員も担当する。また、母子及び父子並びに寡婦福祉法に定める福祉の措置としては、母子・父子家庭の親や寡婦が、疾病等により日常生活に支障を生じたとき、乳幼児の保育や食事の世話など日常生活等を営むのに、必要な便宜を供与する居宅等における日常生活支援（母福17条・31条の7・33条）がある。さらに、母子・父子家庭と寡婦に対する低利または無利子で貸付を行う母子福祉資金・父子福祉資金がある（同13条・31条の6・32条）。

　地方公共団体は、母子・父子家庭の親に対する就業支援事業として、就職に関する相談その他の必要な支援（母福30条・31条の9）を行う。同時に、当該ひとり親に対して支給される自立支援給付金が規定されている。これには、教育訓練を受けてこれを修了した場合に、その経費の一部を支給する自立支援教育訓練給付金（上限10万円）と就職に有利な一定の資格（看護師、保育士など）を取得するため養成機関で2年以上修学する場合にその期間中の生活を支援するために支給する高等職業訓練促進給付金（上限月額10万円）がある（同31条・31条の10）。

　母子・父子福祉施設としては、各種相談・生活指導・生業指導などを行う母子・父子福祉センター、レクリエーション等を供与する母子・父子休養ホームが法定されている（母福39条）。また、児童福祉法は、配偶者のいない（またはこれに準じる事情にある）女子が保護者として監護する児童の福祉にかけるところがある場合には、母子生活支援施設に入所させて保護を実施することとしている（同23条）。

　現在、夫などからの家庭内暴力（DV）を理由とする母子生活支援施設への入所が増加しており、DV被害の女性に対する保護や支援の機関として、婦人相談所、配偶者暴力相談支援センター、婦人保護施設、婦人相談員が各地方公共団体に設置されている。しかし、これらの支援施

策・事業の実施は、地方公共団体が任意で行うことができるにとどまり、自治体でばらつきがみられるうえに、施策の周知が不十分で利用は低調である[45]。母子家庭やDV被害女性への経済的支援の拡充とともに支援体制の確立が早急に求められる。

## 第6節　利用者の権利保障のしくみと社会福祉法制の課題

### 1　成年後見制度と福祉サービス利用援助事業

#### (1)　成年後見制度

　社会福祉の利用者である高齢者・障害者の中には、判断能力が不十分なため、給付を申請することや事業者と契約を結びサービスを利用することが困難な人が多い。それらの人の権利保障、もしくは権利擁護[46]のしくみとして、財産管理および身上監護に関する事務を行うのが、成年後見制度である（未成年者を対象とする未成年後見と区別して、こう呼ばれる）。従来、禁治産、準禁治産の制度が存在したが、さまざまな問題を抱え、実際にも利用しずらいものであったため、2000（平成12）年の民法改正により、成年後見制度が導入された。

　成年後見制度は、高齢者などの自己決定の尊重、残存能力の活用という理念を掲げ、法定後見と任意後見からなる。法定後見には、後見、保佐に加え、比較的軽度の精神上の障害により判断能力が不十分な人を対象とする補助の制度が新設された。家庭裁判所は成年後見人、保佐人、補助人を選任する（民法7条以下・843条以下）。後見等の開始の審判の申立ては、民法に規定された者のほか、高齢者等の福祉を図るためにとくに必要があると認めるときは、市町村長も行うことができる（老福

---

45　同様の指摘に、加藤ほか348頁（前田雅子執筆）参照。
46　「権利擁護」には実定法上の定義がなく、講学上はさまざまな意味で用いられている。本書では、判断能力の不十分な高齢者などの権利保障のひとつとしてとらえ、独立した用語として用いない。権利擁護の概念と諸定義の検討については、伊藤・介護保険法332頁以下参照。

32条、知福28条、精神51条の11の2）。市町村長による申立件数は、年々増加しており、全体の約15％を占めるに至っている（2015年）。

　成年後見制度の利用を促進するため、審判に要した費用や後見人等の報酬にかかる費用を助成する成年後見制度利用支援事業が実施されている。他方、任意後見は、本人が自ら事前に契約を締結して任意後見人を選任し、後見事務の全部または一部の代理権をこれに付与する（任意後見契約に関する法律1条・2条）。それぞれについて、後見人の事務を監督する後見監督人が家庭裁判所によって選任される（民法849条、任意後見契約に関する法律4条）。

### (2) 福祉サービス利用援助事業

　成年後見制度は、手続が簡略化されたとはいえ、審判のための費用や時間がかかる。そのため、社会福祉法では、これとは別に、社会福祉事業として福祉サービス利用援助事業を法定化している（社福2条3項12号・80条以下参照）。

　同事業は、事業者のサービスに対する相談・援助、サービス利用の手続きや費用の支払いに関する援助などを内容としている。社会福祉協議会が実施主体となり、日常生活自立支援事業という名称で、日常的な金銭管理、通帳・証書の預かりなどのサービスを実施している。実際の援助は、実施主体と雇用契約関係にある生活支援員が行う。同事業の運営を監視する機関として、助言・勧告権限をもつ運営適正化委員会が都道府県社会福祉協議会に設置される（同83条以下）。

　ただし、同事業の利用には、社会福祉協議会などと事業の利用契約を締結すること、つまり利用者に契約締結能力があることが前提となる。援助を求める者の契約締結能力に疑義がある場合には、福祉・法律・医療の専門家により構成される契約締結審査会による審査がなされ、判断能力の低下が進んでいる場合には、成年後見制度の利用が必要となる。また、利用料がかかることもあり、利用実績は必ずしも高くない。経済的負担を軽減するなどの改善が必要となろう。

## 2　サービス提供にかかる情報提供、苦情解決

### (1) サービス提供にかかる情報提供

　一方、現実にサービスを利用し、給付を受けるためには、利用者・申請者に必要な情報が提供されることが不可欠であることから、国・地方公共団体や事業者・施設の情報提供義務が、社会福祉法や個別法で規定されている（社福75条など）。身体障害者の介護者が、鉄道・バスに乗車する際には、障害者本人だけでなく、介護者にも運賃割引制度があることを市の担当職員が伝えなかったことの違法性が争われた事案では、割引制度の説明は、市町村の業務である「身体障害者の福祉に関し、必要な情報の提供を行うこと」（身障9条5項2号）に該当するとして、説明義務を否定した原判決を破棄した判決がある（東京高判平成21・9・30賃社1513号19頁。差戻審のさいたま地判平成22・8・25判例自治345号70頁は、国家賠償責任を認めた）。

　また、事業者・施設を適切に選択するための介護サービス情報や教育・保育情報の公表（介保115条の35、子育て支援58条）、サービスの第三評価結果の公表、サービス利用に際しての、契約書その他重要事項を記した書面の交付などが規定されている（社福77条）。

　さらに、サービス利用に関する利用者の個人情報の秘密保持が義務づけられており（社福23条等）、同時に、利用者本人に対してその求めに応じ情報を開示することが要請される。市のホームヘルパー派遣申請に関して作成されたケース記録について、個人情報保護条例に基づく開示請求に対して一部非開示とされた処分の違法性が争われた事例で、これを違法と認定して全部開示を認めた判決がある（東京高判平成14・9・26判時1809号12頁）。

### (2) 苦情解決

　現実のサービス提供や行政の運用に不服がある場合に、当事者である高齢者や障害者が、後述の行政上の不服申立てや訴訟を提起して、その違法性を争うことは、事実上困難な場合が多い。そこで、比較的軽微な

苦情を簡易迅速に解決する手段として、苦情解決制度が導入されている。

社会福祉法では、都道府県社会福祉協議会に設置される運営費適正化委員会が苦情解決を行うことを法定し（社福83条以下）、介護保険法でも、国民健康保険団体連合会が苦情処理に相当する業務を実施する（介保176条1項3号）。市町村も、受付窓口を設け苦情を受け付けるとともに、指定事業者・施設に対して、調査および指導・助言を行うことができる（指定居宅サービス等運営基準36条3項）。各施設の設備・運営の基準などでも、社会福祉事業の経営者等が自ら利用者の苦情を受け付けて解決することが要求されている（同36条1項）。

ただし、苦情解決制度では、当事者間の話し合いによる解決が基本とされ、事業者はその努力義務を負うにとどまる（社福82条）。運営適正化委員会に苦情解決の申出があった場合には、委員会が苦情の相談、助言、調査を行うものの、解決のあっせんにあたって当事者の同意が必要とされ（社福85条2項）、解決手段が指導・助言にとどまるため、当事者の権利保障の面では限界がある。実効性を高めるためには、地方公共団体による規制監督の適正な行使や、当事者が争訟を提起（当事者の争訟権を保障）するための支援のしくみが必要である。

## 3　手続的保障

措置制度のもとでは、実務上、申請権が否定されていたが、介護保険の保険給付や自立支援給付などについては、要介護認定や支給決定に対する申請権が認められており、行政手続法第2章（「申請に対する処分」）の適用がある。したがって、処分庁は、自ら審査基準を定めてこれを公にする義務を負う（行手5条）。また、申請を拒否する処分をする場合には、理由を提示する義務がある（同8条）。申請一部拒否処分の場合も同様である。支援費制度のもとだが、身体障害者福祉法に基づく居宅生活支援費の申請（月165時間）の一部拒否処分（支給量を月125時間とする処分）について、これに理由を付記しなかったことは、行政手続法8条に違反するとした裁判例がある（福島地判平成19・9・18賃社1456号54頁）。

支給決定の取消しなど不利益処分については、受給者の権利利益を保護するため事前にその意見を聴くという手続的保障が法定されていない。サービス費用の支給という金銭給付を制限する不利益処分であるため、行政手続法上の聴聞等の適用もない（行手13条2項4号）。社会福祉の給付の多くがサービスの給付という現物給付からサービス費用の支給という現金給付に変えられたため、不利益処分に関する事前の手続的保障が欠落することになった点は問題が大きい。[47]

これに対して、サービスや施設入所の措置の解除などについては、行政手続法を一部除外したうえで、社会福祉の特色に照らした独自の手続が法定化されている。しかし、理由説明・意見聴取など、行政手続法上の聴聞等に比べ手続が簡略化されており、手続的保障が十分でないことは前述したとおりである（第1章第3節参照）。

## 4　行政上の不服申立てと行政訴訟

社会福祉の各給付に対する決定が行政処分であるときには、これに不服がある場合は、行政不服審査法に基づく行政上の不服申立て（審査請求）、さらには、行政事件訴訟法に基づく抗告訴訟を提起して、権利救済を求めることとなる。

社会保険と労働保険については、前述のように、社会保険審査会など法律により不服申立てのための第三者的機関が設けられているが（第1章第3節参照）、介護保険法でも、特別の不服審査機関として、都道府県に介護保険審査会が置かれている（介保184条）。市町村が行う要介護認定や保険給付に関する処分、および保険料の賦課徴収などに関する処分に不服がある者は、同審査会に審査請求をすることができる（同183条）。ただし、処分の取消訴訟は、その処分についての審査請求を経た後でなければ提起できないとする審査請求前置がとられている（同196条）。また、障害者総合支援法は、市町村の介護給付費または地域相談支援給付費等に係る処分に不服がある者は、都道府県知事に対して

---

47　同様の指摘に、加藤ほか351頁（前田雅子執筆）参照。

審査請求をすることができるとし（障害総合97条）、その審査請求の事件を取り扱わせるため、都道府県知事が外部の学識経験者からなる障害者介護給付費等不服審査会を設置できる旨を規定している（同98条）。ここでは、介護保険とは異なり、都道府県知事が裁決権限を有するが、やはり審査請求前置がとられている（同105条）。一方、子ども・子育て支援法では、保育の必要性等の支給認定処分に対する審査請求と審査請求前置の規定が置かれていたが（子育て支援81条）、行政不服審査法の改正（2016年4月施行）に伴う審査請求前置の見直しで、同条は削除された。したがって、支給認定処分に不服のある保護者は、ただちに取消訴訟が提起できる。

　前述のように、抗告訴訟には義務付け訴訟および仮の義務付けが法定されており（行訴3条6項）、社会福祉給付の申請（支給）拒否処分を争う場合には、拒否処分の取消訴訟とともに給付決定の義務付け訴訟（同37条の3）を提起し、仮の義務付け（同37条の5）も申立てることが可能となり、障害児の保育所入所決定の義務付けが認められた裁判例がある（本章第3節参照）。そのほか、障害児の就学をめぐって、市立養護学校への就学を拒否された児童の就学を市に対して命ずる決定（仮の義務づけ決定）が行われた事例（大阪地決平成19・8・10賃社1451号38頁）や四肢に障害のある児童が就学先の中学校として養護学校ではなく、普通学校を指定するように求めた仮の義務づけの申立てが認容された事例（奈良地決平成21・6・26賃社1504号47頁）がある。

## 5　債務不履行・不法行為責任、国家賠償責任
　　　——介護事故を中心に

### (1) 事故責任の法的構成

　サービス提供過程における事故は、介護保険方式や障害者支援方式のもとでは、直接契約を基本としているため、事業者・施設の不法行為責任または債務不履行責任が問われることになる。処遇過程の利用者の権利保障は事後的な損害賠償責任によって担保されているといえる（第1章第3節参照）。以下、介護保険法のもとでの介護事故を事例に考察する。

介護保険法のもとでは、要介護者と介護事業者との間に結ばれた介護保険契約（準委任契約）に基づき介護保険サービスが提供され、介護事業者は受任者として、要介護者に対し善管注意義務を負う（民法644条）。介護事故は、法的には介護事業者が善管注意義務を果たさなかったという意味で、当該事業者の債務不履行として構成される。もっとも、実際のサービス提供を担っているのは、介護事業者の履行補助者の立場にある介護福祉士など介護従事者（以下「介護職員」と総称）だが、履行補助者の過失は、債務者（介護事業者）の過失と同一視されるから、介護事業者は、介護事故が生じた場合には、自ら債務不履行責任を負うこととなる（同415条）。一方で、介護事故は、介護職員の過失による不法行為としても構成される。介護職員の過失によって介護事故が生じた場合には、介護職員は不法行為責任（同709条）を、介護事業者は使用者責任（同715条）を負う。
　債務不履行構成と不法行為構成との主な相違点は、挙証責任と時効期間について現れ、とくに医療過誤訴訟において、両構成の選択の問題が議論されてきた。判例は、当初、不法行為責任構成が主流であったが、現在では、法律上の要件を満たす場合、いずれの責任をも追求することが可能とする請求権競合説が判例・通説である。

(2)　介護事故裁判の動向
　介護事故に関しては、訴訟の増加にともない一定の裁判例の蓄積をみるに至っている。
　まず食事介助中の誤嚥事故については、特別養護老人ホームの短期入所（ショートステイ）を利用していた高齢男性が、朝食後の誤飲が原因で死亡した事案につき、施設職員が適切な処理を怠ったとして、施設の側に過失と損害賠償責任を認めた例がある（横浜地川崎支判平成12・2・23賃社1284号43頁―特別養護老人ホーム緑陽苑事件判決。施設側が控訴したが控訴審段階の2001年8月に和解成立）。一方、老人保健施設に入所中の高齢男性が、夕食に出されたこんにゃくをのどに詰まらせて窒息死した事案では、施設側には過失がなかったとして遺族の損害賠

償請求が棄却されている（横浜地判平成12・6・13賃社1303号60頁。遺族が控訴したが控訴審で和解が成立）。そのほか、特別養護老人ホームに入所中の高齢男性が朝食中に食事をのどに詰まらせて窒息死した事案につき損害賠償請求が棄却された例（神戸地判平成16・4・15賃社1427号45頁）、特別養護老人ホームの短期入所を利用中の高齢男性が朝食に出されたおでんのこんにゃくをのどに詰まらせて窒息死した事案につき損害賠償請求が認容された例（名古屋地判平成16・7・30賃社1427号54頁）があり、事案の内容（主に食材の選択）により裁判所の判断がわかれている。もっとも、嚥下機能の低下した高齢者の誤嚥事故には特有の問題がある。すなわち、事故は食材選択や食事介助によって回避が可能な場合はあるが、たとえ誰かが目を離さずにいたとしても、誤嚥という現象自体は、高齢者の咀嚼・飲み込みという行為自体によって引き起こされるため、発生を回避することができない場合もありうるからである。したがって、裁判例でも多くの場合、誤嚥事故が生じた後の事業者側の事後対応が問題となっており、一般論として、事業者側の事後対応が適切に行われていれば、過失がなかったと判断される傾向にある。[48]

　施設内での転倒や骨折事故については、老人保健施設に入所していた高齢女性が、自室に置かれていた簡易式トイレを清掃しようと、施設内の汚物処理場に入ろうとした際に出入口の仕切りにつまずき転倒し、骨折した事案につき、施設側が簡易式トイレの清掃を怠ったことが事故につながったとし、損害賠償責任を認めた例がある（福島地白河支判平成15・6・3判時1838号116頁）。また、通所介護（デイサービス）の利用者（当時85歳の女性）が、歩行介助を受けず施設のトイレ内において転倒し骨折した事案も、裁判所は損害賠償請求を一部認容している（横浜地判平成17・3・23判時1895号91頁）。

　施設からの脱走などによる事故に関しては、老人保健施設に入所していた高齢女性が、3階の居室から転落死した事件で、介護施設において

---

48　長沼健一郎『介護事故の法政策と保険政策』（法律文化社、2011年）201頁参照。

は、介護職は看護職の指示に従うだけでは免責されず、適切な介護を怠ったとして、介護職員本人の不法行為責任と施設の使用者責任が認められた例がある（東京地判平成12・6・7賃社1280号4頁—医療法人さくら会事件）。また、通所介護を利用していた認知症の高齢男性が、施設の1階廊下の網戸サッシ窓から抜け出し、1カ月後に施設から離れた砂浜に死体となって打ち上げられた事件で、施設職員の注意義務違反、施設の建物および設備の瑕疵を理由とした遺族の損害賠償請求を一部認容した裁判例がある（静岡地浜松支判平成13・9・25賃社1351＝1352号112頁）。

　施設入所者の緊急時の施設側の対応に関する事件として、軽費老人ホームに入所中の高齢者が、急性硬膜下血腫を発症し緊急手術を受けたが、後遺症を負い、その後死亡した事案につき、施設側が緊急時において医療機関への搬送を怠ったとして損害賠償を請求されたが、棄却された裁判例（名古屋地判平成17・6・24賃社1428号59頁）がある。

### (3) 介護事故裁判の検討と課題

　これらの裁判例のうち損害賠償請求が認められた事例は、いずれも介護職員の責任とそれを媒介にして施設側の不法行為上の使用者責任が認められた事例だが、介護事故裁判の動向として、介護職員には、介護専門職としての注意義務が求められ、それに対応した固有の責任が問われる傾向があるように思われる。とくに、医療法人さくら会事件判決では、介護職員の行為は看護師の指示によるものであったが、介護職員自身が適切な介護を怠ったとして責任を問われている。確かに、介護事故で侵害される法益は、利用者の生命や身体に関わるものであり、介護職員には相応の注意義務が要求されることは否定できない。しかし、例えば、医療法人さくら会事件の場合、事故当時の夜勤体制は2フロアに看護師と介護職員（介護福祉士）の2人のみであったことが認定されており、事故の背後には夜勤体制の不備という制度上の問題も横たわっている。同事件は介護保険法施行前の老人保健施設での事故であったが、同法施行後も、介護老人保健施設の夜勤職員基準は介護職員または看護職員が

2人以上で（平成12・2・10厚生省告示29号）、他の介護保険施設でも、夜勤体制の不備は放置されたままである。居宅サービスの場合も、ホームヘルパーなどが劣悪な労働条件と加重労働にさらされているという実態がある。

そのため、ことさらに過重な注意義務を介護職員に負わせることになれば、介護職員が萎縮し、要介護者の自立支援に向けた積極的な取り組みを阻害させてしまうことになる。各運営基準で禁止されている介護保険施設での抑制禁止についても、事故危険の回避方法として拘束的な方法を排除していくと、見守りの必要性が高まるが、現在の人員体制の不備の中で、十分な見守りが可能なのかという課題がある。介護保険施設の場合、現行の職員配置基準や介護報酬の水準では、施設側に大幅な人員増を求めることは困難で、結局、施設の側で、介護事故につながる可能性の高い要介護者（居宅での介護が難しく、施設での支援が必要な要介護者の場合が多い）の入所を敬遠する事態をまねきやすい。実際に、特別養護老人ホーム緑陽苑事件判決に対して、施設側から、処遇困難な人の敬遠や問題の内部的処理（事故自体の施設内部でのもみ消し）など福祉現場での消極的対応が広がる懸念が表明されている。さらに、誤嚥による事故を完全に防ごうと思えば、施設での食事に誤嚥の危険のある食材、極端にいえば、固形物は一切使用しないこととせざるをえないが、そうした食事提供は、高齢者の人間らしい生活を保障する支援とはいえないだろう。

介護職員の注意義務や責任自体は、制度的な不備やその待遇の劣悪さなどを理由に軽減されるものではないが、介護事故の問題については、損害賠償法上の過失判断や介護職員の法的責任論などの具体的な法的基準の確立と同時に、そうした責任を介護職員が担えるだけの制度的整備や政策的配慮が不可欠である。

### (4) 措置方式のもとでの国家賠償責任

一方、措置方式のもとでは、直接のサービス提供が民間の社会福祉法人などに担われている場合でも、地方公共団体との間に委託関係が成立

するため、事故などが生じた場合には、措置権者や地方公共団体に国家賠償責任が成立する余地がある。

　社会福祉法人の運営する児童養護施設に入所していた児童が、施設内で他の入所児童から暴行を受けて後遺障害を負った事案で、最高裁は、入所措置を行った県の損害賠償責任を認めている（最判平成19・1・25判時1957号60頁）。同事案では、社会福祉法人の施設職員による児童の養育監護のような活動も、国家賠償法1条1項にいう「公権力の行使」に該当し、施設職員も公務員に当たるとした。他方で、同判決は、国または公共団体が、国家賠償法に基づき損害賠償責任を負う場合には「被用者個人が民法709条に基づく損害賠償責任を負わないのみならず、使用者も同法715条に基づく損害賠償責任を負わないと解するのが相当である」とし、社会福祉法人の使用者責任を否定している。国家賠償法における公務員の個人責任については、公権力の行使に当たる国等の公務員の職務行為につき国等が国賠法1条に基づく損害賠償責任を負う場合には公務員個人は民法709条に基づく損害賠償責任を負わないとするのが、判例（最判昭和53・10・20民集32巻7号1367頁など）の基本的な立場であり、学説上も責任否定説が通説である。否定説の理由としては、国や公共団体が賠償を行えば被害者は救済されるのであり、公務員個人に対して賠償請求する必要性がないことや、公務員個人への賠償請求が頻繁に行われれば、公務員がその職務を行うに際して萎縮してしまうおそれがあることなどが挙げられている。これらの理由は、公務の委託を受けた者が自ら違法な職務行為を行った場合のみならず、さらにその被用者に公務を行わせたところ当該被用者が違法な職務行為を行った場合においてもあてはまる。

　かつて医療事故（過誤）訴訟においても、保険医療における不法行為責任は、不法行為者本人（医師）のほかに、保険者も使用者責任（保険医療機関は代理監督者責任）を負うべきであり、保険医療機関は、保険者の履行補助者ともいうべき法関係にあることから、医療事故についての損害賠償責任は、保険者が負うべきとする議論が展開された。この主張は、裁判所によって却けられ（東京地判昭和47・1・25判タ277号

185頁)、一定の理解を示す学説もあったが、現在ではほとんど支持されていない。

　介護保険方式のもとでの介護事故について、こうした保険者(市町村)の使用者責任(民法715条)や債務不履行責任(同415条)が問えるかが問題となる。この点、介護保険法のもとで、保険者と介護事業者との間に、指定を媒介として使用者責任を基礎づけるような指揮・監督関係を認めることや債務不履行責任を基礎づけるような履行補助者としての地位を認めることは難しく、介護事故について、保険者責任を問うことは困難といえる。この点、措置制度のもとでの措置権者であった市町村の責任と比較して、市町村の責任は大きく後退しているといえる。

### (5)　規制権限不行使による国家賠償責任

　もっとも、介護保険法上、都道府県知事は、介護事業者の指定を行うのみならず、指定の後も、介護事業者に対して帳簿書類の提示等を求める権限(介保24条)や業務運営変更命令(介保102条)や指定取消権(介保77条)などの指導・監督権限を有している。都道府県知事が、この指導・監督権限を適正に行使することを怠ったために、要介護者に介護事故などの形で損害が生じた場合には、規制権限の不行使による国家賠償法上(1条1項)の責任を問いうる可能性がある。

　ただし、都道府県など行政庁が法令上付与された規制権限を行使するか否かは、当該行政庁の裁量に委ねられており、規制監督権限の不行使が国家賠償法上の違法と認定されるためには、一定の要件が必要となる。水俣病訴訟や一連のスモン事件訴訟など下級審裁判例では、違法性認定の要件として、①国民の生命、健康に対する重大な危険が切迫していること(危険の切迫)、②行政庁がその危険を知り、または容易に知りうること(予見可能性)、③規制権限を行使しなければ結果責任を防止しえないこと(補充性)、④規制権限の行使を要請し期待しうる事情があること(国民の期待)、⑤規制権限の行使により容易に結果発生の防止ができること(回避可能性)が挙げられている(熊本地判昭和62・3・30判時1235号3頁)。最高裁も、水俣病関西訴訟において、権限不行使

による国の賠償責任を認めている（最判平成16・4・27民集58巻4号1032頁）[49]。

　介護保険サービスは、要介護者が「健康で文化的な最低限度の生活」を営むうえで不可欠のものであり、介護事故は、要介護者の生命・身体・健康に直接被害が加わるものであることを考慮するならば、規制権限の行使には強い要請があり、介護事業者内での虐待や事故が頻発しているような状況にあれば、規制権限の不行使による損害賠償責任を都道府県および保険者である市町村に問うことは可能だろう（いまのところ裁判例はないが）。

　認可外保育施設での事故についても、児童福祉法59条を根拠にして、都道府県知事の規制権限の不行使が国家賠償法上、違法とされる余地がある。認可外保育施設における乳児の死亡について行政責任が問われなかった事例もあるが（千葉地裁松戸支判昭和63・12・2判時1302号133頁）、認可外保育施設の園長による幼児の虐待殺人につき、園長の故意および（香川）県の指導監督の過失を認め、それぞれに不法行為および国家賠償法に基づく連帯損害賠償を命じた裁判例がある（高松地判平成17・4・20賃社1403号40頁）。

## 6　社会福祉法制の課題

　「措置から契約へ」の理念のもと、戦後確立した社会福祉法制は、介護保険法、障害者総合支援法、子ども・子育て支援法など一連の立法により、高齢者福祉、障害者福祉、児童福祉の各分野において、社会福祉給付の大半が、直接的なサービス給付（現物給付）からサービス費用の助成（金銭給付）へと転換することとなった（給付金方式）。同時に、利用者の自己決定や選択の尊重という理念に即して、株式会社をはじめとする多様なサービス供給主体の参入が促進され、利用者がそれらと契

---

49　塩野・行政法Ⅱ 309頁は、最高裁判決は、下級審が示した要件をより具体化した要件を提示していないが、実質的な考慮要素は下級審判例と共通するところがあると指摘する。また、同312頁は、最高裁は、裁量権の収縮という説明方法によらず、端的に規制権限の不行使を違法としているとする。

約を締結してサービスを利用するしくみに変えられた（直接契約方式）。

　こうした転換により、社会福祉法制はいくつかの課題を抱えることとなった。第1に、契約制度のもとでのサービス利用が現実に困難な者に対して、サービスを直接提供する措置方式は残されたが、同制度の形骸化と市町村責任の後退が顕著となっている。措置方式の再構築と権利性の確立が必要である。

　第2に、給付金・直接契約方式の導入と規制緩和による企業参入は、とくに介護保険に顕著にみられるような供給量の増大をもたらしたものの、介護職員などの労働条件の悪化により、サービスの質の低下をもたらすこととなった。人員配置基準の引き上げ、公定価格や介護報酬などの引き上げ、国レベルでの最低基準の設定、規制強化が課題となろう。

　第3に、金銭給付である社会福祉給付については、給付資格の認定のしくみ（介護保険の要介護認定、障害者総合支援法の支給決定など）が設けられ、申請権が明示され、受給要件および給付内容が法令により詳細に規定されることになった。これによって行政裁量が縮小したといえるが、同時に、要件や給付内容の画一化・定型化は、心身の状況以外の生活環境に起因するニーズの多様性をサービス保障の外に置くこととなったともいえる。[50]このようなサービス保障の射程外に置かれたニーズ充足のためのしくみや供給体制を整備していく必要がある。近年では、それを住民参加やボランティアによって充足していこうとする傾向がみられるが、公的責任による供給体制の整備が不可欠といえる。

---

50　同様の指摘に、加藤ほか 359 頁（前田雅子執筆）参照。

# 第7章　労働保険

## 1　労働保険の沿革と概要

### (1)　労災保険制度の沿革と展開

　労働者災害補償保険法と雇用保険法を総称して、労働保険といわれる（徴収2条1項）。このうち、労災補償制度については、それが確立されるまでは、業務に関連して被った傷病等については、被災労働者やその遺族は、民法709条等の不法行為に基づく損害賠償請求をするほかは法的救済手段が存在しなかった。しかし、不法行為による損害賠償請求は、民法724条により、3年間で損害賠償請求権が時効消滅し、使用者の故意または過失が要件（709条で訴える場合）となるため、それを立証しなければならないという問題があった。

　ヨーロッパ諸国では、労災補償に関する特別法が19世紀末から制定されるようになり、その多くは、使用者の故意・過失を問うことなく（無過失責任）、労働者が負傷・疾病・傷害・死亡（以下「傷病」と総称）した場合に、それが業務上であることを条件に、労働者およびその遺族に一定の補償を行うものであった。使用者の無過失責任を認め、災害または疾病が「業務上」であることだけを条件に補償を行う、こうした制度が労災補償制度といわれ、日本では、第2次世界大戦後の1947（昭和22）年に、労働基準法と労働者災害補償保険法が制定されたことで、ようやく確立した。

　日本の労災補償は、労働基準法（以下「労基法」という）8章の災害補償と労働者災害補償保険法（以下「労災保険法」という）の2本立てになっており、前者の災害補償は、業務による傷病については使用者の責任によって補償するのが妥当であるとする考え方により、使用者に被災者やその遺族に対する補償責任があることを明確にし、労働災害につ

**年表5　労災保険制度の沿革と展開**

| 1911（明治44）年 | 工場法の災害扶助(事業主の扶助責任を認める。施行は1916年) |
|---|---|
| 1922（大正11）年 | 健康保険法により業務上傷病に対して保険給付（施行は1927年） |
| 1947（昭和22）年 | 労働者災害補償保険法（労災保険法）の制定 |
| 〃 | 労働基準法（労基法）の制定－労基法上の災害補償 |
| 1965（昭和40）年 | 各種の年金による長期補償の体系が確立 |
| 1973（昭和48）年 | 通勤災害保護制度を創設 |
| 1975（昭和50）年 | 一部の事業を除き、ほぼ全面適用が実現 |
| 1976（昭和51）年 | 労働福祉事業 |
| 1990（平成2）年 | 長期療養者の休業補償給付・休業給付の設定 |
| 1995（平成7）年 | 介護補償給付（介護給付）の設定 |
| 1999（平成11）年 | 精神障害等の労災認定にかかる専門検討会の報告書に基づき、「心理的負荷による精神障害等に係る業務上外の判断指針」が定められる |
| 2000（平成12）年 | 二次健康診断等給付の創設 |
| 2007（平成19）年 | 労働福祉事業を社会復帰促進等事業に名称変更 |
| 2011（平成23）年 | 「心理的負荷による精神障害の認定基準について」が定められる |

出所：各種資料より筆者作成。

いての使用者の補償責任の根拠規定となっている。後者の労災保険法は、政府を保険者として使用者を加入者とする強制保険制度である。

　労災保険法は制定当初は、労基法の災害補償と同一の内容および水準の補償しか規定していなかったが、1960年代に多くの改正を重ね、適用範囲、保険事故、給付内容について拡大をはかり、労基法から乖離するとともに、その独自性を顕著にするに至っている[1]。

　1965（昭和40）年には、従来、労災保険の対象とされてこなかった自営業者やその家族従事者などに対して、これらの者にも労災保険の保護を与えるべき場合があるとして、特別加入制度が設けられた。この制度に加入できるのは、①中小企業とその事業に従事する家族従事者、②個人タクシー運転手や大工などのいわゆる一人親方とその家族従事者、

---

[1] 西村・入門153頁は、こうした労災保険制度の拡大・発展を「労災保険の一人歩き現象」と称している。

③特定農作業従事者や家内労働者などの特定作業労働者、④海外派遣者で、これらのものの申請に基づき、政府の承認により加入が認められる。また、1969（昭和44）年4月からは、労働者を使用するすべての事業に労災保険が適用されるようになり、同年には、労働保険の保険料の徴収等に関する法律（以下「徴収法」という）が制定された。保険事故については、1972（昭和47）年に、通勤災害が業務災害とは別に創設された。給付面では、給付の年金化や傷病補償年金の創設、スライド制度の採用、給付基礎日額における最低額保障の設定などの改善が図られてきた（年表5参照）。

### (2) 雇用保険制度の沿革と展開

一方、雇用保険は、失業に伴う賃金の喪失に対応するための社会保険である。失業への対応は、ヨーロッパ諸国では、ドイツで19世紀末に、イギリスでも、1911年の国民保険法により失業保険という形で整備されてきた。[2]しかし、1930年代の世界恐慌による失業者の激増により、失業保険が破綻、失業扶助制度が導入されるに至り、社会保険と公的扶助の交錯現象が起き、社会保障制度の確立につながったことは前述した（第1章第1節）。

日本では、第2次世界大戦の敗戦に伴う復員軍人や海外からの引揚者の帰還に対応するため、1947（昭和22）年に、失業保険法が制定された。同法は改正を重ね、制度の拡充を図ってきたが、第1次石油危機を契機に、抜本的な見直しが図られ、失業者に対する所得保障にとどまらず、完全雇用の達成に向けて積極的な雇用政策を展開するという考え方に立脚し、1974（昭和49）年に、失業保険法が廃止され雇用保険法が制定された。雇用保険は、労働者が失業した場合および雇用の継続が困難となる場合などに必要な給付を行う政府所管の保険である（雇保1条・2条1項）。

雇用保険法も、経済社会状況の変化に対応して、ほぼ毎年法改正が行

---

2　諸外国における失業保険の沿革については、労務行政研究所編『新版・雇用保険法』（労務行政研究所、2004年）25頁以下参照。

**年表 6　雇用保険制度の沿革と展開**

| 1947（昭和 22）年 | 職業安定法の制定 – 職業紹介体制の整備 |
|---|---|
| 〃 | 失業保険法の制定 – 失業者の生活の安定と再就職の促進を図る |
| 1974（昭和 49）年 | 失業保険法を雇用保険法に改定 |
| 1984（昭和 59）年 | 雇用保険法改正 – 給付水準等の見直し |
| 1990（平成 2）年 | 雇用安定事業と雇用改善事業を統合 – 雇用保険 3 事業へ |
| 1994（平成 6）年 | 高齢者雇用継続給付制度及び育児休業給付制度を創設 |
| 1998（平成 10）年 | 教育訓練給付制度及び介護休業制度の創設 |
| 2000（平成 12）年 | 雇用保険法改正 – 保険料の引き上げ、国庫負担額の増額（暫定措置を廃止して、原則の 4 分の 1 に戻す）、給付日数体系の見直し育児休業給付及び介護休業給付の給付率の引き上げ（従前賃金の 25% から 40% へ）、短時間労働者や登録型派遣労働者の適用要件の見直し（90 万円以上という年収要件を廃止） |
| 2003（平成 15）年 | 雇用保険法改正 – 基本手当日額の給付率、上限額の見直し、就業手当の創設、教育訓練給付と高年齢雇用継続給付の見直しなど |
| 2007（平成 19）年 | 雇用保険法改正 – 国庫負担と保険料率の見直し、雇用福祉事業の廃止で雇用保険 2 事業に。育児休業給付の給付率の引き上げ（40% から 50% へ）、教育訓練給付の受給要件の緩和 |
| 2009（平成 21）年 | 雇用保険法改正 – 有期労働契約が更新されなかった離職者等について、6 か月以上の被保険者期間で基本手当の受給資格を取得することができるようするなどの改定 |
| 2010（平成 22）年 | 雇用保険法改正 – 雇用保険加入に必要な雇用見込み期間を 31 日以上に短縮、雇用保険料率を、労使折半の失業等給付部分については、0.8% から 1.2% に引き上げ、事業主負担のみ負担の雇用保険 2 事業については、0.3% から 0.35% に引き上げるなどの改定 |
| 2017（平成 29）年 | 雇用保険法改正 – 国庫負担率の引き下げ |

出所：各種資料より筆者作成。

われてきた。2000（平成 12）の改正では、バブル崩壊後の経済不況下での失業率の上昇による雇用保険財政の悪化、少子高齢化の進展などを背景に、雇用保険料率の引き上げ、育児休業給付・介護休業給付の給付率の引き上げ（25%→40%）などが行われ、2003（平成 15）年改正では、教育訓練給付の給付率の引き下げ、就職促進手当の創設などが行われた。2007（平成 19）年の改正では、短時間労働被保険者の区分が廃

止され一般被保険者に一本化され、雇用保険事業が、雇用福祉事業の廃止により、雇用安定事業と能力開発事業の２事業に整理された。さらに、2009（平成21）年には、リーマン・ショックによる失業者の増加に伴い、雇用保険の適用範囲の拡大などの改正が図られた（年表６参照）。

## ２　労働保険の適用関係と労働者性

### (1)　労働保険関係の成立・消滅と適用事業・保険者

　健康保険や厚生年金保険では、所定の要件を満たす事業を適用事業とし、その適用事業所に常時使用されている労働者が保険に加入する形態をとっており、保険加入者は、保険料納付義務を負い、保険事故が発生したときに保険給付を受ける被保険者となる。

　これに対して、労災保険・雇用保険ともに、労災保険法３条１項および雇用保険法５条１項に該当する事業主が事業を開始した日、または当該事業が適用事業に該当するに至った日に、自動的に保険関係が成立する（徴収３条・４条）。事業主は、その日から10日以内に労働基準監督署長または公共職業安定所長に、自らの事業にかかる保険関係の成立を届け出なければならず、それによって、事業主者の労働保険料の納税義務が発生する。事業を廃止または終了したときは、その翌日に保険関係が消滅する（徴収４条の２・５条）。

　労災保険は「労働者を使用する事業」を、雇用保険は「労働者が雇用される事業」を適用事業とし（労災３条、雇保５条）、その業種や規模にかかわりなく、労働者をひとりでも使用するあらゆる事業を適用事業とする。

　ここで「事業」とは、反復・継続する意思を持って業として行われるものをいう。事業主の便宜と保険事務簡素化のために、保険関係の一括制度を設けている。このうち、有期事業（ビル建築など、事業の性質上一定期間が予定され、事業の目的達成とともに終了する事業）は、一定の要件を具備する２以上の小規模の有期事業を法律上当然に１つの事業とみなす、有期事業の一括が徴収法７条で認められている。また、建設事業が数段階の請負を経て行われる場合、下請け事業を元請事業に一括

して、元請負人のみを当該事業の事業主とする請負事業の一括も認めている（徴収8条）。これに対して、継続事業（有期事業以外の事業）については、事業主が同一人である2以上の継続事業が厚生労働省令で定める要件を満たし、かつ、厚生労働大臣の認可があった場合に事業の一括が認められる。

認可があると、当該認可にかかる2以上の事業に使用されている労働者は、すべて厚生労働大臣の指定するいずれか1つの事業に使用される労働者とみなされる（徴収9条）。

ただし、労災保険法の場合は、国の直営事業など若干の非適用事業がある（労災3条2項）ほか、零細農林水産業の個人経営事業について、暫定的に任意適用事業としている（附則12条）。また、雇用保険法も、労災保険法と同様に、零細農林水産業のうちの一部を任意適用事業としている（附則2条）。

労災保険、雇用保険の保険者はともに政府である（労災2条、雇保2条）。また、保険者ではないが、中小事業主の負担軽減を目的として、労働保険料の納付等、通常事業主が行うべき労働保険に関する事務処理をおこなう団体として労働保険事務組合が設けられている（徴収33条・35条）。同組合は、中小事業主を構成員とする事業協同組合、商工会などの事業主の団体等が、構成員である事業主あるいは構成員でないその他の事業主の委託を受けて、厚生労働大臣の認可を得て設けられる（認可権限は都道府県労働局長に委任されている）。認可の条件は、当該団体の事務内容、その有する財産等からみて、事務処理を確実に行う能力を有することである。

### (3) 労災保険における労働者と雇用保険における被保険者

労災保険には、他の社会保険と異なり、被保険者という概念は存在せず、被災労働者として給付を受ける。労災保険法における「労働者」とは、基本的に労基法9条にいう労働者と同一と解されている[3]。すなわち、

---

3　西村・社会保障法 329-330 頁参照。

労働者とは「職業の種類を問わず、事業又は事務所に使用される者」で「賃金を支払われる者」をいい（労基9条1項）、使用従属関係の下で提供した労務の対価として報酬を得ている者をいう。適用事業に使用されている者でもあり、アルバイト・常雇いなどの雇用形態を問わない。

近年の雇用形態の多様化に伴い、労災保険の労働者性をめぐって、多くの紛争が発生し裁判例が蓄積されてきている。たとえば、作業場を持たずに1人で工務店の大工仕事に従事する形態で稼働していた大工が、労基法および労災保険法上の労働者に当たらないとされた事例がある（最判平成19・6・28判時1979号158頁）。また、自己所有のトラックを持ち込みながら運送業務に従事していた運転手について、最高裁は労働者性を否定している（最判平成8・11・28判時1589号136頁）。

これに対して、雇用保険の被保険者は、雇用保険の適用事業に雇用される労働者で、65歳に達した日以後に雇用される者など雇用保険法6条各号に掲げる者以外のものをいい、労働者の年齢や就労形態から、一般被保険者、高年齢継続被保険者、短期雇用特例被保険者、日雇労働被保険者の4つの類型がある。31日以上の雇用見込みがあること、1週間の所定労働時間が20時間以上であること、により雇用保険の被保険者とされる。

事業主は、労働者を雇用・解雇した場合など、被保険者資格の得失に関する事実について、厚生労働大臣（実際には所管の公共職業安定所）に届け出なければならない（雇保7条）。被保険者資格の得失について、被保険者または被保険者であった者は、その確認を請求することができるほか、厚生労働大臣の職権によっても行われる（雇保8条・9条）。

## 3　労働保険の保険料

### (1) 労働保険料の種類

労働保険料を徴収する権限は、保険者である政府にある（徴収10条1項）。労働保険料の種類には、①一般保険料、②特別加入保険料、③印紙保険料の3種類がある。

このうち、①の一般保険料は、労災保険および雇用保険双方に適用さ

れる。納付義務者は事業主であり、事業主が、その使用するすべての労働者に支払う賃金の総額（徴収11条2項）に、一般保険料に係る保険料率を乗じた額である。この「一般保険料率」は、労災・雇用両保険関係が成立している事業にあっては、労災保険率と雇用保険率とを加えたものである（徴収12条1項）。

労災保険率は、一定規模の事業において、事業の種類ごとに過去の災害率などを考慮して定められ、事業主の災害防止努力を促すため、メリット制が導入されている。メリット制とは、大きな労働災害が発生したり労働災害が多発している事業では労災保険率が高くなり、労働災害が少ない事業では労災保険率が低くなる制度で、厚生労働大臣は、災害の発生率に応じて保険料率を100分の40の範囲で上下させることができる（徴収12条3項）。

これに対して、雇用保険料率の場合は、農林水産事業・清酒製造事業、建設事業およびそれ以外の一般事業で、3つで異なる保険料率が設定されている。雇用保険2事業（雇用安定事業および能力開発事業）の費用に当てるべき部分は事業主が全額負担し、失業等給付に充てられる部分については労使で折半する（徴収12条）。

②の特別加入保険料は、保険給付の基礎となる給付基礎日額を365倍した額に、労災保険の特別加入者の類型に応じた保険料率を乗じて算定される。類型は3つあり、第1種特別加入保険料は、労災保険の中小事業主等の特別加入者を対象とし、第2種特別加入保険料は、労災保険の一人親方等の特別加入者を対象とし、第3種特別加入保険料は、労災保険の海外派遣者の特別加入者を対象としている。③の印紙保険料は、雇用保険の日雇労働被保険者を対象とし、一般保険料とは別に徴収される。

### (2) 労働保険料の納付方法と保険給付受給権

上記①から②までの労働保険料の納付は、事業主は保険料の算定対象となる期間のはじめに概算額（概算保険料）で申告・納付し（徴収15条）、その期間が終わると確定額（確定保険料）を計算して、すでに納付した概算額との過不足分を精算する（徴収19条）。③に関しては、日

雇労働被保険者の賃金の日額に応じて、印紙を貼付して納付する。

　事業主は、保険料の納付義務とともに、前述のように、被保険者資格の得失に関する届出義務を負う。事業主がこれらの義務を履行しない場合、被保険者の保険給付受給権が問題となるが、雇用保険の場合は、被保険者が被保険者資格の得失に関して確認の請求を行うことができることから、事業主が雇用保険料を納付することは基本手当受給の要件とされていない（大阪地判平成元年8・22労判546号27頁参照）。

　労災保険の場合、事業主が保険料を納付しなくても、労働災害にかかる保険給付はなされる。ただし、保険給付に要した費用の徴収に関して、事業主が故意または重大な過失により保険関係成立にかかる届出をしていない期間の事故や一般保険料を納付しない期間の事故などについて保険給付を行ったとき、政府（保険者）は保険給付に要した費用に相当する金額の全部または一部を事業主から徴収することができる（労災31条1項）。

## 4　業務災害等の認定

### (1)　業務災害の認定

　労働者は、労働契約に基づいて、一定時間、使用者の指揮命令に従って労務提供する義務を負っている。災害（傷病）がこの指揮命令の下に拘束されている間に（業務遂行性）、業務によって生じた場合（業務起因性）、社会的公平の観点から、この危険を使用者の負担とすることが、労災補償の対象を「業務上」とする根拠であり、労災保険法は「業務上の事由」による労働者の負傷、疾病、障害または死亡（業務災害）に対して保険給付を行うと規定している（労災7条1項1号）。そして、業務災害の認定は、労働基準監督署長が行う行政処分である（労災則1条2項・3項）。

　法は業務災害あるいは業務上の概念について明文の規定を置いておらず、労災補償制度の趣旨目的に照らした法解釈に委ねられている。一般的には、労働者の傷病等が、使用者の指揮命令の下に拘束されているときに生じ（業務遂行性）、その傷病等との間に一定の因果関係が存在す

ることが必要とされる（業務起因性）。行政解釈では「業務起因性」の第一次的判断基準が「業務遂行性」であるとされている[4]。業務遂行性がなければ、業務起因性は成立しないが、業務遂行性があっても直ちに業務起因性が認められるわけではない。

　業務と傷病等との関係については、単なる事実的因果関係の存在では不十分で、相当因果関係があることが必要となる。相当因果関係の立証は、一点の疑義も許さないという自然科学上の証明ではなく、事実と結果との間に高度の蓋然性を証明することであり、その判定は通常人が疑いを持たない程度で足りるとされている（最判昭和50・10・24民集29巻9号1417頁）。なお、無過失責任主義に立つ労災補償の場合、過失責任主義に立つ民法などとは異なり、結果発生の条件となる予見可能性の有無は問題とならない。

(2)　**業務遂行性・業務起因性の認定**

　業務遂行性・業務起因性の認定については、具体的事例ごとに違いがある。

　事業主の支配下、かつ管理下で業務に従事している通常の業務の場合には、特別の事由がない限り業務上と認められる。休憩時間などの場合も、事業主の支配下にいることに起因する災害については、業務上と認められる。事業主の支配下にあるが、管理を離れて業務に従事している出張などの場合は、特別の事情がない限り、全出張過程について業務遂行性が認められる。労働者が、出張途上で飲食等の私的行為中に被災しても、合理的な順路・方法であり、それが出張に通常伴う範囲内であれば、一般に業務起因性が認められる。

　宴会などの各所行事への参加・出席については、使用者の業務命令がある場合など特別の事情があれば、業務起因性が認められる。社内で開かれた飲み会に参加した後、帰宅途中に地下鉄の階段で転落死した会社

---

[4]　行政解釈では、「業務起因性」の第一次的判断基準が「業務遂行性」であるとされている。労務行政研究所編『業務災害及び通勤災害認定の理論と実際（上）』（労務行政研究所、2009年）89頁以下参照。

員の遺族が労災認定を求めた事例で、飲み会が社員から意見を聞く「業務」といえるのは開始から2時間前後までとされ、その後も約3時間飲酒したために、酔って転落した可能性が高く事故は通常の通勤に伴うものとはいえないとし、通勤災害を否定した裁判例がある（東京高判平成20・6・25判時2019号122頁）。

　業務遂行性が証明される場合には、反証（業務起因性を否定する特別の事情）のない限り業務起因性も推定される。特別の事情に関連して、業務遂行中に同僚とけんかして死亡した事例では、業務に随伴または関連する行為といえないとして業務起因性が否定されている（最判昭和49・9・2民集28巻6号1135号）。

### (3) 非災害性疾病の認定

　業務に起因する業務上疾病は、災害性疾病と非災害性疾病に分類できる。前者は、業務遂行途中での突発的事故（アクシデント）に起因する疾病であり、業務起因性の認定は比較的容易である。これに対して、後者は災害を媒介としない疾病であり、心筋梗塞、脳梗塞など、労働者の業務が、主因としてではないにしても発症過程に何らかの関係を持つと考えられる疾病（労働関連疾病）などである。これらの疾病の業務上認定には著しい困難を伴う。発症の時期を特定することが難しく、じん肺のように退職後に発症する場合もみられるし、業務のみならず労働者個人の私生活にもまたがり、本人の素因や基礎疾患と競合することもあるうえに、有害因子に同じように曝露されていても、個人差により発症するものと発症しない者がありうるからである。

　もっとも、医学的な経験則から、特定の業務との因果関係が明らかな疾病群が存在する。これらの疾病については、業務上疾病ないし職業性疾病（長期間にわたり業務に伴う有害作用が蓄積して発病に至る疾病。いわゆる職業病）として業務起因性が推定される。労災保険法における業務上の範囲は、労基法のそれと同義であると解されており、労基法施行規則に具体的な業務内容と（業務上）疾病名が規定されている（労基則35条・別表1の2）。ここに規定された業務に従事した事実と、規定

された疾病が発症した事実の2つがあれば、反証が無い限り、業務起因性有りとして労災認定される。同別表によると、業務上疾病は、災害性疾病（同別表1号）、例示疾病（同別表2号～9号）、大臣指定疾病（同別表10号）および包括規定疾病（同別表11号）に大別される。このうち、例示疾病は、職業性疾病に対応するもので、包括規定疾病は「その他業務に起因することの明らかな疾病」で、業務との間に相当因果関係が認められる疾病をさし、例示疾病のいずれにも該当しない疾病でも、業務上の疾病である限り保険給付の対象になることを明らかにした規定とされる。[5]

行政解釈は、被災者が基礎疾患等を有する場合に労災認定されるためには、業務上の要因により当該疾病が自然的経過を超えて増悪し発症したことを必要とするが、裁判例は、事案に即して弾力的な判断をしている。地方公務員災害補償法に基づく事案であるが、午前中に出血を開始した特発性脳内出血により、当日午後の公務従事中に意識不明となって倒れ、入院後死亡した事案につき、発症した脳内出血自体には業務起因性は認められないものの、発症後やむをえず業務に従事することによって治療機会を喪失したとし、死亡の公務起因性を肯定した裁判例がある（最判平成8・3・5民集178号621頁）。

### (4) 過労死・過労自殺の業務上認定

過労が、さまざまな疾病の原因になることは知られている。いわゆる「過労死」は、疾病名や医学用語ではなく、過重労働によって引き起こされる脳血管や心臓の疾患により死亡することを意味する社会的用語である。過労死等防止対策推進法で（平成26年法律100号）は「業務における過重な負荷による脳血管疾患若しくは心臓疾患を原因とする死亡若しくは業務における強い心理的負荷による精神障害を原因とする自殺による死亡」と定義している（同法2条）。

過労死の業務上認定には、①日常業務に比較して特に過重な業務に就

---

[5] 加藤ほか221頁（加藤智章執筆）参照。1号～10号の疾病が限定列挙ではなく例示列挙であることを明らかにした規定ともいえる。

労したこと（過重負荷）、②過重負荷から発症までの時間的経過が医学上妥当であることの2点が必要である。厚生労働省による認定基準（平成13・12・12基発1063号）によると、①発症前1カ月間に残業時間が100時間を超える、②2カ月～6カ月の間に残業時間が1カ月あたり80時間を超える場合には、業務と発症との関連性が強いとされる。これらの以外にも、勤務の不規則性、拘束時間の長さなどが総合的に考慮されることとなる。

　過重な業務は、いわゆる過労自殺をも引き起こす。過労自殺では、業務による心理的負荷が原因とされる場合に、①精神障害を発病していること、②発病およそ6カ月以内に業務上の強い心理的負荷を受けたこと、③発病が業務以外の要因によらないこと、を要件として、精神障害がまず労災の補償対象として認定される。そのうえで、以上の要件に該当する労働者が自殺を図った場合に、原則として業務起因性を認める。裁判例では、勤務の重圧等を原因とするストレスによる心因性精神障害に罹患した事案において、業務起因性を認めた事例（神戸地判平成8・4・26判タ926号171頁）、使用者の安全配慮義務違反を認めた電通事件判決（最判平成12・3・24民集54巻3号1155頁）などがある。[6]

　このような過労自殺をめぐる事案の増加に対応するため、「心理的負荷による精神障害等による業務上外の判断指針について」（平成11・9・14基発544号）が示されたが、その後も、精神障害についての労災請求が増加の一途を辿ったため、認定の迅速化を図るべく新たに「心理的負荷による精神障害の認定基準について」（平成23・12・26基発1226号）が定められた。新認定基準では、発症直後の連続した2カ月間に1月当たり約120時間以上の労働時間数を強い心理的負荷とするなど、心理的負荷の具体例を明示したり、セクシャルハラスメントやいじめが長期間継続する場合には6カ月を超えて評価することとされた。また、精

---

6　安全配慮義務は、最高裁判決（昭和59・4・10民集38巻6号557頁）において、労働契約上の義務として、使用者が「労働者の生命及び身体等を危険から保護するよう配慮すべき義務」として認められている。もっとも、電通事件では、最高裁は安全配慮義務とは明言せず、使用者責任（民法715条）を認めている。

神科医による判定を難しい事案にのみ限定している。

### (5) 通勤災害の認定

　労災保険法は「労働者の通勤による負傷、疾病、傷害または死亡」を通勤災害として保険給付の対象としている（労災7条1項2号）。行政解釈では、通勤に通常伴う危険ないし内在する危険が具体化したとみられるような場合、通勤起因性が肯定される。オウム真理教の信者によって通勤途上で殺害された労働者について通勤災害の成否が争われた事案で、特定の個人をねらって犯罪が企てられ、被災者が通勤途上にあることを利用してそれが実行されたような場合、通勤はその犯罪の実行に単なる機会を提供したにすぎないのであり、これを通勤に内在する危険が現実化したとはいえないとし、通勤起因性を否定した裁判例がある（大阪地判平成11・10・4労判771号16頁）。

　「通勤」とは、労働者が、就業に関し、次の3つの類型の移動を、合理的な経路および方法により行うことをいい、業務の性質を有するものを除く（労災7条2項）。移動は①住居と就業の場所との間の往復、②厚生労働省令で定める就業の場所から他の就業の場所への移動、③①に掲げる往復に先行し、または後続する住居間の移動の3類型が挙げられている（同条同項1号〜3号）。①では、労働者が本来の業務を行う事務所等の場所以外にも、得意先での営業から直接帰宅する場合の得意先なども就業の場所となる。②は、複数の事業所で働く労働者の事業所間の移動をいい、③は、単身赴任者の赴任先住居と帰省住居との往復をいう。単身赴任者が自宅から事業所近くの寮に戻る途中で被った事故について、通勤災害と認定した裁判例がある（秋田地判平成12・11・10労判800号49頁）。

　通勤は、社会通念からいって一般に労働者が用いると認められる合理的な経路およびその方法によるのでなければならない。「逸脱」とは通勤の途上において通勤と無関係な目的で合理的な経路をそれることをいい、「中断」とは通勤の経路上で通勤と関係のない行為を行うことをいう。逸脱・中断があった場合、日常生活上必要な行為であって厚生労働

省令で定めるものをやむを得ない事由により行う最小限度のものに該当しない限り、その逸脱・中断中だけでなく、その後の行程についても通勤とは認められない。自宅とは反対方向の商店に夕食の食材を購入するため、自宅に向かう交差点から40mほど逆行したあとの交通事故につき、合理的経路を逸脱したときの事故として通勤災害に当たらないとした裁判例がある（札幌高判平成元・5・8労判541号27頁）。一方で、義父の介護のため義父宅に1時間40分程度滞在したのち帰宅する途中での交通事故につき、この介護は日常生活上必要な行為として通勤災害と認定した裁判例もある（大阪高判平成19・4・18労判937号14頁）。

## 5　労災保険の給付と社会復帰促進等事業

### (1) 労災保険の給付の概要

労災保険の給付には、業務災害に関する保険給付（療養補償給付、休業補償給付、障害補償給付、遺族補償給付、葬祭料、傷病補償年金、介護補償給付）、通勤災害に関する保険給付および二次健康診断等給付がある（労災7条1項）。

労災保険の金銭給付にかかる保険給付の額の算定に当たっては「給付基礎日額」（労災8条1項）という概念が用いられる。給付基礎日額は、原則として労基法12条の「平均賃金に相当する額」とされ、休業補償給付、年金給付および一時金給付の給付基礎日額は、他の労働者の賃金との関係で合理的な水準を維持できるようスライド制を採用しているほか、賃金の実態などに対応するため、年齢階層別の最低限度額と最高限度額が定められている（労災則9条1項）。ただし、給付基礎日額は、短期の算定期間を基礎としているために、偶然的な事情により給付基礎日額の高低が生じることが避けられないという問題がある。

労働者が故意に負傷、疾病、障害もしくは死亡またはその直接の原因となった事故を生じさせたときは、保険給付を受けることはできない（労災12条の2の2第1項）。ただし、労働者の自殺については、業務上の精神障害により自殺行為を思いとどまる精神的な抑制力が著しく阻害されている状態と認められる場合には、結果の発生を意図した故意に

は該当しないとされている（平成11・9・14基発545）。また、労働者の故意の犯罪行為もしくは重大な過失により、負傷、疾病、障害、死亡もしくはこれらの原因となった事故を発生させたとき、あるいは労働者が正当な理由なく療養に関する指示に従わないことにより傷病や障害の程度を悪化させ、もしくはその回復を遅らせたときは、保険給付の一部または全部を支給しないことができる（労災12条の2の2第2項）。

労災保険の給付は、被災労働者等の請求に基づいて行われる（労災12条の8第2項）。この請求に基づき、所管の労働基準監督署長が支給または不支給の決定（行政処分）を行う。保険給付の決定に不服がある場合には、労働者災害補償保険審査官に審査請求をし、その決定に不服がある場合には、労働保険審査会に再審査請求をすることができる。同決定の取消訴訟は、労働者災害補償保険審査会の決定を経なければ提起することはできない審査請求前置がとられている（労災38条・40条）。

保険給付のうち、療養補償給付、休業補償給付、葬祭料および介護補償給付を受ける権利は2年、障害補償給付、遺族補償給付を受ける権利は5年で時効消滅する（労災42条）。時効の起算点については明文の規定がないが、民法166条1項の原則論に立つのが裁判例である（東京地判平7・10・19労判682号28頁）。

### (2) 療養補償給付と休業補償給付

療養補償給付は、労基法75条に定める業務上の傷病等に対して、診療治療などの療養の給付を行う。療養費用の給付の場合もあるが、原則は療養の給付であり、現物給付である。被災労働者は一部負担金を払うことなく、必要な給付を受けることができる（労災13条）。療養補償給付および休業補償給付は、当該傷病について療養を必要としなくなるまで、すなわち「治ゆ」の状態になるまで行われる。行政解釈では、治ゆとは、負傷にあっては、創面の治ゆした場合、疾病にあっては、急性症状が消退散し、慢性症状は持続していても医療効果を期待できない状態となった場合をいうとされている（昭和23・1・13基発3号）。傷病の症状がいったん固定し治ゆと判断された後、再び症状が変化し、再発と

判断された場合にも、療養補償給付が支給される。

　休業補償給付は、被災労働者が①業務上の傷病による療養のため、②労働不能により、③賃金を受けることができない場合に支給される（労災14条）。①については、業務上の傷病に該当しない私傷病はもちろん、社会復帰促進等事業の一環として行われる外科後処置なども、ここでいう療養に該当しない。自宅療養は、それが医師の指示に基づく場合に対象となる。②の労働不能は、被災前に従事していた労働には就けないが、軽作業なら可能という場合には該当しないが、労働能力の喪失だけを意味するのではなく、医師の指示により労働することを止められている場合なども含まれる。③の賃金を受けることができない場合は、療養のため労働不能であって、賃金の全額はもちろん、一部しか受け得ない場合も含む。被災労働者が休日または懲戒処分を受けたなどの理由で賃金請求権を有しない日についても、休業補償給付は支給されるとするのが判例である（最判昭和58・10・13民集37巻8号1108頁）。

　休業補償給付は、賃金を受けない日の第4日目から支給され、休業の初日から3日目までを待期期間という。この期間は、休業補償給付は支給されないが、使用者は労基法76条に規定する休業補償を行わなければならない。支給額は1日につき給付基礎日額の100分の60に相当する額である。休業4日目から給付基礎額日額の100分の20に相当する休業特別支給金が社会復帰促進等事業として支払われる。したがって、実際上は給付基礎日額の8割に相当する額の休業補償がなされることになる。支給期間についての制限はないが、傷病補償年金の支給要件に該当するに至った場合には、休業補償給付は支給されない。

### (3) 障害補償給付と遺族補償給付

　業務上の負傷または疾病が治ゆしたとき、身体に障害が存在する場合には、厚生労働省令に定める障害等級に該当する場合には、障害に応じて障害補償給付が支給される。障害等級1級から7級に該当する場合には障害補償年金が、障害等級8級から14級に該当する場合には障害補償一時金が支給される（労災15条）。

障害等級表には、被災労働者の身体的生理的または精神的機能の毀損状態であって労働能力の喪失・減少を伴うものが、一定の序列に従って1級から14級まで14等級に分類・格付けされている。[7]著しい外貌醜状につき、男女の性別によって障害補償給付に差を設けるのは合理的理由がなく、性別による差別的取扱いに該当し憲法14条に違反するとの判決（京都地判平成22・5・27判時2093号72頁）が出て、障害等級の見直しが行われ、外貌に関する障害等級の男女差は解消されている。

　労働者が業務上死亡したとき、その遺族の生活を保障するため、遺族補償給付として、死亡労働者との間に生計維持関係にある一定範囲の遺族がいる場合には遺族補償年金、受給資格者がいない場合には、遺族補償一時金が支給される。遺族補償年金は受給資格者の人数により（労災16条の3）、遺族補償一時金は給付基礎日額を基準として（労災16条の6）、支給額が定められ、そのほか、社会復帰促進等事業として遺族特別支給金や遺族特別年金等も支給される。

　遺族補償年金の受給資格者は、労働者の死亡当時その労働者の収入によって生計を維持していた（生計維持関係にあった）配偶者、子、父母、孫、祖父母、兄弟姉妹である。妻については、婚姻の届出をしていないが事実上婚姻関係と同様の事情にあった者も含まれる。妻以外の遺族にあっては労働者の死亡当時一定の年齢にあること、あるいは一定の障害状態にあることが要件となる（労災16条の2第1項）。具体的には、①60歳以上もしくは一定の障害の状態にある夫、②18歳未満または一定の障害の状態にある子、③60歳以上または一定の障害の状態にある父母、④18歳未満または一定の障害の状態にある孫、⑤60歳以上または一定の障害の状態にある祖父母、⑥18歳未満、60歳以上または一定の障害の状態にある兄弟姉妹、⑦55歳以上60歳未満の夫、⑧55歳以上60歳未満の父母、⑨55歳以上60歳未満の祖父母、⑩55歳以上60歳未満の兄弟姉妹である。⑦～⑩の者は60歳になるまでは遺族年金が支給停止される。地方公務員災害補償法の遺族補償年金にも、労災保険法の

---

[7] ただし、被災労働者の職業能力に関わる条件、たとえば、職種、利き腕、経験等は障害の程度を決定する要素として考慮されていない。

①と同様の規定があるが、これについて、夫にのみ60歳以上との年齢要件を定める規定は、法の下の平等を定めた憲法14条に反し違憲無効であるとした裁判例（大阪地判平成25・11・25判時2216号122頁）がある。しかし、控訴審判決（大阪高判平成27・6・19労判1125号27頁）は、堀木訴訟最高裁判決を引用し、立法府の広い裁量が認め、配偶者のうち夫について年齢要件を定めることは、憲法14条に違反しないとしている。同様の年齢要件は、国家公務員災害補償法（16条1項）にもあり、また、厚生年金保険法の遺族年金にも存在する（59条1項）。これらの規定についても、いずれ対応が求められることになろう。[8]

### (4) 葬祭料と傷病補償年金

労働者が業務上の傷病等に起因して死亡した場合、その遺族等に対して、その請求に基づき葬祭料が支給される。埋葬の費用のみならず葬祭に要する費用を補償するもので、その額は、厚生労働大臣がこれを定め（労災17条）、給付基礎日額の30日分に30万5000円を加えた額とされている。

傷病補償年金は、療養補償給付を受けている労働者の傷病が①療養開始後1年6カ月経っても治らず、②その傷病による障害の程度が厚生労働省令で定める傷病等級（労災則別表2）に該当すること、のいずれにも該当する場合、その傷病等級に応じた額が支給される。[9]療養開始後1年6カ月を経過しても治ゆしないとき、あるいは毎年1月分の休業補償給付を請求する際に、傷病の状態に関する届出書を提出させ、それに基づき所管の労働基準監督署長が職権で支給決定を行う。傷病補償年金は、休業補償給付に代えて支給されるため、傷病補償年金を受ける者には休業補償給付は支給されないが（労災18条2項）、傷病が治ゆしていないことを要件に支給されるため、傷病補償給付は引き続き支給される。

なお、業務上の傷病により療養している労働者がその療養開始後3年

---

8 同様の指摘に、西村・入門187頁参照。
9 障害補償年金が症状の固定した場合に支給されるのに対して、傷病補償年金は傷病が治ゆしていない場合でも支給される点で異なる。加藤ほか233頁（加藤智章執筆）参照。

を経過した日において傷病補償年金を受けている場合、または同日後に傷病補償年金を受け取ることになった場合、使用者は労基法81条にいう打切補償を支払ったものとみなされ（労災19条）、労基法19条の解雇制限が失われる。

### (5) 介護補償給付、通勤災害給付、二次健康診断等給付

1995（平成7）年の改正法により、介護補償給付が新設された（労災19条の2）。障害補償年金または傷病補償年金を受ける権利を有する労働者が、これらの年金の支給事由となる障害であって、厚生労働省令で定める程度の障害により、常時または随時介護を要する状態にあり、かつ介護を受けている間、当該労働者に支給される。支給すべき事由が発生した月の翌月から、当該事由が消滅した月までの間、月を単位として支給される。

通勤災害に対する給付は、療養給付・休業給付・障害給付・遺族給付・葬祭給付・傷病年金・介護給付の7種類がある。これらの給付は、労基法の災害補償責任を基礎としないため、「補償」の文字が使われていないが、業務災害に関する保険給付と基本的に同一内容の給付が行われる。ただし、療養給付の場合には、医療保険と同様に、被災労働者に対して一部負担金の支払いが求められるが、休業給付の額から一部負担金額を減額して、一部負担金の徴収に代える取り扱いがなされている。また、通勤災害に関する休業についは、労基法19条の解雇制限規定の適用はない。

一方、労働安全衛生法に基づく直近の定期健康診断等（一次健康診断）において、脳・心臓疾患に関連する血圧検査・血中脂質検査などの項目について異常所見が認められた場合、労働者の請求により二次健康診断と特定保健指導（二次健康診断等給付）として支給される（労災26条）。ともに受診者の負担はない。

### (6) 社会復帰促進等事業と特別支給金

労災保険法は、被災労働者の社会復帰の促進、当該労働者の遺族に対

する援護など、労働者の福祉の増進に寄与することも目的としている（労災1条）。これらの目的を実現するため、従来は、労災被災者、その遺族に対して、その福祉の増進のために、保険施設として各種の措置が実施されてきたが、1976（昭和51）年の法改正で、保険施設に代わって労働福祉事業が行われることとなった。労働福祉事業は、2007（平成19）年に、社会復帰促進等事業に名称が改められている（労災2条の2）。

　事業の内容としては、①被災労働者の円滑な社会復帰を促進するために必要な事業（労災病院・リハビリテーション施設の設置、補装具の支給など）、②被災労働者の療養生活の援護、あるいは遺族に対する援護（労災就学援護費など）、③業務災害の防止に関する活動に対する援助や労働者の安全および衛生の確保、賃金の支払いの確保などを図るために必要な事業がある（労災29条）。

　社会復帰促進等事業の一環として、労災保険法特別支給金規則に基づき、被災労働者やその遺族に対し特別支給金が支給される。特別支給金には、①休業特別支給金、②障害特別支給金、③遺族特別支給金、④傷病特別支給金のほかに、賞与等の特別給与の額を算定の基礎とする⑤障害特別年金、⑥障害特別一時金、⑦遺族特別年金、⑧遺族特別一時金、⑨傷病特別年金がある（同規則2条）。

　これらの支給金は、療養生活や傷病治ゆ後の生活転換に対する援護金あるいは遺族見舞金的性格を有し、労基法上の災害補償に対応するものではないが、保険給付の上積みを行うことを目的にしており、保険給付との同一性が認められる。最高裁は、労災保険給付との同一性から、労災就学援護費の支給打ち切り決定は「行政庁の処分その他公権力の行使」に該当するとし、処分性を認めている（最判平成15・9・4判時1841号89頁）。

## 6　雇用保険における給付

### (1)　求職者給付

　一方、雇用保険法における保険給付は失業等給付といわれ、同給付には、求職者給付、就職促進給付および教育訓練給付、雇用継続給付があ

図表13　雇用保険の体系

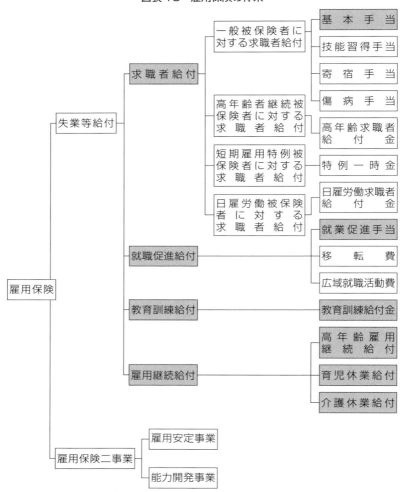

出所：厚生労働省職業安定局ホームページより。

る（雇保10条。図表13）。

　求職者給付は、労働者が失業したときに支給される。一般被保険者が失業した際に、原則として離職の日以前2年間に被保険者期間が通算して12カ月以上あるときに支給される基本手当が中心である（雇保13条1項）。ここにいう失業とは「被保険者が離職し、労働の意思及び能力を有するにもかかわらず、職業に就くことができない状態にあること」をいう（雇保4条3項）。「離職」とは「被保険者について、事業主との雇用関係が終了すること」をいい（同条2項）、解雇、契約期間の満了、任意退職などその理由を問わない。「労働の意思」とは、自己の労働力を提供して就職しようとする積極的な意思をいい、被保険者が家事や学業等に専念する場合に離職した場合などには、労働の意思がないと推察される。「職業に就くことができない状態」とは、公共職業安定所が最大の努力をしたが、就職させることができず、また本人の努力によっても就職できない状態をいう。就職とは、雇用関係に入る場合のほか、請負や委任形式での就業や自営業の開始を含む。現実に収入・収益の見通しがあるかは問われない。報酬等の取得を期待しうる継続的な地位にある場合には、雇用保険法上、職業に就いたものとされる。無給だが代表取締役の地位にある者が受領した失業給付の返還命令を適法とした裁判例がある（広島高岡山支判昭和63・10・13労判528号25頁）。

　基本手当を受給するためには、公共職業安定所長の失業の認定を受けなければならない。失業の認定を受けようとする受給資格者は、離職後、公共職業安定所に出頭し、離職票に本人確認書類を添えて提出し、求職の申し込みをしなければならない（雇保15条2項）。失業の認定は、離職後最初に出頭した日から起算し4週間に1回ずつ行う（同条3項）。

　基本手当の日額は、賃金日額（被保険者期間の最後の6カ月に支払われた賃金総額を180で除した額）に賃金日額に応じて定められる割合を乗じて算定される（雇保16条・17条）。基本手当は、失業認定に直接契約の前28日分について一括して支給されるが、受給資格者が離職後最初の求職の申し込みをした日以後において、失業している日が通算して7日に満たない期間は支給されない（これを待期期間という。雇保

**図表14　基本手当の所定給付日数**

① ②及び③以外の一般の離職者
　　（定年退職や自己の意思で離職した者）

| 離職時の満年齢 ＼ 被保険者であった期間 | 1年以上10年未満 | 10年未満20年未満 | 20年以上 |
|---|---|---|---|
| 全年齢 | 90日 | 120日 | 150日 |

② 特定受給資格者および特定理由離職者
　　（正当な理由のある自己都合退職者を含む）

| 離職時の満年齢 ＼ 被保険者であった期間 | 1年未満 | 1年以上5年未満 | 5年以上10年未満 | 10年以上20年未満 | 20年以上 |
|---|---|---|---|---|---|
| 30歳未満 | 90日 | 90日 | 120日 | 180日 | —— |
| 30歳以上35歳未満 | 90日 | 90日 | 180日 | 210日 | 240日 |
| 35歳以上45歳未満 | 90日 | 90日 | 180日 | 240日 | 270日 |
| 45歳以上60歳未満 | 90日 | 180日 | 240日 | 270日 | 330日 |
| 60歳以上65歳未満 | 90日 | 150日 | 180日 | 210日 | 240日 |

③ 障害者等の就職が困難な者

| 離職時の満年齢 ＼ 被保険者であった期間 | 1年未満 | 1年以上 |
|---|---|---|
| 45歳未満 | 150日 | 300日 |
| 45歳以上65歳未満 | 150日 | 360日 |

出所：ハローワークのパンフレットより。

21条)。この待期期間は、濫給を防止するとの趣旨から設けられたものとされているが[10]、被保険者が自己の責めに帰すべき重大な事由によって解雇されたり、自己都合によって退職した場合には、待期期間満了後から一定期間、基本手当は支給されない給付制限があり（雇保33条1項。東京地判平成4・11・20労判620号50頁参照）、あえて7日間もの待期期間を設ける必要があるのかは疑問が残る。基本手当の支給を受けられる期間は、受給資格者の被保険者期間や年齢などに応じて異なっている

---

10　菊池 294頁参照。

(雇保22条・23条。図表14)。

　このほか、技能取得手当および寄宿手当は、受給資格者が職業安定所長の指示により公共職業訓練等を受講する場合に支給される（雇保36条）。傷病手当は、受給資格者が引き続き15日以上疾病または負傷により職業に就くことができない場合、すでに求職の申し込みをしているなどの要件を満たすことを条件に支給される（雇保37条）。

(2) 就職促進給付および教育訓練給付

　就職促進給付は、被保険者が失業した場合、求職者給付と合わせて、再就職を支援、促進するために支給され、就業促進手当、移転費および広域求職活動費からなる（雇保56条の3）。就職促進手当は、基本手当の支給日数を一定程度残して再就職した場合に、基本手当の支給残日数をそれぞれ所定の要件のもとに支給する。移転費は、受給資格者が公共職業安定所の紹介した職業に就くためなどに、住所等を変更する場合に支給される（同58条）。広域求職活動費は、受給資格者が公共職業安定所の紹介により広範囲の地域にわたる求職活動をする場合に支給される（同59条）。

　一方、教育訓練給付は、被保険者が、厚生労働大臣の指定する教育訓練を受け、これを修了した場合に、支給要件期間が一定期間以上あるときに、その費用の一部が一時金として支給される（雇保60条の2）。

(3) 雇用継続給付

　雇用継続給付は、高年齢者や育児休業・介護休業を取得した者の職業生活の円滑な継続を支援・促進するため、雇用の継続が困難となる事由を失業に準じた保険事故として、所得保障を行うもので、高年齢雇用継続給付、育児休業給付および介護休業給付からなる。

　高年齢雇用継続基本給付金は、被保険者期間5年以上の60歳以上65歳未満の一般被保険者が、60歳到達時点の賃金に比べて法に定める以上に賃金が低下した状態で、雇用を継続している場合に支給される（雇保61条）。また、受給資格者が基本手当の所定給付日数を一定以上残し

て再就職し、かつ再就職後の賃金が60歳到達時の賃金に比べて所定の基準以下である場合、高年齢雇用継続基本給付金の算定方法と同様の基準による支給額を、高年齢再就職給付金として、基本手当の支給残日数に応じて支給する（雇保61条の2）。

育児休業給付金は、一般被保険者がその1歳（雇用継続のためにとくに必要と認められる場合にあっては、1歳6カ月）に満たない子を養育するため休業した場合に、当該休業を開始した日前2年間に被保険者期間に相当する期間が12カ月以上あるときに支給される（雇保61条の4）。給付額は、原則として休業開始時賃金月額の40％であるが、当分の間50％（2014年改正により、休業開始後6カ月につき67％）に引き上げられた（同附則12条）。事業主から賃金を得ている場合には、その賃金額に応じて調整が行われる。

介護休業給付金は、一般被保険者が介護休業を取得した一般被保険者で、介護休業開始日前2年間に被保険者期間が12カ月以上ある者に支給される。1カ月あたりの介護休業前賃金の4割に相当する額が、休業開始から3カ月を限度に支給される（雇保61条の6）。支給期間が3カ月という短期に設定されているのは、ここでの介護休業が、介護保険制度などによる外部サービスを導入することによって、長期間の介護をする必要があるかどうか、介護に関する長期的方針を定めるまでのいわば「見極め期間」として取得されるものとして想定されていることによる[11]。しかし、介護保険制度のもとでは、家族介護者への支援のしくみはないに等しいことを考えるならば（第6章第2節参照）、介護休業の期間は、育児休業並みに1年もしくはそれ以上に延長すべきであろう。

## 7　雇用保険2事業と求職者支援制度

### (1) 雇用保険2事業

一方、雇用保険の労働者の職業の安定に資するという目的を遂行するため、事業主が負担する雇用保険料を原資とし、雇用安定事業と能力開

---

11　労務行政研究所編・前掲注(4)772頁参照。

発事業が行われている（雇用保険2事業といわれる。図表13参照）。

　このうち、雇用安定事業は、事業主に対する助成金を中核としており、雇用調整助成金（雇保62条1項1号）、労働移動支援助成金（同条1項2号・3号）、高年齢者雇用安定助成金（同条1項3号）、特定求職者雇用開発助成金等（同条1項3号・5号）などがある。中でも、雇用調整助成金は、不況などにより急激な事業活動の縮小を余儀なくされた事業主が一時休業、雇用調整のための出向などを行う場合に、事業主が支払う休業手当や出向労働者の賃金負担額の一部を助成金として支給するもので、企業内での雇用確保を図り、失業の増加を抑えるという意味で、不況時において重要な役割を果たしてきた。[12] これらの助成金は、厚生労働省令（雇用保険法施行規則）に基づく要綱や要領によって支給されており、助成金の不支給決定については処分性が否定されている（福岡高那覇支判平成5・12・9判時1508号120頁参照）。

　能力開発事業は、職業生活の全期間を通じて、被保険者の能力の開発・向上を促進することを目的として行われる（雇保63条）。内容は多岐にわたり、認定訓練助成費補助金（雇保63条1項1号）、人材確保等支援助成金（同条1項7号）などの助成金のほか、職業能力開発のための講習や援助などを行っている。

(2)　求職者支援制度

　雇用保険と密接に関連する制度として、求職者支援制度がある。

　同制度は、雇用保険の給付を受けられない求職者に対して生活の保障を行う一方で、職業訓練などの就労支援を行う制度で、失業しても生活保護にいたる前に労働市場に復帰できるよう支援するという意味で、「第2の安全網」ともいうべき制度とされる。[13] 2008（平成20）年のリーマン・ショックに対する緊急雇用対策として導入された事業を改編し、

---

　12　リーマン・ショック時には、雇用調整助成金の助成率は、厳しい雇用情勢に対応して大きく緩和されたが、2013（平成25）年以降、大企業は2分の1、中小企業は3分の2という原則的な助成率に戻されている。

　13　加藤ほか249頁（加藤智章執筆）参照。

2011（平成23）年に、職業訓練の実施等による特定求職者の就職の支援に関する法律（求職者支援法）が制定されて恒久化されるに至った。

同制度では、再就職できないまま雇用保険の給付期間が終了したり、学卒未就職者など、①公共職業安定所に求職の申し込みをしていること、②雇用保険被保険者や雇用保険受給者でないこと、③労働の意思と能力があること、④職業訓練などの支援を行う必要があると公共職業安定所長が認めたこと、の4つの要件をすべて満たす者（特定求職者）を対象に、求職者支援訓練または公共職業訓練を行うほか、訓練期間中に職業訓練受講給付金を支給する。給付金は、本人収入が月8万円以下で、かつ世帯全体の収入が月25万円以下であり、すべての訓練実施日に出席するなど一定の条件を満たす者に、月額10万円の職業訓練受講手当と訓練等施設への通所のための交通費としての通所手当とが支給される。

雇用保険の財源は、労使の保険料と国庫の負担で賄われる（雇保68条2項・66条1項）。ただし、求職者支援制度については、雇用保険の被保険者であった者などを対象としており、雇用保険料を財源とするのではなく、全額公費で賄うしくみとすべきであろう。[14]

# 8　労働保険の課題

### (1) 労災保険の課題

現在、認定基準の緩和の影響もあるが、過労死・過労自殺の労災認定の申請は増加し続けている。また、週60時間以上働く長時間労働の労働者は600万人近くにのぼり、減少がみられない（総務省「労働力調査」）。週60時間の労働では、月に約86時間の所定外労働となり、前述の2001年基準の月80時間の所定外労働という「過労死ライン」を超えており、いわば過労死予備軍といえる。大手広告会社の電通では、前述の最高裁判決以降も、違法な残業労働がまかりとおり、2016（平成28）年には、前年に過労自殺した高橋まつりさんの労災認定が認められたことを契機に、東京労働局の強制捜査が行われ、当時の上司などが書

---

14　同様の指摘に、菊池303頁参照。

類送検され、社長が辞任に追い込まれるに至った。労災の発生を防止するためにも、日本における長時間労働の是正が早急の課題といえる。

　三六協定（労基36条）で認められている所定外労働時間に関しては、法的拘束力はないものの、大臣告示により上限が月45時間、年360時間と定められている。少なくとも、この上限を労基法に明記すべきであろう。安倍政権は「働き方改革」と称し、2017（平成29）年に、労基法等の改正を含む「実行計画」を決定したが、所定外労働時間について罰則付きの上限を新設しているものの、繁忙期の残業時間の上限を、過労死ラインをはるかに超える100時間とするなど、長時間労働の是正には程遠い内容となっている。

### (2) 雇用保険と雇用政策の課題

　ILO（国際労働機関）の集計（2014年）をみると、失業給付を受けていない失業者の割合はドイツが13%、フランスが18%、イギリスが40%であるのに対し、日本は78%で、OECD（経済開発協力機構）加盟国（単純平均44.8%）の中でも突出して高い。雇用保険の失業給付の要件が厳しいうえに、セクハラやパワハラを受けた結果による退職など、実際は会社都合退職であるにもかかわらず、自己都合退職にさせられている事例が相当数あるからである（自己都合退職の3割程度との推計もある）。

　いずれにせよ、自己都合退職による給付制限の緩和も含め雇用保険の受給要件を大幅に緩和する必要がある。本来であれば、非正規労働者も含め労働者すべてを雇用保険の適用対象にすることが望ましい。また、失業手当の給付日数（最大で360日）の弾力的な延長などが行われるべきだろう。そして、より根本的な解決策として、失業扶助制度の創設が必要と考える。イギリス、ドイツ、フランス、スウェーデンでは、失業給付期間を超えても、減額はされるが一定額の給付が失業者に支給される失業扶助制度が存在する。失業扶助制度は、失業保険の給付期間を超えた失業者だけでなく、失業保険に未加入だったり給付の条件を満たさない失業者も、一定の条件を満たせば給付される。日本でも、公費負担

による失業扶助制度を創設すべきである。

　日本における失業時の生活保障の不十分さは、どんなに劣悪な労働条件の仕事でも就かざるをえない人を増やし、表面上の失業率の低下と引き換えに、さらなる労働条件の悪化と賃金の下落を招き、ワーキングプアを必然的に増大させている。失業扶助制度をはじめとする失業時の生活保障の拡充は、賃金の上昇と労働条件の改善をもたらし、健全な労働市場の創出にもつながるはずである。

　しかし、安倍政権は、雇用調整助成金を大幅に減額する一方で、企業のリストラ支援策ともいうべき労働者移動支援助成金を大幅増額している。また、2017（平成29）年には、雇用保険法が改正され、国庫負担率が3年間の時限的とはいえ、13.75％から法律本則（25％）の1割の2.5％にまで大幅に引き下げられた。雇用保険財政の黒字を理由としてだが、黒字分は受給要件を緩和し、受給者拡大の財源に用いるべきであろう。

# 第8章　社会保障と社会保障法理論の課題

　最終章の本章では、これまでの社会保障の法制度の各論的考察を踏まえ、財源問題を中心に社会保障全般にわたる課題と、社会保障給付の引き下げと患者・利用者負担増の政策が続く状況での社会保障法理論の課題を展望する。

## 第1節　社会保障の課題—財源問題

### 1　社会保障財源としての消費税

#### (1)　社会保障・税一体改革と消費税の社会保障財源化
　現在の日本の社会保障は、国際化・高齢化・少子化など社会経済状況の変化の中、さまざまな課題を抱えているが、最大の課題は、やはり財源問題であろう。2017（平成29）年度予算でみると、厚生労働省の一般会計予算30兆6873億円（対前年度当初予算1.2％増）のうち、社会保障関係費は実に30兆2483億円（同1.3％増）を占め、増え続けている。この増大する社会保障費用の財源をどこに求めるかという問題である。
　そして、日本では、消費税が社会保障の主要な財源と位置づけられてきた（いる）。消費税は、その導入の当初から、社会保障財源に充てるとされ、社会保障の充実と称して、税率の引き上げが行われてきた（3％→5％→8％）。もっとも、消費税の社会保障目的税化が「社会保障・税一体改革」として、鮮明に打ち出されたのは民主党政権の時である。
　すなわち、2012（平成24）年2月、当時の野田佳彦内閣のもとで「社会保障・税一体改革大綱」（以下「一体改革大綱」という）が閣議決定された。「一体改革大綱」では「消費税収（国分）は法律上、全額社会保障4経費（制度として確立された年金、医療及び介護の社会保障給付

並びに少子化に対処するための施策に要する費用）に充てることを明確にし、社会保障目的税化するとともに、会計上も予算等において使途を明確化することで社会保障財源化する」と明記された。「一体改革大綱」を受け、同年3月に、消費税率の引き上げなどを内容とする消費税法等改正2法案（社会保障の安定財源の確保等を図る税制の抜本的な改革を行うための消費税法の一部を改正する等の法律案、社会保障の安定財源の確保等を図る税制の抜本的な改革を行うための地方税法及び地方交付税法の一部を改正する法律案）が国会に提出され、6月には、民主党と自民党・公明党の3党による協議が行われて法案の修正（以下「3党修正」という）がなされたうえで、8月に成立した。しかし、成立した改正消費税法では、消費税の増収分について、後述の社会保障4経費の費用に充てるとされたものの、社会保障目的税化についてはあいまいな規定にとどまった。[1]

　この改正消費税法とともに成立したのが社会保障制度改革推進法である。日本弁護士連合会（日弁連）は、社会保障制度改革推進法案が国会に提出された段階で、「社会保障制度改革推進法案に反対する日本弁護士連合会会長声明」（2012年6月25日）を公表し、同法案は「安定した財源の確保」「受益と負担の均衡」「持続可能な社会保障制度」の名のもと、国の責任を「家族相互及び国民相互の助け合いの仕組み」を通じた個人の自立の支援に矮小化するもので、国による生存権保障および社会保障制度の理念そのものを否定するに等しく、憲法25条1項・2項に抵触するおそれがあると批判している。こうした社会保障制度改革推進法が、消費税の増税法とともに成立したことは、「社会保障・税一体改革」のねらいが、消費税増税による社会保障の充実ではないことを如実に物語っている。

　その本当のねらいは、法人税減税の穴埋めとしての消費税増税と社会保障の削減を一体的に実現することにあったといえる。そして、前述したように、安倍政権は、消費税率の引き上げを2度にわたり延期し、そ

---

1　この間の経緯については、伊藤・消費税 41-44頁参照。

第8章 社会保障と社会保障法理論の課題

れを口実に、社会保障削減をさらに加速させている。

(2) **予算のすげ替えというトリック**

そもそも、2014（平成26）年4月に、消費税率が8％に引き上げられたにもかかわらず、社会保障が充実するどころか、削減されているのはなぜか。

政府は、消費税率8％引き上げの初年度の増収分は5.1兆円と見込み、基礎年金の財源不足分に2.95兆円、後代への負担のつけ回しの軽減に1.45兆円、社会保障の充実に5000億円を配分すると説明している。これをみると、大半は社会保障の安定化に使われ、充実は増収分の1割にすぎない。2015（平成27）年度予算でみても、消費税増収分（8.2兆円程度）のうち、社会保障の充実に回されるのは、1.35兆円と2割程度にすぎない。

また、政府は「後代へのつけ回し」の表現にみられるように、社会保障の費用の大半を借金で賄っているかのような説明しているが、社会保障費は、他の歳出項目と同様、国債を含めた歳入全体から支出されており、所得税や法人税などの税収によっても賄われている。歳入に占める国債の割合は4割程度で推移しているから、それで案分しても、社会保障費のうち借金に依存しているのは4割程度と推計される。そして、社会保障の安定化に消費税収を用いるということは、これまで社会保障に充てられてきた法人税収や所得税収の部分が浮くことを意味する。いわゆる予算のすげ替えである。つまり、消費税増税による増収分の大半は、社会保障の安定化と称し、法人税減税などによる減収の穴埋めに使われていることになる。

(3) **法人税減税と消費税増税はセット**

実際、消費税の増税にあわせるかのように、法人税の減税が行われてきた。すでに、民主党政権のときの2012（平成24）年より、法人税率は30％から25.5％に引き下げられていたが（法人税の実効税率は4％引き下げられ35.64％に）、安倍政権になると、成長戦略の一環として法人

287

税減税が加速する。まず東日本大震災復興のための復興特別法人税が1年前倒しして、2014（平成26）年3月末で廃止され（約8000億円の減収）、ついで、2015（平成27）年度には、法人税の実効税率がさらに32.11％にまで引き下げられた。そして、2016（平成28）年度には、消費税率を10％に引き上げる際に、酒類と外食を除く飲食料品、新聞（定期購読契約が締結され週2回以上発行されているもの）について税率を8％に据え置く軽減税率（正確には「税率据え置き」というべきだが）の導入が決定されると同時に、法人税の実効税率が29.97％と、ついに20％台にまで引き下げられた。

　ここで、法人税の実効税率とは、法人税、法人住民税、法人事業税のほか、地方法人特別税、地方法人税を含む、企業など法人が負担している税額総額の法人所得に対する比率をいう。主要国でみると、アメリカは約40％、フランスは約33％、ドイツは約30％、イギリスは約28％などとなっており、日本の税率が高いことが指摘され、このことが法人税率の引下げの論拠となっている。しかし、法人税の実効税率は、計算上の表面的な税率を示したもので、実際の負担率を意味するものではない。日本の税制では、研究開発減税をはじめとする多くの減税措置（租税特別措置）があり、これらを利用できる大企業の実際の税負担率は、表面上の税率よりはるかに低くなっている。[2]

　こうみてくると、法人税減税は消費税増税とセットであることがわかる。法人税収と消費税収の推移のデータをみても、地方税分を含めた法人3税の税収は、政策減税や景気の低迷により減り続け、ピーク時の1989（平成元）年度の29.8兆円が、2014（平成26）年度は17.6兆円にまで落ち込んでおり、89年度以降の25年間の累計減収額は255兆円に達する。

　一方で、ほぼ同時期の26年間の消費税収の累計は、地方分を含めて282兆円となっており、消費税の増収分は、ほとんどが法人税の減税の穴埋めに使われていることとなる（図表15）。しかし、法人税を減税し

---

[2] 詳しくは、富岡幸雄『税金を払わない巨大企業』（文春新書、2014年）第1章参照。

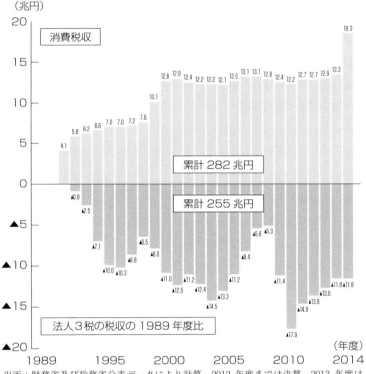

図表 15　消費税収と法人3税の減収額の推移

出所：財務省及び総務省公表データにより計算、2012年度までは決算、2013年度は国は補正後、地方は予算額、2014年度は国・地方とも予算額。消費税には地方分（1996年度までは消費譲与税、1997年度からは地方消費税）を含む。法人3税には法人税、法人住民税、法人事業税のほか、地方法人特別税、地方法人税、復興特別法人税を含む。

ても、減税分の利益の大半は、株主への配当や役員報酬、企業の内部留保となり（大企業の内部留保は、過去最大の313兆円に達している。2015年度）、労働者の賃金には十分回ってきていない。

## 2　税・社会保障による所得再分配の機能不全

　以上のような税制の空洞化と社会保障の削減は、税・社会保障の所得

再分配の機能不全をひきおこしている。

　所得再分配は社会保障のもつ主要な機能のひとつである。累進課税によって所得の高い人により多くの負担を求め、これを財源に、たとえば、生活保護のように、生活困窮者に対して必要な生活費を支給することで、高所得者から生活困窮者（低所得者）に対して所得が再分配される（垂直的再分配ともいわれる）。医療保険でも、所得に応じた保険料負担を求め、必要に応じて医療を提供することで、やはり所得の再分配が行われている。

　ところが、日本では、この間、所得税や法人税の累進性が緩和され、社会保障の中心をなす社会保険制度も、保険料の引上げや自己負担（医療費の自己負担、介護保険の利用者負担など）の増大、国庫負担の引き下げなどにより、きわめて保険主義的な制度に変容させられてきた。「負担なければ給付なし」という保険主義（原理）が強化されてきたといってもよい。2000（平成12）年に施行された介護保険制度が、利用者負担を所得に応じた応能負担から所得に関係ない応益負担に転換したうえに、低所得を理由とした保険料免除を認めず、月額1万5000円という低年金の高齢者からも年金天引きで保険料を徴収し（特別徴収）、給付費総額と保険料が連動するしくみを構築しており、保険主義を徹底した制度であった（第6章第2節参照）。2008（平成18）年には、後期高齢者医療制度が導入され、高齢者医療でも、保険料の年金天引き、高齢者医療費と保険料が直結するしくみがつくられた。また、国民健康保険料の滞納者への資格証明書・短期証の発行など保険料滞納者への給付制限も強化されている（第5章第3節参照）。

　こうした保険主義の強化は、保険料や応益負担分を払えない低所得者を保険給付から排除し（社会保険の排除原理）、必要な人が医療や介護の給付を受けられない事態を招くとともに、社会保障による所得再分配を機能不全に陥らせている。実際、社会保障による貧困削減効果は、日本は、OECD加盟国中で最低水準となっているばかりか、同加盟国において、日本は、政府による再分配（就労等による所得から税・保険料負担を引いて、社会保障給付を足した数値）の前後を比較すると、再分

配後で、子どもの貧困率が高くなる唯一の国となっている。税・社会保障による所得再分配が機能していないどころか、逆に貧困を増大させるという驚くべき事態を招いているのである。このことは、本来であれば、税や保険料が免除される所得水準の人にも税や保険料が賦課され、それらの人に対する社会保障給付（年金・手当）がきわめて少ないことを意味する。

## 3 消費税を社会保障財源とすることの問題点

### (1) 強い逆進性と社会保障の所得再分配の機能不全に拍車

前述のように、政府の説明では、「社会保障・税一体改革」により、消費税の税収が充てられる経費（地方交付税交付金を除く。国税分相当）は、基礎年金、高齢者の医療および介護保険にかかる公費負担の費用（高齢者3経費）に、少子化に対処する施策に要する費用（約0.7兆円）を加えた「社会保障4経費」とされている。しかし、このことは、社会保障4経費が増大すれば（高齢化の進展などで確実に増大していくが）、消費税率を引き上げるしかなくなることを意味する。逆に、消費税率の引き上げができない場合には、社会保障4経費の削減という選択を迫られる。

もともと、日本の消費税は、一部の例外を除いてほぼすべての商品やサービスの流通過程にかかるため、家計支出に占める消費支出（とくに食料品など生活必需品）の割合が高い低所得層ほど負担が重くなる逆進性の強い税である。高所得者ほど、株式投資や預貯金などの金融所得が多いため、所得比でみた消費税の逆進性はいっそう強まる傾向がある。

そのため、消費税を社会保障の財源に用いれば、前述のように、社会保障の所得再分配の機能不全に拍車をかけてしまうばかりか、消費税増税に対して国民の根強い反対があるから、増税ができず社会保障削減という政策選択がされやすいし、実際にそうなっている。

### (2) 貧困や格差を拡大する消費税

消費税という税制そのものの問題もある。

まず、消費税は、法人税や所得税のように利益に課税する税ではなく、事業の付加価値に課税する税のため、年商1000万円（消費税の免税点）以上の事業者であれば、事業が赤字であっても納税額が発生し、滞納が生じやすい。実際、消費税は、国税のあらゆる品目の中で最も滞納が多い。消費税法では、消費税の納税義務者は事業者とされているが、驚くべきことに、税を負担する者（担税者）についての規定がない。また、消費税分の価格への転嫁を事業者に義務付けた規定も、消費税の転嫁を事業者の権利と定めた規定もない。

　商品の価格は、自由市場の中で決まるため、消費税分は物価の中に埋没し、商品等の流通過程で誰が消費税分を負担しているかは明らかではなくなる。そして、消費税分の転嫁は、市場での競争力や力関係によって決まり、力関係において劣位に置かれている下請けや零細事業者などは、価格に転嫁できず、消費者から預かってもいない消費税分を、自腹を切って納付しなければならなくなる。結局、力の弱い中小零細企業・自営業者が負担を強いられるしくみで、滞納が多いのもそのためである。消費税の滞納が急増した1998（平成10）年（前年に消費税率が5％に引き上げられた）は、自殺者がはじめて年間3万人を超えた年でもあった。10％への消費税率引き上げは、転嫁ができず納税を迫られる中小企業・自営業者に壊滅的な打撃を与えることは必至だ。一方で、消費税は、輸出還付金などにより輸出大企業には大きな恩恵を与えている[3]。

　また、消費税は、間接的ながら雇用破壊税としての性質も有している。企業は、正社員を減らし、必要な労働力を派遣や請負などに置き換えれば、それらの経費は、消費税の「仕入れ税額の控除」の対象となるため（正社員への給与はならない）、当該企業の納める消費税の納税額が少なくなる。そのため、消費税の増税は、企業による正社員のリストラや非正規化・外注化を促進しやすい。実際、5％に消費税率が引き上げられた1997年以降、それに呼応するかのように、労働分野の規制緩和が進み、派遣労働者や非正規労働者が増大した。安倍政権のもとでも、2015

---

3　消費税の輸出還付金の問題については、湖東京至「消費税の何が問題なのか―不公平税制を払拭できない欠陥税制」世界852号（2014年）192-193頁参照。

（平成27）年9月、派遣労働による常用代替禁止原則を破棄するに等しい改正労働者派遣法が成立している。

以上のように、消費税は増税すればするほど、富める者がますます富み、貧しい者がますます貧しくなる、究極の不公平税制といえる。そして、消費税を社会保障の主要財源とすると、消費税の増税自体が、貧困や格差を拡大するので、それに対処するため、社会保障支出の増大が不可避となり、消費税を増税し続けなければならなくなる。増税ができなければ、社会保障を削減し、貧困と格差の拡大を放置するかしかない。消費税は、社会保障の財源として最もふさわしくないどころか、まさに社会保障の破壊につながる。そもそも、社会保障の費用すべてを消費税収で賄うことなど不可能であり、そうしている国など存在しない。社会保障の費用は、あらゆる税収で賄われるのが当然だからである。

## 4　社会保障財源の再構築

### (1)　憲法に基づく公正な税制の確立を—税制改革の方向

いずれにせよ、社会保障の財源は、逆進性の強い消費税ではなく、累進性の強い所得税や法人税などに求めるべきで、税の所得再分配機能を強化する税制改革が必要となる。

1997（平成9）年の消費税率の5％への引き上げ以降の税制改革（所得税・法人税の減税政策）と賃金所得の低下から、所得税・法人税の税収調達力が低下してきている。所得税収は、ピーク時（1991年度）の26.7兆円から、2015（平成27）年度で16.4兆円と10兆円以上減少し、法人税収もピーク時（1989年度）の19兆円から、11兆円と激減している。これに対し、消費税は、2014（平成26）年4月からの税率8％への引き上げで、2015（平成27）年度は17.1兆円と、法人税収、所得税収を抜いて、税収のトップにおどりでている。

税制の基本原則は、負担能力（税法では「担税力」といわれる）に応じた負担、すなわち「応能負担原則」にある。この原則は、憲法25条の生存権規定から導き出される規範的要請である。同時に、国民が「健康で文化的な最低限度の生活を営む権利」（憲法25条1項）を公権力が

侵害してはならない、つまり、最低生活費に食い込むような課税や保険料の賦課は行ってはならないという「最低生活費非課税原則」もそこから導き出される基本原則である。[4] 所得税は、所得が高いほど税率が高くなり（最高税率が下げられてきたという問題はあるが）、基本的に応能原則で貫かれているが、消費税は、逆進性の強い不公平税制である。応能負担原則に反する消費税が、所得税や法人税の税収を追い抜き国の税収の第一位となっているのは、どう考えても異常というほかない。

こうした異常ともいうべき不公平税制を是正するため、所得税や法人税の累進性を強化し、大企業や富裕層への課税を強化すべきである。日本の所得税率は1986（昭和61）年まで、15段階、最高税率70％（住民税の最高税率18％）であったが、現在は、7段階、最高税率45％（住民税の10％とあわせて最高税率55％）と累進性が大きく緩和されてきた。少なくとも、最高税率の水準を1986年の水準にまで戻せば、相当の税収増になるはずである。

また、法人税については、少なくとも、膨大な税収減をもたらしている法人税の減税は早急に中止すべきである。引き下げられてきた税率をもとに戻し、さらに引上げも検討すべきだろう。とくに、大企業（資本金10兆円超）に集中する租税特別措置法関係の減税が1兆1436億円、法人税法の租税特別措置の減税が4兆5152億円で合計5兆円を突破している（2013年度）。こうした減税をやめ、過度に引き下げられた法人税率をもとに戻せば、合計10兆円の財源が確保できるとの試算もある。[5] さらに、国の政策目的に沿って減税する租税特別措置の一部である政策減税も、2014（平成26）年度は、1兆2000億円にものぼり、減税額は民主党政権時から倍増している（「租税特別措置の適用実態調査」による）。まずは、租税特別措置の廃止、縮小により法人税の課税ベースを拡大する必要がある。

---

4　北野弘久（黒川功補訂）『税法学原論〔第7版〕』（勁草書房、2016年）122頁参照。
5　菅隆徳「大企業減税・消費税増税とアベノミクスの3年」税制研究69号（2016年）47頁参照。

## (2) 積立金の活用と社会保険料の累進性の強化

　社会保障の財源としては、税以外にも、年金積立金や社会保険料がある。これらについても適正運用や累進性の強化などの改革により、必要な財源確保が可能である。

　年金積立金についてみると、積立金を運用している年金積立金管理運用独立行政法人（GPIF）は、運用先として国内外株式の割合を大幅に引き上げたが（ともに12％→25％）、日経平均株価が、2016（平成28）年1月以降、世界同時株安により15％下落、これにより、単純計算しても10兆円近い損失が出たと推計される。そもそも、年金積立金は、被保険者から徴収された保険料の一部であり、将来の保険給付の貴重な財源であることから、専ら「被保険者の利益のために、長期的な観点から、安全かつ効率的に行う」よう規定されている（厚年79条の2）。しかし、年金積立金の運用に被保険者の意見を十分反映させるしくみがなく、責任の所在もあいまいなままでは、結局、だれも責任をとらず損失のツケは、年金保険料の引上げや年金給付削減として国民に回ってくる。国内外株式運用の割合をもとに戻し、法改正により年金積立金の市場運用をやめ（ちなみに、アメリカの年金積立金は、非市場の国債保有に充てられ、市場運用を行っていない）、運用の透明性を確保し安定運用を行うべきである。消費税に頼らずとも、年金積立金を10年かけて毎年10兆円ずつ取り崩せば（それでも30兆円の積立金が残る。ヨーロッパ諸国の積立金の残高は給付費1年分が通常）、基礎年金の生活保護基準までの引き上げは十分可能である[6]。

　ついで、社会保険料の累進性の強化と免除の拡大が必要となる。とくに、国民健康保険料・介護保険料・後期高齢者医療保険料については、収入のない人や低所得（住民税非課税）の被保険者の保険料は免除とし、保険料賦課上限を撤廃したうえで、応益負担部分を廃止するなどの抜本改革が不可欠である。社会保険料についても、憲法の要請する応能負担原則、最低生活費非課税原則は、当然適用されるべきである[7]。

---

[6] 同様の指摘に、山家悠紀夫「社会保障の財源を考える（下）―社会保障の支出を賄う財源は十分に生み出せる」保情475号（2016年）13頁参照。

## 第2節　社会保障法理論の課題―給付の引き下げと負担増の中の社会保障法理論

### 1　社会保障法理論における権利論の相対化

　社会保障の法理論については、給付の引き下げと削減、患者・利用者負担・保険料負担の増大が続く中、こうした政策に歯止めをかける社会保障の法理論の確立が課題となる。

　前述のように、1980年代に独立の法領域として確立した社会保障法学においては、社会保障の法的根拠と基本理念を憲法25条の生存権規定に求めるのが通説的見解であったし、国民の生存権実現のための政策規範や裁判規範の構築がめざされた（第1章第2節参照）。

　しかし、1990年代以降、社会保障法学説や実務において生存権の相対化の傾向がみられるようになってきた。社会保障法理論における権利論の相対化といってもよい。これは、1995（平成7）年の「社会保障の再構築」と題した社会保障制度審議会の勧告（以下「95年勧告」という）に典型的にみられる。「95年勧告」では、「権利性」が「普遍性」「公平性」「総合性」「有効性」と並ぶ社会保障推進の原則のひとつとして位置づけられており、もはや権利論あるいは生存権論のみで社会保障のあり方を論じ尽くせなくなったとの指摘がある。また、社会保障立法の制定や改正に対する批判の拠り所として、しばしば「生存権の理念」が持ち出されるが、その内容は空虚で、論者の価値観をそのまま移入してしまっているとし、解釈論の裏づけのない運動論的色彩の濃い立法政策批判となりがちとの指摘もなされている。

　こうした生存権もしくは権利論の相対化の背景には、福祉国家と呼ば

---

7　同様の指摘に、北野・前掲注(4)115頁参照。
8　菊池 56頁参照。
9　岩村正彦「社会保障改革と憲法25条」江頭憲二郎・碓井光明編『法の再構築Ⅰ・国家と社会』（東京大学出版会、2007年）114頁参照。

第 8 章　社会保障と社会保障法理論の課題

れた先進諸国において、低成長・高齢化（日本の場合には、これに少子化が加わる）による財政的制約の中で、社会保障の無制約の拡大が難しくなってきたことがある。とはいえ、日本の場合、戦後一貫して、社会保障に関しては権利の拡大ではなく、その未発達が問題視されてきたし、権利としての社会保障の確立があったともいいがたい。そして、権利救済の機関であるはずの裁判所も、堀木訴訟最高裁判決（最大判昭和57・7・7民集36巻7号1235号）に代表されるように、生存権実現についての広範な立法・行政裁量を認め、生存権実現を求める多くの訴えを退けてきた（第1章第2節参照）。また、社会保障の法理論も、解釈論に特化するあまり、生存権実現のための政策規範を示すどころか、立法政策に迎合的で、法制度や法改正の解説に終始する傾向が強まっている。

　こうしたなかで、「はじめに」でもみたように、安倍政権になって、社会保障削減が加速すると、生活保護基準や年金給付引き下げの違憲性・違法性を争う裁判が提起され、裁判所の側も、判断過程に踏み込んだ審査を行うようになってきた。そして、その審査過程で、給付引き下げが合理的とはいいがたい状況が明らかになり、これらの裁判の理論的根拠となる、実践的な社会保障法理論の確立が求められつつある。

　給付内容の削減、給付水準の引き下げ、給付要件の厳格化については、現在の社会保障法学説では、憲法25条2項の社会保障の向上増進義務にかかわる問題ととらえ、社会保障給付には、当然のことながら財政負担の問題が結びついており、財政の悪化等の関係で給付の切り下げ、支給要件の厳格化・制限等が行われる場合、立法府の政策選択の問題であるとして、憲法25条2項違反の問題は生じないという見解が有力である[10]。しかし、給付水準の引き下げ等の問題は、憲法25条全体にかかわる問題ととらえるべきであろう[11]。

　ここでは、生活保護の老齢加算廃止の違憲訴訟を契機にして、憲法学で再評価されつつある制度後退禁止原則をとりあげ、実践的な法理論の

---

10　掘・年金保険法 245頁も、年金水準を引き下げたりするなど、年金削減等を行う立法は、憲法29条1項および憲法25条2項違反の問題とする。
11　西村・入門 334-335頁参照。

*297*

## 2 社会保障給付の引き下げと制度後退禁止原則

### (1) 制度後退原則の意義

　制度後退禁止原則は、端的には「立法・行政裁量の行使により、正当な理由なく現行の給付水準が切り下げられないことの法的保障」とされ[12]、憲法25条の生存権の法的性格をめぐる通説たる抽象的権利説から導かれる原則とされている[13]。実定法では、生活保護法56条が「被保護者は、正当な理由がなければ、既に決定された保護を、不利益に変更されることがない」と規定し、「不利益変更禁止」を明文で定めており、学説でも、ドイツの判例で提示された判断過程の審査基準である①判断根拠の首尾一貫性、②判断の合理性を事後的に審査可能にするための判断の透明性などの法理を、生活保護基準引き下げの違憲審査の方法として用いるべきとの見解もある[14]。

　裁判例でも、憲法25条2項の国の社会保障等の向上増進義務を手がかりに、制度後退禁止原則を説く下級審の判決が、すでにいくつか存在している（朝訴訟に関する東京地判昭和48・4・24行集25巻4号274頁、塩見訴訟に関する大阪地判昭和55・10・29行集31巻10号227頁参照）。そして、老齢加算廃止をめぐる訴訟において、福岡高裁判決（平成22・6・14賃社1529＝1530号43頁）は、老齢加算廃止が、生活保護法56条に違反するとして、原告の請求を認めた。上告審の最高裁判決（平成24・4・2民集66巻6号2367号）は、生活保護法56条の適用を否定したものの、老齢加算の廃止に至る判断過程・手続の審査の余地は残している（第2章4参照）。

　学説では、憲法25条を根拠に、制度後退禁止原則が認められるかに

---

12　棟居快行『憲法学の可能性』（信山社、2013年）398頁。
13　棟居・前掲注(12)402-404頁参照。ただし、同原則については、法律によって具体化されたその内容が、単なる法律上の地位から憲法上の権利に格上げされる危険性を指摘するものもある。葛西まゆこ「生存権と制度後退禁止原則──生存権の『自由権的効果』再考」企業と法創造7巻5号（2011年）33頁参照。
14　木下秀雄「最低生活保障と生活保護基準」新講座3　155頁参照。

第8章　社会保障と社会保障法理論の課題

ついては議論があるものの、制度後退する場合（一旦具体化した水準を低下・後退させる場合）には、立法・行政裁量の幅は狭まり、そうする必要性についての相応の正当化が要求され、それゆえ裁判所はより慎重な判断過程審査を行うことが求められるという点では一致がみられる[15]。私見でも、制度後退に際しては、相応の正当化が要請され、制度後退に合理性があることの立証責任は、制度後退を行った立法・行政府側が負うべきと考える。

### (2) 社会権規約に規定された制度後退禁止原則とその判断枠組み

一方、日本が批准している国際人権A規約（経済的、社会的及び文化的権利に関する国際規約。以下「社会権規約」という）9条は「この規約の締結国は、社会保険その他の社会保障についてすべての者の権利を認める」と定め（第1章第1節参照）、社会権規約2条1項は、締結国に対して「立法措置その他全ての適当な方法」により、規約が認める権利の「完全な実現を漸進的に進める」こと、そのために「自国における利用可能な手段を最大限に利用すること」を求めている。このことから、社会権規約9条が規定する社会保障の権利について、後退的な措置をとることは禁止されていると解される。

この規定の解釈適用に関して、社会権規約委員会は「一般的意見19」（2007年）において[16]、「社会保障についての権利に関連して取られた後退的な措置は、規約上禁じられているという強い推定が働く、いかなる意図的な後退的措置が取られる場合にも、締結国は、それがすべての選択肢を最大限慎重に検討した後に導入されたものであること、及び、締結国の利用可能な最大限の資源の完全な利用に照らして、規約に規定

---

15　たとえば、高橋和之『立憲主義と日本国憲法〔第4版〕』（有斐閣、2017年）324頁、および葛西・前掲注⒀32頁参照。
16　国際人権規約は、独立の専門家からなる「条約機関」を設け、この条約機関が各国の条約の国内実施状況を監視するしくみをとっており、社会権規約でも「条約機関」として社会権規約委員会が設けられている。社会権規約委員会は、規約の各規定の解釈や実施に関する委員会の所見を「一般的意見」として随時採択している。これらの「一般的意見」は、法的拘束力を有するわけではないが、締結国は「一般的意見」を十分に尊重することが要請され、日本の裁判所も、同意見を尊重した解釈を行うことが求められる。

された権利全体との関連によってそれが正当化されること、を証明する責任を負う」として、そうした立法を行った側に立証責任を課している。

　その上で、正当性を証明するための検討事項として、①行為を正当化する合理的な理由があったか否か、②選択肢が包括的に検討されたか、③提案された措置および選択肢を検討する際に、影響を受ける集団の真の意味での参加があったか否か、④措置が直接的または間接的に差別的であったか否か、⑤措置が社会保障の権利の実現に持続的な影響を及ぼすか、既存の社会保障について権利に不合理な影響を及ぼすか、または個人もしくは集団が社会保障の最低限不可欠なレベルのアクセスを奪われているか否か、⑥国家レベルで措置の独立した再検討がなされたかを挙げている（UN Doc.E/C.12/GC/19.42）。

　老齢加算廃止訴訟についての大阪高裁判決（平成27・12・25賃社1663＝1664号10頁）は「憲法98条2項は、締結した条約及び確立された国際法規は、これを誠実に遵守することを定めているから、社会権規約の規定内容は、法や憲法の解釈に反映されるべきもの」とした上で、この社会権規約が制度後退禁止原則を規定していることを認定した。もっとも、同判決は、老齢加算の廃止については、激変緩和措置など必要な事項は検討されており、厚生労働大臣の裁量権の範囲の逸脱・濫用は認められないとして、その違憲性・違法性については否定しているが、社会権規約の規定する制度後退禁止原則が、法および憲法の解釈に適用されるとした判断枠組みを示した意義は大きい。社会権規約が示した判断枠組みにより、老齢加算廃止を正当化する事由を被告（厚生労働大臣）が主張立証できているかどうかを判断し、老齢加算廃止の違憲性・違法性を審査することが可能となるからである[17]。

　社会権規約の制度後退禁止原則についての判断枠組みは、現在、提訴されている生活保護基準や年金給付の引き下げを違憲・違法とする裁判についても適用できると考えられる[18]。

---

17　松山秀樹「社会権規約で規定する『制度後退禁止』を認定した兵庫生存権裁判大阪高裁判決」賃社1663＝1664号（2016年）6頁参照。

## 3　権利論の可能性

　給付の引き下げもさることながら、現在、医療・介護の給付費抑制のために、とくに高齢者を狙い撃ちにした保険料負担や患者・利用者負担の増大が行われている。前述したように、そもそも、医療や介護を必要とする要保障者が医療受診や介護を受けることを躊躇させるような負担増、さらには健康で文化的な最低限度の生活を営むことを脅かすような負担増は、免除権の侵害であり、憲法25条違反の余地がある（第1章第3節参照）。

　憲法25条1項が保障する「健康で文化的な最低限度の生活」水準は、現時点では、生活保護基準（生保8条）と考えることができる。そして、それを前提としたうえで、生存権（自由権的側面）の裁判規範性を認めるならば、生活保護基準以下の生活状態にある（もしくは、保険料賦課や負担増により生活保護基準以下の生活状態になることが確実な）低所得者に対する保険料の賦課等は、その人の「健康で文化的な最低限度の生活を営む権利」を侵害するという意味で、公権力による生存権の侵害に当たるといえる。少なくとも、そうした生活状態にある特定の人に、保険料が賦課される限りで違憲（適用違憲）になると解される。

　また、社会保障給付の受給者の多くは、生活に困窮していたり、高齢で傷病を抱えていたり、障害者であったりして、政治プロセスへの参加が容易でない（そもそも、子どもの場合には参政権も認められていない）。被保険者や給付受給者・サービス利用者の参加権については、これまでみてきたように、社会保険制度はともかく、生活保護法や社会福祉各法には、受給者や利用者の管理・運営への参加を制度化した規定はなく、生活保護受給者や福祉サービス利用者の運営の参加を法定化していくことが、今後の課題といえる（第6章第6節参照）。何よりも、福祉サービスの利用者の権利保障という観点から、つまり権利論の観点か

---

18　社会権規約の判断枠組みを用いて、年金給付の引き下げ（特例水準の解消）の違憲性・違法性を指摘したものに、伊藤周平「年金給付の引き下げと年金受給権」法学論集51巻2号（2017年）22-25頁参照。

ら、社会福祉における給付金方式・直接契約そのものの妥当性が問われるべきであり、その転換が必要となろう。これらの理論的検討は、今後の課題としたい。

# あとがき

　本書は、鹿児島大学法科大学院・法文学部法政策学科での筆者の「社会保障法」の講義をもとに、社会保障を学ぶ学生のみならず、研究者、法曹・公務員・社会保険労務士などの実務家の方々に広く利用されることを目的として、書き下ろしたものである。

　鹿児島大学法科大学院は、2017年3月末で廃止となり、法文学部法政策学科も改組により、4月から法経社会学科と名称をかえ、筆者自身も、法科大学院から法経社会学科・法学コースに移籍になった。それに伴い、学部の2年生～4年生を対象に、「社会保障法」の講義を通年で担当することとなり、その講義用のテキストとして、また法科大学院での授業の成果を残しておきたいという意図もあり、本書を執筆した。同時に、本書でもふれたように、安倍政権のもとで進む社会保障の給付引き下げに対抗する裁判運動の理論的支柱となる社会保障法理論の構築、さらには安倍政権の社会保障削減に対峙する社会保障拡充の対案の提言に、少しでも寄与できればと思いもあった。本書がどこまでそれに寄与できたかは、心もとないところもあるが、あとは読者の叱責を待つしかない。

　ところで、その安倍政権の暴走がとまらない。2017年6月15日には、改正組織犯罪処罰法、いわゆる「共謀罪」法が、参議院法務委員会の採決を省略し、中間報告を経て、参議院本会議で採決され可決・成立した。国連の専門家も懸念を表明し、国会審議でも政府の答弁は二転三転して、疑問点がますます膨らんでいったにもかかわらず、安倍政権は、それらにまともに応えることなく（安倍首相の答弁をみてもわかるが、そもそも、まともに応える気もないし、応えることもできないのだろう）、強行的に成立させた。採決強行の背景には、森友学園・加計学園問題で、

国会において野党に追求されることをおそれ、また7月2日の東京都議会選挙への影響を懸念し、さらには「共謀罪」法の問題点が国民に広く知られないうちに、6月18日までの国会会期を延長することなく、早く国会を閉じてしまいたい、国会を閉じればやがて人々は忘れるだろう、との安倍政権の思惑があった。そもそも反対意見や批判に耳を傾け、説得により合意を作り上げるのが民主主義のあるべき姿である。数の力で、反対意見や批判の声を封殺するのは、民主主義の否定であり、暴挙というほかない。とはいえ、その後、自民党議員（当時）の秘書への暴言・暴行疑惑、稲田朋美防衛相の法令違反の失言、下村博文自民党都連会長（当時）をめぐる加計学園絡みの献金疑惑が相次ぎ、7月2日の東京都議選で、自民党は過去最低の38議席を大幅に下回る23議席と歴史的惨敗を喫し、安倍政権の思惑はもろくも崩れ去った。

　成立した「共謀罪」法は、現代の治安維持法ともいわれる法律である。同法は、一定の犯罪を2人以上で計画（共謀、合意）したもの者は、そのいずれかにより「準備行為」が行われたときは、全員を刑に処するというものだが（6条の2第1項）、一定の犯罪には、業務妨害、傷害、窃盗、背任、著作権侵害など一般的な犯罪類型が多数含まれている（これらに「共謀罪」を付した277の犯罪類型が追加される）。犯罪実行行為ではなく、計画に基づき、何らかの外形行為があれば、それが準備行為として罰せられるのだが、準備行為の範囲があいまいなため、準備行為はその目的（共謀内容）により評価されるしかない。国会審議でも話題になったが、たとえば、花見に双眼鏡を持参することが、犯罪の下見という目的があれば準備行為と認定され罰せられ、その目的がなければ罰せられない。しかし、これは、何が犯罪であり何が犯罪でないかは法律により明確に定められなければならないという、近代刑法の大原則たる「罪刑法定主義」に明らかに違反する。つまるところ、共謀罪の成立には、合意（共謀）の事実そのものを立証しなければならないが、共謀を裏付ける直接的な物的証拠は、その場で聞いたという共犯者の自白（密告）か、会話・メール等の傍受（盗聴など）しかない。通報という

名の密告が奨励され（実際、同法では通報者は減刑される）、警察による一般市民の監視、もしくは密告を目的にした市民運動へのスパイ活動が必然的に強化されるだろう。

　量刑にも大きな矛盾がある。傷害罪（15年以下の懲役または50万円以下の罰金）には未遂罪も予備罪もないが、傷害共謀罪は5年以下の懲役または禁錮とされる。未遂も予備も処罰されないのに、共謀だけ行って実行しなかった場合には処罰される矛盾をどう説明するのか。しかも、既遂でも罰金刑があるのに、共謀では懲役・禁錮しかない。

　結局、「共謀罪」法の最大の目的は、テロ防止のためなどではなく、安倍政権に批判的な市民運動を萎縮させることにある。ただですら「空気」を読み、権力への抵抗文化が育っていない、「忖度社会」といわれる日本である。ＮＨＫをはじめとして、日本のマスコミは、現在ですら、安倍政権に「忖度」して、政権批判を抑制する傾向にあるのに（ようやく、加計学園問題で、朝日新聞や毎日新聞が政権批判をはじめるようになったが）、このままでは、監視の対象となるおそれから、政権批判の萎縮が拡大する可能性が高い。運用面での改善は望めず、将来的な政権交代により、「共謀罪」法は廃止するしかない。

　国民の多くは、いま生活や老後の不安を抱え、比較的安定している（ようにみえる）現在の経済状況と政権が続いてほしいと考えているのかもしれない。「共謀罪」法についても、「監視の対象は犯罪者だけで、自分たちには関係ない」と考えている国民が多数なのであろう。しかし、国民の生活や老後の不安を増幅させているのは、ほかならぬ安倍政権による社会保障削減なのである。多くの国民は、消費税が増税されても、社会保障は充実しないこと、消費税を社会保障の財源とすることには無理があるのではないかと気づきはじめている。だからこそ、いまの安倍政権の社会保障削減の内容をわかりやすく伝え、社会保障充実のための明確な対案を示すこと、消費税に依存しない社会保障の財源を提示することができれば、安倍政権の支持層の大半を占める消極的支持層（他の内閣よりよさそう）を、選挙行動において与党支持から不支持に変える

ことができるのではないだろうか（実際、都議選の結果は、「都民ファーストの会」のような自民党にかわる受け皿さえあれば、有権者はいつでも自民党を離れることを示している）。私自身、そうした対案提示に向けて、そして社会保障の充実に向けて、今後も研究を続けていきたいと考えている。

　最後に、本書の成立にあたっては、さまざまな形で多くの方々の助言や援助をいただいた。個々にお名前を挙げることはできないが、学習会の場や個別の取材に対して、貴重な時間をさいて、お話を聞かせてくださった障害者や高齢者の方々、保育士や介護士の方々、さらに生活保護基準引き下げ違憲訴訟および年金引き下げ違憲訴訟の原告や弁護団、支援者の方々に、この場をかりて改めて感謝申し上げたい。そして、前著（『社会保障改革のゆくえを読む－生活保護、保育、医療・介護、年金、障害者福祉』）からお世話になった自治体研究社の寺山浩司さんには、今回も企画の段階から索引作成に至るまで、根気よく付き合っていただいた。厚くお礼を申し上げたい。

　2017年7月

伊藤周平

# 事項索引

## あ行

秋田市国民健康保険条例事件　146
旭川市国民健康保険条例事件　146
朝日訴訟　5, 28, 30, 40, 41, 56, 67
育児休業給付　258, 279, 280
医師法　129, 153
遺族基礎年金　85, 102, 103
遺族厚生年金　42, 102, 103
遺族補償給付　269-272
遺族補償年金　272
一般基準　64, 66, 67
医療事故調査制度　157, 159
医療費適正化計画　152, 164
医療扶助　53, 58, 69, 71, 72, 81, 129, 149, 159, 190
医療法　4, 129, 135, 142, 153-157
医療法人　154, 249
運営費適正化委員会　244
応益負担　46, 173, 174, 227-229, 290, 295
応益割　145, 146
応能負担　24, 46, 47, 143, 144, 171, 172, 174, 175, 192, 216, 222, 227-229, 290, 293-295
応能割　145, 146
岡田訴訟　30

## か行

介護休業給付　258, 279, 280
介護サービス計画　39
介護報酬　173, 186, 199-202, 250, 254
介護保険事業計画　49, 158, 159, 194
介護保険事業支援計画　158
介護保険施設　157, 179, 183, 186, 193, 198-201, 250
介護保険審査会　49, 245
介護保険法　4, 25, 26, 49, 72, 127, 133, 147, 172, 181-183, 185, 187-191, 193-197, 200-203, 238, 241, 244-247, 249, 252, 253
介護保険料　34, 35, 46, 109, 151, 183, 188, 189, 193-196, 201, 202, 238, 295
介護保険料加算　68, 72
介護補償給付　269, 270, 274
学生納付特例制度　84, 98, 104
学生無年金障害者訴訟　101, 113, 120
確定給付企業年金　89
確定拠出年金　90
学童保育（放課後児童健全育成事業）　211
可処分所得スライド制　84
家族療養費　131, 135
家庭裁判所　62, 63, 99, 116, 217, 218, 241, 242
家庭的保育事業　214, 215, 225
仮の義務付け　48, 80, 221, 246
過労死　266, 282, 283
過労自殺　266, 267, 282
過労死等防止対策推進法　266
患者申出療養　141, 142
基礎年金拠出金　88, 89

307

義務付け訴訟　48, 80, 216, 221, 246
キャリーオーバー制度　108
休業補償給付　269-271, 273
救護法　51, 57
求職者給付　275, 277, 279
求職者支援制度　280, 281, 282
救貧法　19, 51
教育訓練給付　240, 258, 275, 279
協会けんぽ（健康保険協会管掌健康保険）　128, 144, 150-152, 166, 167
行政事件訴訟法　48, 80, 139, 245
行政処分　39, 43, 47, 78, 79, 95, 130, 136, 139, 155, 171, 187, 206, 214, 217, 221, 223, 230, 245, 263, 270
行政手続法　43, 44, 78, 79, 81, 203, 218, 244, 245
行政不服審査法　47-49, 79, 107, 245, 246
業務起因性　263-267
業務上傷病　125
業務遂行性　263-265
居宅保護　69, 73
苦情解決　243, 244
具体的権利説　27, 28
経済協力開発機構（OECD）　117, 239
経済財政諮問会議　166
軽費老人ホーム　249
健康管理手当　33, 160
健康保険法　25, 125, 128, 130, 131, 133, 134, 136, 150, 155, 156, 162
減点査定　137-139
原爆被爆者援護法　129
権利擁護　178, 182, 193, 233, 241
合意分割制度　99
高額療養費　3, 133, 134, 162, 165
後期高齢者医療広域連合　149

後期高齢者医療制度　127, 128, 149-151, 164, 167, 290
後期高齢者支援金　150, 152
公共職業安定所　259, 261, 277, 279, 282
後見人　45, 115, 192, 193, 217, 218, 241, 242
公衆衛生　5, 21, 22, 159, 226
厚生年金基金　87, 89
厚生年金保険法　25, 83, 85, 92, 102-104, 115, 273
公的責任原則　47
公的扶助　19-23, 25, 26, 29, 49, 51-53, 70, 111, 112, 123, 169, 257
高年齢雇用継続給付　279
高年齢者雇用法（高年齢者等の雇用の安定等に関する法律）　109
高齢者医療確保法（高齢者の医療の確保に関する法律）　25, 127, 128, 149, 152
高齢者虐待防止法（高齢者虐待の防止、高齢者の養護者に対する支援等に関する法律）　45, 182, 200
国際人権A規約（経済的、社会的及び文化的権利に関する国際規約）　20, 299
国際労働機関（ILO）　19, 283
国民健康保険協議会　143
国民健康保険組合　125, 128, 143
国民健康保険審査会　48, 49, 129
国民健康保険団体連合会　137, 164, 244
国民健康保険法　4, 25, 125, 127, 128, 130, 146-149, 155, 162, 164
国民健康保険料　34, 46, 144-147, 163, 190, 290, 295

国民年金基金　89
国民年金法　25, 32, 33, 83, 85, 87, 90-93, 98, 103, 107, 108, 112, 115, 118, 120
国家公務員災害補償法　273
国家賠償法　33, 61, 122, 223, 251-253
子ども・子育て支援法　179, 207, 209-212, 214, 220, 224-246, 253
子ども・子育て支援新制度　47, 123, 203, 207, 224
雇用安定事業　259, 262, 280, 281
雇用継続給付　275, 279
雇用調整助成金　281, 284
雇用保険法　25, 255, 257, 259-261, 275, 277, 281, 284
混合診療　140, 141, 187

# さ　行

サービス付き高齢者向け住宅　198, 199
災害補償　25, 125, 255, 256, 270, 274, 275
財政安定化基金　163, 194
財政検証　84, 105, 106, 110
裁定　36, 37, 39, 93-95, 97, 100, 109, 121
最低生活費非課税原則　294, 295
査察指導員　74
3号分割制度　99
塩見訴訟　29, 30, 32, 298
資格証明書（被保険者資格証明書）　42, 147-149, 151, 290
支給認定　33, 162, 176, 210, 212, 213, 224, 246
事業者拠出金　115
自己決定権　45

資産調査　23, 25, 26, 111, 112
事情判決　223
次世代育成支援対策推進法　207
自治事務　170, 178, 180, 195
市町村国保（市町村管掌国民健康保険）　128, 129, 131, 135, 142, 144, 149-151, 184
失業等給付　262, 275
失業扶助　19, 111, 257, 283, 284
失業保険　19, 111, 257, 283
指定管理者方式　224
児童委員　219
児童家庭支援センター　206
児童虐待防止法（児童虐待の防止等に関する法律）　45, 218
児童相談所　180, 217-219, 231
児童手当法　26, 113, 115, 117, 121
児童手当法勘定　115
児童の権利条約　204, 217
児童福祉法　25, 44, 47, 129, 169, 176, 204-207, 209, 211, 214-223, 225, 229, 231, 232, 240, 253
児童扶養手当法　26, 33, 112, 116, 118, 119, 239
児童養護施設　178, 206, 217-219, 251
社会医療法人　154
「社会救済（公的扶助）」　52, 53, 169
社会手当　6, 23, 26, 39, 111-114, 119, 121-124
社会福祉　5, 6, 21, 23, 25, 26, 35, 38, 44, 47, 49, 63, 159, 169, 170-172, 177-181, 190, 195, 197, 202-204, 223, 227, 241, 242, 244-246, 253, 254, 301, 302
社会福祉基礎構造改革　172
社会福祉協議会　59, 63, 177, 180, 242,

309

244
社会福祉主事　74, 181, 236
社会福祉法　38, 40, 169, 177-180, 197, 235, 241-244, 253, 254
社会福祉法人　38, 73, 169, 178-180, 220, 250, 251
社会復帰促進等事業　269, 271, 272, 274, 275
社会保険　19-26, 34, 41, 42, 46, 48, 49, 71, 83, 85, 87, 91, 92, 94, 96, 102, 103, 111, 112, 122, 124, 144, 147, 155, 173, 188, 195, 245, 257, 260, 290, 295, 299, 301, 307
社会保険審査会　48, 107, 245
社会保険審査官　48, 107
社会保険診療報酬支払基金　71, 137, 195
社会保障・税一体改革　85, 207, 285, 286, 291
社会保障制度改革推進法　286
重婚的内縁関係　103
就職促進手当　258, 279
住宅扶助　67, 69, 70, 81
重度訪問介護　229, 234, 238
収入認定　60
出産育児一時金　135
出産扶助　69, 72
障害基礎年金　26, 91, 100, 101, 104, 105, 112, 118, 120
障害厚生年金　100-102
障害支援区分　216, 229, 233
障害児通所支援　216, 217, 219
障害児入所支援　216
障害児福祉手当　119-121
障害者加算　66, 68, 191
障害者基本法　226, 227, 230, 234

障害者虐待防止法（障害者虐待の防止、障害者の養護者に対する支援等に関する法律）　45, 227
障害者権利条約　227, 230, 238
障害者雇用促進法（障害者の雇用の促進等に関する法律）　226, 227
障害者差別解消法（障害を理由とする差別の解消の推進に関する法律）　227, 230
障害者支援施設　235, 236
障害者総合支援法（障害者の日常生活及び社会生活を総合的に支援するための法律）　129, 159, 174, 216, 228-231, 233-238, 245, 253, 254
障害手当金　100
障害福祉計画　229, 234, 235
小規模保育事業　209, 212
消費税　4, 85, 87, 98, 107, 110, 161, 201, 285-288, 291-295, 309
傷病手当金　134, 135
傷病補償年金　257, 269, 271, 273, 274
所得制限　26, 42, 112, 114, 115, 123, 124, 127, 160
処分基準　43, 76, 78, 218
親権者　45, 218
審査基準　29, 30, 43, 76, 244, 298
審査請求　6, 47, 48, 77, 79, 80, 107, 130, 245, 246, 270
審査請求前置　48, 80, 107, 123, 245, 246, 270
申請主義　42, 43, 122
申請免除　92, 104
身体障害者手帳　230
身体障害者福祉法　25, 169, 171, 174, 225, 227, 230, 232, 236, 244
診療報酬　3, 71, 135-139, 158, 164

スティグマ 81
生活困窮者自立支援法 82
生活福祉資金貸付 59
生活扶助 30, 62-65, 69, 72, 73
生活保護基準 3, 5, 25, 30, 37, 55, 65, 66, 80, 81, 90, 91, 97, 98, 110, 167, 196, 295, 297, 298, 300, 301, 310
生活保護法 3, 25, 26, 31, 44, 49, 52, 53, 56, 57, 60-68, 72, 74, 77-82, 129, 159, 169, 190, 196, 298, 301
生業扶助 69, 72
生計維持要件 102
精神保健福祉センター 236
精神保健福祉法（精神保健及び精神障害者福祉に関する法律） 227, 231, 232, 236, 237
生存権 5, 6, 26-32, 37, 38, 47, 56, 80, 90-92, 97, 183, 204, 286, 293, 296-298, 300, 301
制度後退禁止原則 31, 69, 297-300
成年後見制度 192, 233, 241, 242
成年後見制度利用支援事業 242
世界人権宣言 20, 27
世帯単位の原則 64, 68, 69
全額徴収原則 47, 222
前期高齢者納付金 151, 152
葬祭扶助 69, 72
相談支援 216, 231-235, 238, 240, 245
租税特別措置 288, 294
租税法律主義 33, 34, 124, 146, 147, 196, 222
措置制度 40, 47, 169, 171, 172, 174, 182, 206, 227, 237, 244, 252

### た 行

第1種社会福祉事業 178
第2種社会福祉事業 178
待機児童 207, 209, 212, 220
代行部分 89
他人介護料 66, 191
短期保険証 148
担税力 293
地域医療構想 156-159, 164, 166
地域医療支援病院 153
地域子ども・子育て支援事業 211
地域支援事業 183, 190, 195
地域生活支援事業 229, 231, 233-235
知的障害者福祉法 25, 170, 174, 225, 231, 236
地方公務員災害補償法 266, 272
地方自治法 74, 133, 223, 224
抽象的権利説 27, 28, 38, 298
聴聞 43, 44, 218, 245
通勤災害 25, 128, 257, 264, 265, 268, 269, 274
積立方式 103, 104
定額（包括）払い 137
出来高払い 137
適用違憲 196, 301
電通事件 267
冬季加算 68, 70
当事者訴訟 139, 141, 231
特定機能病院 137, 142, 153, 165
特定疾病 134, 165, 185, 186
特定健康診査・特定保健指導 152, 153, 167
特別加入制度 256
特別基準 64, 66, 67, 70, 191
特別支給金 271, 272, 274, 275
特別児童扶養手当 112, 119-121
特別児童扶養手当等の支給に関する法律 113

特別障害給付金法（特定障害者に対する特別障害給付金の支給に関する法律）　26, 113, 119
特別障害者手当　112, 119-121
特別徴収　149, 151, 194, 201, 290
特別養護老人ホーム　40, 178, 182, 186, 192, 197-200, 202, 203, 247, 248, 250
特例水準　4, 85, 87, 97, 117, 301
取消訴訟　6, 39, 48, 69, 73, 77, 79, 80, 91, 139, 156, 171, 223, 224, 238, 245, 246, 270

## な　行

永井訴訟　122
中嶋訴訟　3, 60, 69
難病医療法（難病の患者に対する医療等に関する法律）　129, 161, 162
難民条約（難民の地位に関する条約）　57, 130
二次健康診断等給付　269, 274
日本国憲法　5, 20, 26, 56, 90, 299
日本赤十字社　73
日本年金機構　85, 87, 88, 92
日本弁護士連合会（日弁連）　118, 286
入院時食事療養費　134, 165
任意継続被保険者制度　131
任意後見契約に関する法律　242
妊産婦加算　68
認定こども園　207, 209, 210, 212-215, 219, 220, 225
年金生活者支援給付金　85, 87
年金積立金　105-107, 110, 295
年金積立金管理運用独立行政法人（GPIF）　106, 295
年金特別会計　115

能力開発事業　259, 262, 280, 281

## は　行

働き方改革　283
必要充足原則　52, 169
必要即応原則　64, 68
被爆者援護法　33, 159, 160
病床機能報告制度　156, 157
貧困ビジネス　73
賦課方式　103, 104
福祉国家　20, 296
福祉サービス利用援助事業　241, 242
福祉事務所　73-75, 121, 180, 181, 236, 240
福祉六法　26
藤木訴訟　72
普通徴収　151, 194, 196
物価スライド制　65, 84, 92, 117
不利益処分　43, 77-80, 245
プログラム規定説　27, 28
併給制限（併給調整）　30, 41, 42
「ベヴァリッジ報告」　19
弁明の機会の付与　43, 44, 78, 79
保育所　40, 44, 47, 170, 172, 176, 178, 203, 205, 206, 209, 210-216, 219, 220-225, 246
保育料　47, 206, 209, 210, 222, 223
報酬比例年金　83
法人税　110, 286-288, 290, 292-294
法定受託事務　74, 180
法定免除　92, 104
訪問看護療養費　134
ホームレスの自立の支援等に関する特別措置法　58
保険医療機関　39, 131-140, 155, 156, 187, 251

事項索引

保険外併用療養費　140, 141, 165
保険財政共同安定化事業　164
保健師助産師看護師法　129
保険料水準固定方式　84, 105
保護施設　69, 73, 240
保護請求権　53, 69, 74
母子及び父子並びに寡婦福祉法　26, 170, 238-240
母子加算　68
母子生活支援施設　206, 219, 240
補足給付　198
補足性原則　25, 58
捕促率　55
堀木訴訟　29, 30, 32, 33, 118, 273, 297

ま　行

牧野訴訟　33
マクリーン事件　31
マクロ経済スライド　3, 84, 85, 93, 101, 108-110
水際作戦　43, 63, 75, 81
宮訴訟　33, 96, 298
民生委員　74, 181, 219
無差別平等原則　52, 57, 169
メタボリックシンドローム　152
メリット制　262

や　行

輸出還付金　292
養育費　115, 117, 239
要介護認定　39, 173, 183, 185, 187, 233, 244, 245, 254
養護老人ホーム　35, 171
幼保連携型認定こども園　219, 220, 223
予防接種法　159-161

ら　行

理由提示　43, 44, 76
利用調整　211, 214, 216
療養担当規則（保険医療機関及び保険医療療養担当規則）　135, 136, 138, 139
療育手帳　231
療養の給付　25, 39, 131, 133-137, 139, 140, 151, 187, 270
療養補償給付　269-271, 273
労災就学援護費　275
労災保険法（労働者災害補償保険法）　25, 125, 131, 255, 256, 259-261, 263, 265, 268, 272, 274
老人福祉法　25, 35, 125, 170-172, 176, 182, 190-193
老人保健施設　127, 153, 183, 186, 203, 238, 247-249
老人保健福祉計画　170, 182
労働基準監督署　259, 263, 270, 273
労働基準法　131, 255
労働者災害補償保険審査官　270
労働者派遣法　53, 293
労働保険審査会　48, 270
労働保険の保険料の徴収等に関する法律　257
老齢加算　30, 68, 69, 80, 81, 297, 298, 300
老齢厚生年金　84, 89, 96, 98, 99, 101-103, 109

わ　行

ワーキングプア　54, 118, 239, 284
ワイマール憲法　26

# 判例索引

●最高裁判所

最大判昭和23・9・29刑集2巻10号1235頁　　27
最大判昭和33・2・12民集12巻2号190頁　　23,24,130
最大判昭和42・5・24民集21巻5号1043頁　　28,40,56,67
最判昭和48・12・20民集27巻11号1594頁　　138
最判昭和49・5・30民集28巻4号594頁　　129
最判昭和49・9・2民集28巻6号1135号　　265
最判昭和50・10・24民集29巻9号1417頁　　264
最判昭和53・3・30民集32巻2号435頁　　160
最判昭和53・4・4判時887号58頁　　139
最判昭和53・7・12民集32巻5号946頁　　36,97
最大判昭和53・10・4民集32巻7号1223頁　　31
最判昭和53・10・20民集32巻7号1367頁　　251
最判昭和56・4・22行集32巻4号593頁　　33
最大判昭和57・7・7民集36巻7号1235頁　　29,118
最判昭和57・12・17訴月29巻6号1074頁　　30
最判昭和58・4・14民集37巻3号270頁　　103
最判昭和58・10・13民集37巻8号1108頁　　271
最判昭和60・1・22民集39巻1号1頁　　76
最判昭和61・10・17判時1219号58頁　　139
最判平成元・3・2判時1363号68頁　　30
最判平成2・7・20保情163号23頁　　222
最判決平成2・9・6保情165号34頁　　222
最高判平成3・4・19民集45巻4号367頁　　161
最判平成5・7・19判例集未登載　　36
最判平成7・11・7民集49巻9号2829号　　41,95,96
最判平成8・3・5民集178号621頁　　266
最判平成8・11・28判時1589号136頁　　261
最判平成10・9・10判時1654号49頁　　122
最判平成12・3・24民集54巻3号1155頁　　271

最判平成13・9・25判時1768号47頁　　　31,58
最判平成14・1・31民集56巻1号246頁　　　33,119
最判平成15・9・4判時1841号89頁　　　275
最判平成16・1・15民集58巻1号226頁　　　130
最判平成16・3・16民集58巻3号647頁　　　3,60
最判平成16・4・27民集58巻4号1032頁　　　253
最判平成17・7・15民集59巻6号1661頁　　　156
最判平成17・9・8判時1920号29頁　　　156
最判平17・11・21民集59巻9号2611頁　　　135
最大判平成18・3・1民集60巻2号587頁　　　34,147
最判平成18・3・28判時1930号80頁　　　196
最判平成18・6・13民集60巻5号1910頁　　　160
最判平成19・1・25判時1957号60頁　　　251
最判平成19・3・8民集61巻2号518頁　　　103
最判平成19・6・28判時1979号158頁　　　261
最判平成19・9・28民集61巻6号2345頁　　　101,120
最判平成19・11・1民集61巻8号2733頁　　　33
最判平成20・2・10金判1056号6頁　　　94
最判平成20・10・10判時2027号3頁　　　100
最判平成21・11・26判時2063号3頁　　　224
最判平成23・6・7民集65巻4号2081頁　　　77
最判平成23・10・25民集65巻7号2923頁　　　141
最判平成26・4・2民集66巻6号2367号　　　68,298
最判平成26・7・18賃社1622号30頁　　　57
最高判平成26・10・23判時2245号10頁　　　78
最判平成27・9・8賃社1653号65頁　　　160

●**高等裁判所**

広島高岡山支判昭和38・9・23判時362号70頁　　　131
大阪高判昭和50・11・10行集26巻10＝11号1268頁　　　29,118
東京高判昭和54・7・19判タ397号75頁　　　138
東京高判昭和56・4・22行集32巻4号593頁　　　33
大阪高決昭和57・2・23判タ470号187頁　　　155
仙台高秋田支判昭和57・7・23判時1052号3頁　　　146
大阪高判昭和58・5・27判時1084号25頁　　　139
広島高岡山支判昭和63・10・13労判528号25頁　　　277

札幌高判平成元年・5・8 労判 541 号 27 頁　　　269
東京高判平成 4・11・30 判例集未登載　　　40
仙台高判平成 4・12・22 判タ 809 号 195 頁　　　131
大阪高判平成 5・10・5 訴月 40 巻 8 号 1927 頁　　　122
福岡高那覇支判平成 5・12・9 判時 1508 号 120 頁　　　281
福岡高判平成 10・10・9 判タ 994 号 66 頁　　　69
札幌高判平成 11・12・21 判時 1723 号 37 頁　　　146
名古屋高金沢支判平成 12・9・11 判タ 1056 号 175 頁　　　66
名古屋高裁金沢支判平成 12・9・11 賃社 1285 号 64 頁　　　191
大阪高判平成 13・6・21 判例自治 228 号 72 頁　　　171
東京高判平成 13・6・26 判例集未登載　　　231
大阪高判平成 13・10・19 賃社 1326 号 68 頁　　　75
東京高判平成 14・9・26 判時 1809 号 12 頁　　　243
東京高判平成 16・9・7 判時 1905 号 68 頁　　　95
仙台高判平成 16・11・24 判時 1901 号 60 頁　　　94
東京高判平成 17・3・25 判時 1899 号 46 頁　　　101
大阪高判平成 17・6・30 判例自治 278 号 57 頁　　　122
大阪高判平成 18・4・20 賃社 1423 号 62 頁　　　224
広島高判平成 18・9・27 判例集未登載　　　78
大阪高判平成 19・4・18 労判 937 号 14 頁　　　269
東京高判平成 20・1・29 判例集未搭載　　　223
東京高判平成 20・6・25 判時 2019 号 122 頁　　　265
東京高判平成 21・9・29 判タ 1310 号 66 頁　　　141
東京高判平成 21・9・30 賃社 1513 号 19 頁　　　243
福岡高判平成 22・6・14 賃社 1529 = 1530 号 43 頁　　　68,298
福岡高判平成 23・11・15 判タ 1377 号 104 頁　　　57
大阪高判平成 23・12・14 賃社 1559 号 21 頁　　　234
名古屋高判平成 25・4・26 判例自治 374 号 43 頁　　　44
大阪高判平成 25・6・11 賃社 1593 号 61 頁　　　61
広島高松江支判 25・11・27 金判 1432 号 8 頁　　　123
大阪高判平成 27・6・19 労判 1125 号 27 頁　　　273
大阪高判平成 27・12・25 賃社 1663 = 1664 号 10 頁　　　27, 69
大阪高裁判平成 27・12・25 賃社 1663 = 1664 号 10 頁　　　300

●地方裁判所

東京地判昭和 35・10・19 行集 11 巻 10 号 2921 頁　　　30,67

福岡地判昭和 36・2・2 訴月 7 巻 3 号 666 頁　　136
東京地判昭和 39・5・28 行集 15 巻 5 号 878 頁　　94
東京地判昭和 39・11・25 行集 15 巻 11 号 2188 頁　　79
東京地決昭和 41・8・30 判時 455 号 36 頁　　80
東京地判昭和 47・1・25 判タ 277 号 185 頁　　254
東京地判昭和 43・7・15 行集 19 巻 7 号 1196 頁　　33
神戸地判昭和 47・9・20 行集 23 巻 8 = 9 号 711 頁　　118
神戸地決昭和 48・3・28 判時 707 号 86 頁　　221
東京地判昭和 48・4・24 行集 25 巻 4 号 274 頁　　298
松江地裁益田支決昭和 50・9・6 判時 805 号 96 頁　　220
東京地判昭和 54・4・11 行集 30 巻 4 号 714 頁　　73
秋田地判昭和 54・4・27 判時 926 号 20 頁　　146
大阪地判昭和 55・10・29 行集 31 巻 10 号 2274 頁　　29,298
大阪地判昭和 56・3・23 判時 998 号 11 頁　　136,155
熊本地判昭和 62・3・30 判時 1235 号 3 頁　　252
東京地判昭和 63・2・25 判時 1269 号 71 頁　　93
千葉地裁松戸支判昭和 63・12・2 判時 1302 号 133 頁　　253
大阪地判平成元年 8・22 労判 546 号 27 頁　　263
横浜地判平成 2・11・26 判時 1395 号 57 頁　　144
京都地判平成 3・2・5 判時 1387 号 43 頁　　122
大阪地判平成 3・12・10 行集 42 巻 11 = 12 号 1867 頁　　130
東京地判平成 4・11・20 労判 1620 号 50 頁　　278
秋田地判平成 5・4・23 行集 44 巻 4 = 5 号 325 頁　　60
京都地判平成 5・10・25 判時 1497 号 112 頁　　58,76
奈良地判平成 6・9・28 訴月 41 巻 10 号 2620 頁　　33
静岡地判平成 7・1・20 判例自治 142 号 58 頁　　230
東京地判平成 7・10・19 労判 682 号 28 頁　　270
神戸地判平成 8・4・26 判タ 926 号 171 頁　　267
鹿児島地判平成 9・12・5 判例自治 176 号 82 頁　　156
旭川地判平成 10・4・21 判時 1641 号 29 頁　　146
福岡地判平成 10・5・26 判タ 1678 号 72 頁　　59
大阪地判平成 10・9・29 賃社 1245 号 30 頁　　171
鹿児島地判平成 11・6・4 判時 1717 号 78 頁　　136
京都地判平成 11・9・30 判時 1715 号 50 頁　　94
大阪地判平成 11・10・4 労判 771 号 16 頁　　268
横浜地裁川崎支判平成 12・2・23 賃社 1284 号 43 頁　　247

東京地判平成12・6・7賃社1280号4頁　　249
大阪地判平成12・6・1判タ1084号85頁　　33
横浜地判平成12・6・13賃社1303号60頁　　248
神戸地判平成12・7・11訴月48巻8号1946頁　　43
秋田地判平成12・11・10労判800号49頁　　268
熊本地判平成13・5・11日判時1748号30頁　　35
静岡地裁浜松支判平成13・9・25賃社1351＝1352号112頁　　249
大阪地判平成14・3・22賃社1321号10頁　　73
福島地裁白河支判平成15・6・3判時1838号116頁　　248
東京地判平成16・3・24判時1852号3頁　　100,120
神戸地判平成16・4・15賃社1427号45頁　　248
名古屋地判平成16・7・30賃社1427号54頁　　248
横浜地判平成17・3・23判時1895号91頁　　248
高松地判平成17・4・20賃社1403号40頁　　253
名古屋地判平成17・6・24賃社1428号59頁　　249
東京地決平成18・1・25判時1931号10頁　　221
横浜地判平成18・5・22判例自治284号42頁　　223
奈良地判平成18・9・5労判925号53頁　　94
東京地判平成18・10・25判時1956号62頁　　221
神戸地決平成19・2・27保情365号6頁　　224
大阪地決平成19・8・10賃社1451号38頁　　246
福島地判平成19・9・18賃社1456号54頁　　244
東京地判平成19・11・7判時1996号3頁　　141
那覇地決平成20・6・25賃社1519＝1520号94頁　　80
奈良地決平成21・6・26賃社1504号47頁　　246
横浜地判平成21・7・15賃社1508号42頁　　224
名古屋地判平成21・11・5賃社1526号51頁　　221
那覇地決平成21・12・22賃社1519＝1520号98頁　　80
京都地判平成22・5・27判時2093号72頁　　272
さいたま地判平成22・8・25判例自治345号70頁　　243
福岡地小倉支判平成23・3・29賃社1547号42頁　　75
金沢地判平成23・4・22賃社1560号55頁　　42
大阪地判平成23・8・25判例自治345号70頁　　217
神戸地判平成23・9・16賃社1547号42頁　　77
大津地判平成24・3・6賃社1567＝1568号35頁　　60
和歌山地判平成24・4・25賃社1567号85頁　　234

さいたま地判平成 25・2・20 判時 2196 号 88 頁　　74
大阪地判平成 25・4・19 判時 2216 号 3 頁　　59
大阪地判平成 25・10・31 賃社 1603＝1604 号 81 頁　　61
大阪地判平成 25・11・25 判時 2216 号 122 頁　　273
福岡地判平成 26・3・11 賃社 1615＝1616 号 112 頁　　67
静岡地判平成 26・10・2 賃社 1623 号 39 頁　　60
さいたま地決平成 27・9・29 賃社 1648 号 57 頁　　44
さいたま地決平成 27・12・17 賃社 1656 号 45 頁　　44

**伊藤周平**（いとう・しゅうへい）
1960年、山口県生まれ。鹿児島大学法文学部法経社会学科教授。
労働省（現厚生労働省）、社会保障研究所（現国立社会保障・人口問題研究所）を経て、東京大学大学院社会学研究科博士課程単位取得退学。その後、法政大学助教授、九州大学助教授を経て、2004年4月より鹿児島大学法科大学院教授、17年4月より現職。専攻：社会保障法

［主な著作］
『改革提言・介護保険──高齢者・障害者の権利保障に向けて』青木書店、2004年
『権利・市場・社会保障──生存権の危機から再構築へ』青木書店、2007年
『介護保険法と権利保障』法律文化社、2008年、日本社会福祉学会学術賞受賞
『後期高齢者医療制度──高齢者からはじまる社会保障の崩壊』平凡社新書、2008年
『障害者自立支援法と権利保障──高齢者・障害者総合福祉法に向けて』明石書店、2009年
『雇用崩壊と社会保障』平凡社新書、2010年
『社会保障制度改革のゆくえを読む──生活保護、保育、医療・介護、年金、障害者福祉』自治体研究社、2015年
『消費税が社会保障を破壊する』角川新書、2016年
『新版 改定介護保険法と自治体の役割──新総合事業と地域包括ケアシステムへの課題』（共著）自治体研究社、2016年

## 社会保障のしくみと法

2017年7月20日　初版第1刷発行

著　者　伊藤周平

発行者　福島　譲

発行所　㈱自治体研究社
　　　　〒162-8512 新宿区矢来町123 矢来ビル4F
　　　　TEL:03-3235-5941/FAX:03-3235-5933
　　　　http://www.jichiken.jp/
　　　　E-Mail:info@jichiken.jp

ISBN978-4-88037-668-4 C0036

印刷・製本／中央精版印刷株式会社
デザイン／アルファ・デザイン

**自治体研究社**

## 社会保障改革のゆくえを読む
――生活保護、保育、医療・介護、年金、障害者福祉

伊藤周平著　　定価（本体2200円＋税）

私たちの暮らしはどうなるのか。なし崩し的に削減される社会保障の現状をつぶさに捉えて、暮らしに直結した課題に応える。［現代自治選書］

## 新版　改定介護保険法と自治体の役割
――新総合事業と地域包括ケアシステムへの課題

伊藤周平・日下部雅喜著　　定価（本体1389円＋税）

要支援サービスが介護保険から外され、要介護1・2の保険外しも目論まれる。住民のニーズに応え、自治体はどうサービスを継続するのか。

## 人口減少と公共施設の展望
――「公共施設等総合管理計画」への対応

中山　徹著　　定価（本体1100円＋税）

民意に反して、保育園、公民館、小学校などの統廃合や民営化が進む。地域のまとまり、まちづくりに重点を置き、公共施設のあり方を考察。

## 公民館はだれのもの
――住民の学びを通して自治を築く公共空間

長澤成次著　　定価（本体1800円＋税）

公民館に首長部局移管・指定管理者制度はなじまない。住民を主体とした地域社会教育運動の視点から、あらためて公民館の可能性を考える。

## 「子どもの貧困」解決への道
――実践と政策からのアプローチ

浅井春夫著　　定価（本体2300円＋税）

六人に一人の子どもが貧困状態。こども食堂、学習支援等の実践活動の課題を捉え、政府の対策法の不備を指摘して、自治体の条例案を提示。